JN128540

友田昌宏編

幕末維新期の日本と世界

―外交経験と相互認識―

吉川弘文館

目次

Ⅱ　相互認識の諸相

Ⅲ　条約をめぐる軋轢と異文化の受容

序　研究史と本書のねらい

友田昌宏

はじめに

十八世紀から十九世紀にかけて、西欧列強は、強大な軍事力を背景に、新たな市場を求めて東アジアへと進出した。その洗礼を真っ先に被ったのは、東アジアに「中華」として君臨した清国であり、余波はやがて日本にまで及ぶ。一方、日本を統治していた徳川幕府は、十七世紀中葉に日本人の海外渡航を禁じ、スペイン・ポルトガルといったカトリック勢力を国内から排除して以来、外界との窓口を限定し、国際貿易を管理することによって体制を盤石なものとした。その徳川幕府にとって、さらには幕府から領国の統治を委任された諸藩にとって、列強の接近は体制の危機に他ならなかった。ロシア、ついでイギリス・フランス・アメリカの船舶が日本沿海に頻々と姿を現すなか、幕府は異国船打払令、あるいは薪水給与令を発し、これに対応しようとするが、嘉永六年六月三日（一八五三年七月八日）のペリー来航を直接の契機として、これら列強諸国と国交を結ぶことを選択、日本はついに列強の思惑が錯綜する国際社会の荒波に全面的に投げ出されることとなる。このような新たな事態をうけて、国内では列強に伍しうる国内体制を構築すべく、諸勢力のあいだで抗争が演じられるが、それはやがて明治維新という巨大な変革に帰結する。

このように明治維新は外からの刺激を直接の契機として実現に至った。してみれば、十九世紀中葉の国際的な文脈のなかに当時の日本を位置づけることが、この変革を理解するうえできわめて重要であるのはもはや論を俟たない。こういった問題意識は、程度の差こそあれ、当該期を考察対象とする歴史研究者が共有するところである。そして、実証的研究の蓄積のうえに、日本・諸外国双方の視線が交わり、明治維新を国際的視野から立体的に描き出す環境が徐々に整いつつある。本書はこの趨勢に棹ささんとするものである。

一 「I 激動の東アジア情勢と列強の対日政策」と収録論文

こうした問題関心を有する本書がまず課題とすべきは、列強諸国が、外交上、あるいは通商上、いかなる意図をもって日本に接近しようとしたのかを、単に日本との関わりのみならず、各国の思惑が入り乱れる国際情勢のなかで考察するということである。

先述の通り明治維新は外からのインパクトに触発されてなった変革であるが、この変革を国際的視野から考察する際につねに問題とされたのは、そのインパクトが植民地化をともなう「外圧」であったのか否かという点である。一九五〇年代には植民地化の危機を否定する遠山茂樹と、肯定する井上清のあいだで論争が演じられ、それは六〇年代以降の石井孝と芝原拓自の論争に引き継がれた(1)。

石井の『明治維新の国際的環境』(吉川弘文館、一九五七年)とそれを大幅に増補した『増訂明治維新の国際的環境』(吉川弘文館、一九六六年)はそういった学問的な練磨のなかにあって生み出された産物であり、今や古典的な名著とされている。石井はこの著において海外の外交文書に基づき外国勢力の動向を「開国」から戊辰戦争に至る国内の政治過程のなかに位置づけながら、井上が唱える植民地化の危機の存在を明確に否定した。

　何よりも石井の研究の画期性は、未翻刻の海外の公文書、とりわけ英国の外交文書を駆使して明治維新の国際的環境を精緻に描き出したことにある。その影響力は大きく、以後、イギリスの存在は明治維新の政局を左右したファクターとしてクローズアップされ、外交文書などイギリスの公文書を用いた意欲的な研究が相次いだ。(2) それに呼応して、フランス・オランダ・ロシアといったイギリスと同時期に日本と修好通商条約を結んだ諸国、さらに近年では、それ以降に条約国となったプロイセンやイタリア等の各種公文書の発掘も進み、実証的研究が急速に進められることになった。(3) また、萩原延壽『遠い崖―アーネスト・サトウ日記抄』（朝日新聞社、一九九八年～二〇〇一年）で、サトウ文書が取り上げられたことが大きな刺激となって、未翻刻の一次史料発掘の波は個人文書に及び、これら個人文書や公信類を基にした外交官の伝記的研究が数多く翻訳・公刊されるようになった。(4)

　こうした実証的研究の進展のなかにあって、「外圧」＝植民地化の危機の有無については、杉山伸也・保谷徹・鵜飼政志らにより列強諸国の動向を踏まえて実態的に論じられるに至り、(5) それとともに日本を取り巻く国際的環境は諸勢力の思惑が錯綜し展開する場としてより多面的に捉え直されようとしている。すなわち、一国の対日政策を考察するにしても、外務省や海軍省などさまざまな組織に目を向けたり、日露関係、日蘭関係といったように、特定の国の対日政策に考察の軸足を置くとしても、その他の諸国の動向も視野に入れたり、(6) 対日政策を論ずるにしても、それを広く東アジア外交の一環として捉えたり、(7) といった具合である。明治維新の国際的環境を多国間関係という視座から考察しようとする傾向は戦前の田保橋潔の研究に、(8) また、対日政策を東アジア外交の一環として位置づけようとする傾向、一国の対日政策を国内の諸機関の競合のなかで捉えようとする傾向は、一九八〇年代の加藤祐三の研究に、(9) いずれも見られるところであるが、今やその構図は、多国にわたる一次史料発掘に裏打ちされ、より精緻な筆致をもって描き出されつつある。

「I　激動の東アジア情勢と列強の対日政策」では、こういった動向をふまえたうえで先の問題意識に沿った論考を二篇収録した。以下、その内容を紹介しよう。

第一章　西澤美穂子「アヘン戦争と駐日オランダ商館長ビック」

本章の著者の西澤はこれまで「開国」前後の日蘭関係について研究を続け、著書『和親条約と日蘭関係』（吉川弘文館、二〇一三年）では、嘉永七年（一八五四）の日米和親条約締結前後の時期においてオランダが果たした役割を考察した。今回の論考はそれから十数年前のアヘン戦争（一八四〇〜一八四二〈天保十一〜十三〉）時に時計の針を遡らせる。

それまで「中華」として東アジアに君臨していた大国清国がイギリスに敗れるというこの戦争は日本に大きな衝撃を与えたが、そういったさなかの天保十三年（一八四二）にオランダ商館長として長崎に赴任したのが、ピーテル・アルベルト・ビックであった。西澤は今回、オランダ国立中央文書館が原本を、東京大学史料編纂所がそのマイクロフィルムを所蔵する、日本商館文書やビック家文書を用い、このビックの目を通じてアヘン戦争が東アジアにいかなる変動をもたらし、それが日本へいかなる影響を与えたのか、そのなかでオランダ商館はいかに日本との貿易を維持しようとしたのかにつき考察を加えている。

ビックが商館長に任命されたのはアヘン戦争のさなかの一八四一年（天保十二）四月十一日、したがってこの年には長崎に赴任するはずであった。それが一年遅れたのは、台湾海峡で嵐に遭遇したからである。このときビック一行を乗せたミッデルブルフ号は急遽行き先をマカオに変更する。当時のマカオは、イギリスの攻撃から一年を経過して平穏を取り戻しており、ビックは滞在中概ね穏やかな日々を送っているが、そのようななかにあって同地に停泊する数多のイギリスの軍艦や、物資、とりわけ石炭を前線の軍艦に補給するための輸送船の存在は、イギリスが海洋支配体制を着々と築きつつあることをビックに印象づけることとなった。

その後一八四一年十一月二日、ビックはバタフィアへ帰還、翌一八四二年六月に改めて日本に向けて出航することになる。ビックが長崎に到着した当時、幕府の実権を握っていたのは老中水野忠邦。この水野のもと、幕府は徹底した緊縮財政を旨とするいわゆる天保改革を断行して、おりからの懸案であった密貿易についても取り締まりを強化し、貿易の統制・縮小をはかった。ビックは困難ななか長崎に着任したと言わねばならない。かかる事態に直面したビックは、アヘン戦争を機にイギリスへの脅威が日本に蔓延し、さらにイギリスの勝利をうけて幕府が密に海防体制の強化に乗り出しつつあることを見て取るや、日本のイギリスへの警戒心を煽ることで貿易の改善を図らんとする。たとえば、アヘン戦争の終結後にイギリス船のサマラング号が長崎に来航するという情報を得たときは、幕府から派遣された役人からの質問に対して「オランダと良好な関係を保っていれば、イギリス船が無理な要求を強いてくることはないので、ここは日蘭貿易を天保改革以前のように戻すべきだ。さもなくばオランダは長崎を引き払わざるを得ない」と答えているのである。

第二章　山添博史「ユーラシア帝国ロシアの境界問題と幕末日本」

本章の著者山添はこれまで露清関係史に関して多くの成果を挙げており、日露関係についても「江戸時代中期に胚胎した日本型「近代的」国際秩序観―寛永期から幕末にかけての対ロシア政策を通じて」（『国際政治』一三九、二〇〇四年）で考察を加えているが、近作「ロシアの東方進出と東アジア―対露境界問題をめぐる清朝と日本」（岡本隆司編『宗主権の世界史―東西アジアの近代と翻訳概念』名古屋大学出版会、二〇一四年）では、ロシアの東アジア進出の文脈にこの国の対清政策、対日政策を位置づけている。本章はこれらの成果を踏まえたうえで、一八五〇年代を中心に、ロシアの対日政策を当該期の東アジア情勢のなかで考察したものである。

ロシアはステップ遊牧勢力との抗争と服属を経て、自らの統治構造に彼らの遺産を取り込みつつ、国土を拡張していったユーラシア帝国であった。そして、そういった東方進出の過程においてロシアは満洲・モンゴル方面で隣国清国との国境問題に直面することとなった。先に述べたような国の成り立ちもあって、十九世紀の清国との交渉でもロシアは、イギリスのように西欧型の外交原則を貫徹しようとはせず、既存の制度を一定程度受け容れる姿勢を示している。

また、それに先立ち十七〜十八世紀には、清国との紛争をさけて、北太平洋地域に植民拠点を拡大するかたちで東方進出を図るが、ここに必需品の補給のために日本との通商の必要性が生ずるのである。かくして、日本は寛政四年（一七九二）のラクスマンの来航以降、ロシアからたびかさなる通商要求を受けることとなるが、文化元年（一八〇四）に来航したレザノフに対しては、「鎖国の祖法」をもってその要求を拒絶、両国のあいだでは文化露寇やゴロヴニン事件等の紛争が続いたが、やがて一定の収拾に至り、ロシアは日本との接触を断念した。

それが再開するのは、一八五三年のことである。一八五二年、アメリカが日本にペリーを派遣するとの報を得ると、ロシア政府はプチャーチンを長崎に派遣したのであった。このときのプチャーチンの主要任務は、日本との通商の実現であり、国境問題は、日本を通商交渉に応じさせるための手段という意味合いが強かった。これに対して国境問題を重視したのが、東シベリア総督のムラヴィヨフである。ムラヴィヨフはイギリスへの対抗からアムール川流域を確保する事業を進めており、サハリン獲得を強硬に主張、部下のネヴェリスコイはサハリン南部の日本側拠点の隣に兵を進駐させた。これに対してプチャーチンは、クリミア戦争のさなかにあって、イギリスとの衝突を恐れて撤兵を要求し、そのうえで日本とのあいだではカラフトにはあえて国境を設けずそこを雑居の地とした。しかし、一八五六年にクリミア戦争が終結すると、ロシアはいったん撤収した部隊を再びカラフトに派遣する。

そして、安政六年(一八五九)七月にはムラヴィヨフが国境の交渉のため来日、江戸で幕府全権の遠藤胤統・酒井忠毗・村垣範正らとの会談に臨んだ。このとき、ムラヴィヨフのカラフト全島領有要求に対して、幕府全権は終始拒絶の意を示した。幕府全権がこだわったのは交渉の権限についてである。すなわち、プチャーチンには国境画定の権限がなかったというムラヴィヨフの発言に、委任状を携えた使節と結んだ条約を無効にすれば後日同様のことが起こりかねないと応酬したのである。これより先、ムラヴィヨフは、清国とアイグン文書を交わしたが、清国もそしてロシアも、これは一時的な取り決めで、状況次第でいつでも破棄し得るものだと考えていた。だが、日本は条約の拘束性や交渉代表の権限を認識し、その点をふまえてムラヴィヨフの要求を退けたのであった。清国との交渉に慣れていたムラヴィヨフの目には、同じ東アジアに位置しながら日本は清国とは異質の国として映じたことであろう。

二 「Ⅱ 相互認識の諸相」と収録論文

本書が課題とすべき第二の点は、「開国」に前後して、日本と列強諸国の双方は半ば未知の相手をいかに認識し、いかに相手と対峙しようとしたのか、ということである。

戦前以来、幕府は、列強を恐れるあまり、ペリー来航に際してまったくなすすべなく、無定見にアメリカの要求を受け容れたと見られていた。しかし、一九八〇年代以降、羽賀祥二・加藤祐三・三谷博・井上勝生ら(10)の研究が登場することによって、こういった見方は一変する。無能とされた幕府の外交担当者たちは、実は列強の全権と渡り合えるだけの交渉力をもっていたとされ、「開国」は幕府の主体的な選択と位置づけ直された。さらに、交渉の末に結ばれた条約についてもそれ以前に清国が列強とのあいだに交わしたものと比べて不平等性が少なく、そうした幕府外交の成果は後継の明治新政府にとってむしろ遺産であったと高く評価されるようになったのである。

ところで、和親条約締結時の全権が大学頭の林復斎だったことでもわかるように江戸時代にあって外交は儒者の任であった。そして、幕府外交の評価が高まりを見せるなか、注目を集めたのが、幕府御儒者の古賀侗庵である。侗庵の存在はすでに戦前から注目されていたが、梅澤秀夫をはじめ三谷博・清水教好・前田勉らによりその対外観が改めて検討されるにいたった(11)。侗庵の世界観は国家間に優劣を付けず、締約国相互を規定するものとして条約の存在を重視するという点において独自性を有していた。

この侗庵に関しては、近年にいたって真壁仁と奈良勝司により注目すべき成果がもたらされた(12)。真壁は侗庵だけでなく父の精里、子の謹堂（茶渓）もあわせ古賀家三代を考察の対象とし、長期にわたって幕府の政治・外交に儒者が果たした役割を論じた。一方、奈良は、侗庵の「世界認識体系」の思想的継承関係をたどることにより、それが現実の幕府外交にどのように反映されていったのかを考察した。ペリー来航以後、外交担当部署に昌平黌で学問吟味に及第した幕臣が数多く登用されたことは、上白石実が指摘したところだが(13)、奈良はそのうち侗庵の薫陶を受けた幕臣に注目し、彼ら「条約派」が外交の現場においてどのような外交論を展開したのかを追っている。しかし、侗庵流の条約重視の姿勢は「条約派」に止まらず、幕府外交担当者のあいだに広く浸透していた可能性がある。安政六年（一八五九）七月にロシア使節ムラヴィヨフとのあいだで行われたカラフトの国境交渉において、幕府全権の遠藤胤統・酒井忠毗・村垣範正らが、条約の有効性、合意の拘束性を盾に、ムラヴィヨフの主張を退けたことは、前述のように山添論文で触れられているが、遠藤や村垣は奈良が言う「条約派」とは系統を異にする者たちである。

また奈良に対して、後藤敦史は外交に携わった幕臣たちに対する侗庵の影響を認めつつも、彼らの外交論が現実的な対応のなかでいかに変遷を遂げていったのかという点を重視して、あえて時期を一八四〇～一八五〇年代の「開国期」に絞り、そのスパンのなかで海防掛の地位にあった幕臣に焦点をあてて彼らの外交論が「積極的開国論」に結実する過程を分析した。

右にみたような古賀侗庵やその影響下にある幕府外交当局者の対外観は、同じ「開国論」と言っても、事なかれ主義の「開国論」とはもちろんのこと、「開国」を奇貨として自ら海外に進出せんとする「開国論」とも異なっていた。海外への積極的進出を企図する「開国論」は、日本を世界に比類ない「皇国」として尊び、そこに「夷狄」たる諸外国を寄せ付けまいとする対外観を根底に持っており、その意味では、むしろ攘夷論と軌を一にするものであった。町田明広はこのような視点から、積極的海外進出を企図する「開国論」を、破約攘夷を主張する「小攘夷」に対して「大攘夷」ととらえて、「開国」「攘夷」の別を相対化している。(14)

長州藩士の吉田松陰もまた日本を天皇が君臨する「皇国」として強く意識した一人であった。だが、桐原健真によれば、(15)松陰は天皇の存在をもって自国が他国に優越する根拠とはせず、他国の固有性も認めたうえで対等な関係を築こうとした。かかる松陰の対外観を古賀侗庵のそれと比較するならば、日本を「皇国」として強く意識する点では異なるものの、国のあいだに優劣を設けない点では共通する。このように幕末期の日本人の対外観は、「攘夷」「開国」の別を越えて内在的に把握されようとしている。

ところで、先述のような一連の幕府外交に対しては交渉に当たった列強の代表も一定の評価を与えており、日本に対する彼らの関心は高まった。

幕末維新期に来日した欧米人たちの日本観は、彼らの旅行記から窺われるが、(16)そこには優越意識と賞讃の双方が入り交じっていた。総領事あるいは公使として三年間を日本で過ごしたラザフォード・オールコックもそのような日本観を抱いていた一人である。佐野真由子『オールコックの江戸―初代英国公使が見た幕末日本』（中公新書、二〇〇三年）は日本滞在中のオールコックの思想と行動、および彼の目からみた幕末日本の姿を描き出した書物だが、そのなかで佐野は次のように述べる（二四四頁）。

> 日本の人々やその生活に触れるなかで、ヨーロッパとはまったく切り離されていたはずの世界に、かくも高い文明と幸福が存在することを発見し、自らが持ち込んできた西欧的価値観に疑問を投げかけるオールコックの姿は、非常に印象的であり、我々の胸を打つ。それでも、彼がその愛する日本の手を曳いてつれ出そうとした、「世界」あるいは「国際社会」とは、あくまで、大英帝国という軸を中心にしてこそ成り立つものなのである。彼の世界観は、一度もその基本を外れることはない。

さらに、外交官として日本に赴任した者のなかには、日本や日本人に魅了され、研究にのめり込んでいく者もあった。アーネスト・サトウは、文久二年（一八六二）に英国公使館領事部門の通訳生として来日し、明治二十八年（一八九五）には公使として来日したが、彼は外交官であるとともに日本学者でもあった。楠家重敏は、このサトウや彼に続いて元治元年（一八六四）に通訳見習として日本に赴任したアストンらの日本学者としての側面に光をあて、イギリスにおける日本研究の実態解明に取り組んでいる(17)。

以上のような研究動向を踏まえて先に示した課題に応えるべく「Ⅱ　相互認識の諸相」には次の三篇の論考を収録した。Ⅰにつづいてその内容を紹介する。

第一章　友田昌宏「仙台藩儒大槻磐渓の対外観――漢詩を中心とした考察――」

大槻磐渓（一八〇一～一八七八）は仙台藩に仕えた蘭学者大槻玄沢を父にもち、自身は儒者として名をなした。古賀侗庵のような儒者の外交論・対外観に関心が集まるなか、儒者でありかつ著名な蘭学者を父にもつ磐渓を素材に取り上げることには一定の意味がある。そして、本章では磐渓の対外観がいかに形成され、情況に応じていかに展開していったかが考察されている。

「開国」前夜の磐渓の対外観を特徴づけるのは嫌英親露である。イギリスへの警戒心は父玄沢から継承されたものであり、それはアヘン戦争を通じて磐渓のなかで拡大し、彼の対外観を規定した。だが、現状でイギリスに抗すべき軍事力がないことは蘭学者の子である磐渓の熟知するところであり、ゆえに、当面、戦争を回避しつつ他日を期して西洋砲術の習得に専念したのであった。その一方で彼はイギリスに対抗すべくロシアと結ぶことを主張した。磐渓のロシア提携論は、父玄沢もそこに名を連ねる仙台藩の学統、および玄沢周辺の学問的遺産から育まれたものであったが、彼が影響をうけたであろう玄沢・工藤兵助・松平定信らの議論とは異なり、ロシアへの無防備なまでの信頼に裏打ちされていた。ロシアの「淳樸」な国風と強大な軍事力が信頼の所以であった。

こういった磐渓の対外観はペリー来航を機に大きく展開を遂げた。嘉永六年（一八五三）に最初にペリーが来航した際、磐渓は時を同じくしてロシアのプチャーチンが長崎にやってきたことを奇貨として、ロシアと結び、かの国を通じてアメリカの通商要求を退けようと謀った。「国法」をやぶって内海深く艦隊を進めたアメリカは、磐渓にとって粗野な国であり、当初イギリス同様警戒すべき国であった。このときの彼の議論の根底にあったのは礼や信義など儒教的な価値観である。

しかし、こういったアメリカに対する態度は、翌嘉永七年にペリーが再来すると早くも展開を遂げる。まず、ペリーが横浜村での交渉に応じ江戸湾内海まで艦隊を乗り入れなかったことは、彼の警戒心を緩和するのに一役買った。さらにアメリカの進んだ科学技術を目の当たりにし、その後、アメリカに対する知識を蓄えていくなかで、急激に同国に対する警戒心を解いていき、逆にアメリカと通商条約を結ぶことでイギリスを牽制しようという方向に転ずる。

科学技術への信頼が彼の対外観を大きく展開させたのである。そして、幕府がアメリカ・オランダ・ロシア・イギリス・フランスと修好通商条約を締結すると、遣使の礼に報いるため、さらには西欧列強の軍事技術を実地に学ぶため、条約国に使節を派遣することを主張した。条約を結んだ以上、信義をもって接せねばならないという儒者らしい考え方から彼はイギリスへの警戒心をここにひとまず凍結させたのであった。

しかし、それにもかかわらず変わらなかったのはロシアへの特別な信頼である。磐渓の親露論は彼の存在が仙台藩政のなかで大きくなっていくにつれ藩内に浸透を見せる。だが、それは磐渓の思惑と裏腹に、藩士たちをハリストス正教と自由民権運動へと向かわせるという皮肉な結果をもたらした。

盤渓がロシアに固執したのは、彼が東北の仙台藩に籍を置いたことも関係しているものと思われる。だが、東北の武士層の皆が皆盤渓のようにロシアとの提携を考えていたわけではない。最後に友田は盤渓の対外観と、嫌露を基調とする米沢藩士宮島誠一郎のそれとを比較し、かかる試みを重ねることで、近代の東北を、日本のみならず世界のなかに位置づけることの重要性を説く。

第二章　ル・ルー　ブレンダン「ジャポノロジーことはじめ——パリ外国宣教会の日本学とその背景——」

本章の著者ル・ルーは、主に宣教師のメルメ・カションに焦点をあてて幕末期の日仏関係について考察を進めており、これまでに数多くの論考を発表してきた。そのなかにはカションの通訳としての側面や彼の日本研究についてスポットを当てた論考も含まれている(18)。本章はその延長線上に幕末維新期のフランスの日本研究において宣教師がいかなる役割を果たしたかを考察したものである。

本章においてル・ルーはまず日仏修好通商条約が締結される以前の一六二〇年から一八五八年までのあいだに、日本に関する、どのような書物がどれだけ刊行されたかをフランス国立図書館のデータベースをもとに集計することで、国交樹立以前のフランスにおける日本研究の基礎データを得ようとする。その結果、日本関連諸書籍三〇三冊のうち、キリスト教に関する書籍が全体の三七パーセント、一一一冊を占め、さらに刊行年には一六二四年〜一六七九年と一八三九年〜一八五四年という二つのピークがあることが判明した。

第二の時期は日本の幕末期にあたる。一八三一年、パリ外国宣教会（ＭＥＰ）は朝鮮が使徒座代理区とされるにあたりローマ教皇から布教の委託をうけたが、同国でキリスト教の弾圧が行われたことにより入国を断念、新たな布教地として日本を定める。おりしも、一八二二年にはリヨンで信仰布教事業団（ＯＰＦ）が設立され、ＭＥＰはこのＯＰＦからの寄附により活動資金を得ていた。日本への布教を目指すならば、もちろん日本語や日本に関する知識の習得は欠かせない。刊行の第二ピークがこの時期にあるのは以上のような理由による。

まず、日本研究の口火を切ったのは、レオン・パジェスとレオン・ド・ロニーだが、彼ら自身が日本の地に立つことはなかった。彼らの研究を陰で支えていたのは、実は琉球、さらには日本に足を踏み入れた宣教師からの情報だったというのが本章の結論である。琉球に赴くにあたって海軍准将セシーユが宣教師を帯同したのは、日本の「開国」に備えて通訳を育成しようとしたからであった。そして、日仏修好通商条約の締結に前後して来日した宣教師たちは、日本での布教が事実上不可能だったこともあり、主に通訳として活躍し、さらにはその活動を支えるために、滞日中、日本研究と日本語学習に多くの時間を費やすことができたのである。メルメ・カションのような人物が輩出される背景にはかかる条件があった。

第三章　ベルテッツリ・ジュリオ・アントニオ「初代駐日イタリア公使夫人の明治二年日本内地紀行——未公刊手稿とスケッチアルバムの分析から——」

本章の著者ベルテッツリは幕末維新期の日伊交流史を専門とし、これまで未翻刻の在外史料に基づく論考を数多く発表している。明治二年（一八六九）に初代駐日イタリア公使ヴィットリオ・サリエ・ド・ラ・トゥールが上州・武州の養蚕地帯を視察したことについては、ベルテッリもこれまでの論考のなかでたびたび触れているが、本章ではこの視察行に同行した公使夫人マティルドが残した旅行記とスケッチアルバムを紹介、分析する。

そもそもイタリアが慶応二年（一八六六）に日本と修好通商条約を締結したのは、イタリアやフランスで微粒子病が流行し蚕が壊滅的な打撃をうけるなかで、蚕種を買い付けるためであった。ゆえに、ド・ラ・トゥールはつねに自国の蚕種商人の利益を第一に考えて行動する必要があり、この明治二年の視察行もより良質な蚕種を最低価格で購入するためにその生産環境を直接確かめることを目的としていた。

夫とこの視察行をともにしたマティルドは、当時二十八歳、フランス人であった。絵画や音楽に勝れ、日本滞在時は東海道に馬の遠乗りに出かけるような活発な女性であった。男顔負けの豪胆さをも持ち合わせ、非常に魅力的な人物であったことが、領事館や公使館に勤め、明治二年の上州視察行にも随行したピエトロ・サヴィオの回想録からうかがえる。旅行記とスケッチはド・ラ・トゥール伯爵家の所蔵で、旅行記は一二三頁にも及ぶ大部なもの、一八六九年に出版された公使の報告書やサヴィオの旅行記には見られない、旅行中のさまざまな事件、各地でうけたカルチャーショックなどが書きとどめられており興味深い。女性の旅行記としてはイザベラ・バードの『日本奥地紀行』が著名だが、これはそれより約十年も前の記録でその意味でも貴重と言える。

ベルテッリはそのうちの際立った内容の記事をいくつかとりあげる。まず、日本の風俗についてである。上州・武州の風景はマティルドにとって「美しき美」で、それは「どのほかの国にも劣」らないものであった。日本の食事についても口を極めて絶賛している。その一方で、日本の封建制度や、自分たち外国人に対する日本人の好奇と恐怖が入り混じったまなざしには驚きと戸惑いを隠せなかったようである。大名行列を前に群衆がひれ伏す光景を目の当たりにした際の彼女の旅行記の記述は、「なんて信じられない光景！　我々は封建制の隆盛期に投げこまれたようです」という体であった。また、外国人である自分たちをみてパニックに陥る群衆やなんとか自分たちを当惑させようと腐心する僧侶の姿を生々しく記録している。

三　「Ⅲ　条約をめぐる軋轢と異文化の受容」と収録論文

第三の課題は、「開国」後、日本と列強諸国の接触が日常化するなかで、両者のあいだにどのような問題が生じたのか、そこで条約はいかに運用され、接触の過程にあって日本はいかに西洋の価値体系を受け容れていったのか、ということである。

幕府が主体的に「開国」を選択し、諸外国と条約を締結したとする見方が、目下有力であるということは、先に述べた通りである。では、幕府はいかなる判断のもとにかかる選択を下したのであろうか。この点については、上白石実が『幕末の海防戦略―異国船を隔離せよ』（吉川弘文館、二〇一一年）、『幕末期対外関係の研究』（吉川弘文館、二〇一一年）において興味深い議論を展開している。十八世紀後半以降、幕府は沿海に姿を現す異国船に対し、時宜に応じて打払令あるいは薪水給与令といったかたちで取り締まりを行っていくが、上白石によれば、これら異国船への対応に共通するのは、異国船や外国人を隔離し、民衆との接触を回避せんとする姿勢だという。さらに、上白石は和親条約も修好通商条約も外国人隔離という原則を堅持したうえでの対応であったとし、「五つの開港場の設定による貿易の管理と、外交官ではない一般の外国人商人を開港場の居留地と遊歩区域に閉じ込め」（『幕末期対外関係の研究』、二四頁）ることができたのは、幕府外交の勝利だと主張する。

このような文脈からすると、従来西欧から強いられたと考えられてきた領事裁判権も異なる様相を示すことになる。幕末・明治初年の事例をもとに、領事裁判制度を運用面から考察した森田朋子『開国と治外法権―領事裁判制度の運用とマリア・ルス号事件』(吉川弘文館、二〇〇五年)によれば、「外国人の問題は外国人の間で解決して欲しいという領事裁判制度は、文化の間に壁を設けてできるだけその影響を少なくしようとするもの」(三二四頁)であったという。幕藩体制が「基本的に属人主義をとっていて、藩士の裁判権・支配権 jurisdiction は藩主に帰するもの」(三頁)だったことに照らせば、領事裁判権は、外国人を居留地と遊歩区域に隔離しえたこととあいまって、幕府にとって容易に容認できる性質のものであった。

さらに、条約の不平等点のひとつとされる領事裁判権の片務性(日本には領事裁判が認められていなかった)についても、日本人の海外渡航が想定されていなかった幕末の段階では問題として顕在化することはなかったのである。逆に列強にとって、自国民が日本人に危害を加えられた場合、日本側に加害者を裁く権利を認めたことは、幕末に攘夷事件が頻発したことを思えば、手痛い失態であったとも言える。[19]

そして、条約が運用されていくなかで、日本と列強のあいだにはさまざまな軋轢が生じたのであった。列強は、幕府や新政府が自由貿易を制限しようとしたり、攘夷事件の実行犯を充分に取り締まることができなかったりした場合、条約の不履行や自国民に対する不取締を理由として、日本に圧力を加えた。[20] 一方、日本はこういった列強からの圧力に対して、自国の慣習を主張しつつ、諸外国のそれをも受け容れることで折り合いをつけ、西欧の法体系に適応していった。さらに、日本人の海外渡航が認められ、ようやく片務的領事裁判権の不平等性が認識されるようになると、日本の明治新政府はそれを解消するために、領事裁判権を双務的なかたちに改めるのではなく、法律の西欧化をはかりつつ領事裁判制度そのものを撤廃しようとした。この点は国内法を西洋型に改めることを頑なに拒むあまり、領事裁判権の不平等性を認めつつも、撤廃にまで踏み切れなかった清国とは好対照をなす(21)。

このように西欧の価値を柔軟に受容せんとする日本の姿勢は国際的紛争や条約改正の場面にとどまらず、生田美智子や佐野真由子が考察を加えた外交儀礼の場でも見て取れる(22)。佐野は安政四年（一八五七）、江戸城でのハリスによる将軍家定への謁見から、慶応三年（一八六七）、大坂城での英仏米蘭四ヶ国代表による将軍慶喜への謁見にいたる数度の外交儀礼を考察し、その成立と展開の過程を明らかにしている。この間、幕府は基本的に朝鮮通信使の将軍謁見の事例をもとにして、外交儀礼の次第を策定しているが、佐野は「事実上の対等交際相手」だった朝鮮の事例を範としたところに「日本の対等外交の素地」を見出す。そして、こうした外交の蓄積をもとに、幕府は国家間の「対等」を形式的に表現する西洋の外交儀礼を受け容れていったのである。このように幕府が西洋国際法の世界に連結できたのは、江戸時代の日本が東アジアの外縁にありながら、清国を中心とする朝貢・冊封体制の輪から外れて、独特の外交秩序をはぐくんできたからだと佐野は結論づける。

かかる研究動向をうけて「Ⅲ　条約をめぐる軋轢と異文化の受容」には先の課題に応えるべく次の二篇を収録した。これらの内容については以下のとおりである。

第一章　森田朋子「明治初年のフランス領事裁判——佃島漁者由次郎砲殺一件を事例として——」

本章の著者森田は前述のとおり「開国」直後において現実の場で治外法権がいかに運用されたのかを考察し、不平等条約体制の再考を促してきた。森田は先に挙げた『開国と治外法権』で主に日本とイギリスの外交文書を素材として両国の紛争を事例に取り上げているが、それに対して本章は日本とフランスとの紛争を考察の俎上に載せる。その紛争とは、明治四年（一八七一）七月に起こった佃島漁者由次郎砲殺一件をめぐるもので、この一件が、明治政府が遭遇した最初の外国人による日本人殺害事件であったという意味でも注目される。

事件は、外国人の男が佃島の漁師の細川由次郎と高橋安次郎を強要して沖合まで船を出させたところを、突然発砲して由次郎を殺害のうえ逃走したというものである。由次郎の父平六、安次郎の父清太郎から報告をうけた東京府は官員を逃亡先と思しき下総に派遣、同人らしき男の目撃情報があると、これを取り押さえ築地運上所に連行した。捕縛されたのが遊歩区域外だったということもあり、尋問は東京府が行い、その結果、男がドイツ人のジマーマンであることが判明、さらには事件の経緯も次第に明らかになる。

ジマーマンがドイツ人とされたことから、当初尋問はプロイセン代弁副領事のヘールが築地に赴き行ったが、やがて、ジマーマンがフランス人水夫のディブリーであることが分かると、その身許はフランス領事コロー、ついでディブリーが軍属の脱走水夫であった関係で、中国・日本海域分艦隊司令長官のジゾーム准将のもとに移され、再度尋問が行われている。裁判の末にディブリーには過失致死として二年の禁固刑が言い渡された。その際、フランス側は罪刑法定主義に基づき、日本側に理路整然とした説明を行っている。説明責任を果たすことで、日本の理解を得ようしたことがわかる。

また、民事訴訟においては原告である由次郎の父平六の主張が全面的に受け容れられ、二〇〇〇両の賠償金、一割二分の利金、および訴訟入費をディブリー側が支払うこととなった。前近代の日本社会においては、高額な賠償金を支払うという慣行はなく、平六は何者かのアドバイスのもと賠償金を要求したと思われるが、幕末以来、攘夷事件が頻発するなかで、日本側が賠償金・補償金・扶助金を支払う西欧の慣行を少しずつ受容していったことが読み取れる。

一方、賠償金に利息をつけるというのは日本の慣習であって、フランスはそれに配慮した対応をしたのであった。領事裁判といえども、フランスは恣意的な裁定を下さなかったということだが、そこには、日本との関係が悪化することへの懸念、そして外国人加害者に対する最初の裁判を担うことに対する自負があった。日本側だけでなく、列強の側もまた相手の慣行を受け容れようとしていたというのは興味深い。

第二章　上白石実「明治新政府の外交体験と条約理解——明治三年不開港場規則・難船救助をめぐって——」

本章の著者上白石は、「開国」の画期性だけでなく、その前後の連続性にも着目し、「開国」後の幕府の対応を漸進的な変化の過程として捉えなおそうとした。その成果は前述の『幕末の海防戦略』、『幕末期対外関係の研究』としてまとめられている。本章の内容も基本的にその延長線上にある。具体的には、明治元年（一八六八）のクラーク事件を契機に、不開港場に来航した異国船の取り締まりが問題として浮上し、明治三年の不開港場規則難船救助心得方条目の制定に帰結するその過程を追うことにより、日本が国際法・国際条約について実地に学習していく様相、および外国船救助方法に見られる近世と近代の連続性について考察する。

これまでの上白石の研究が説くところによれば、「開国」以前の外国船の海難救助策とは、保護・隔離、そして長崎への護送が原則であった。これは、救助者への救助報酬がない点、所有者の積荷放棄に関する規定がなく、そのすべてを長崎へ送還することを義務づけている点で、日本の難破船への対応とは異なっている。そして、この原則は護送先に開港場の下田・箱館を加えた以外、和親条約でも変更されることなく堅持された。

このように和親条約では不開港場にやってくる外国船を難破船に限定すればよかったのだが、諸外国と通商関係を結ぶ段になると、密貿易のために不開港場にやってくる外国船を想定せざるをえなくなる。そのようなわけで、修好通商条約には不開港場に来港する密貿易船を取り締まるための規定が盛り込まれた。だが、日本側は密貿易品を押収できても、罰金を直接徴することはできず、また領事裁判権に災いされ、日本には密貿易に関わる外国人を捕縛する権利がなかった。

不開港場をめぐるこれらの問題点が見直されるきっかけとなったのが戊辰戦争であった。新政府は箱館に拠る榎本軍との攻防において、前戦の諸藩に対して、兵粮輸送に外国船を用いること、兵粮の積み卸しを不開港場で行うことを許可したが、これが密貿易拡大の引き金となる。クラーク事件もまたそのようななかで起こった。明治二年四月、榎本軍へ武器および兵粮の輸送を企てるイギリス船へレンブラック号が石巻で新政府軍に見咎められ、逃げ遅れた日本人と船員クラークが捕らえられて東京に護送されたという事件である。このとき、イギリス領事館は、尋問の際、現地の指揮官がクラークを腰縄で絞ったこと、東京移送後もクラークの身柄が二〇日間、拘束され、領事館に引き渡されなかったことを問題とし、新政府に抗議した。ここに前戦の指揮官の国際法や国際条約に対する理解の欠如が露呈する。

当初、新政府は密貿易が行われるのは外国船が不開港場へ寄港するからだと考えて、その取り締まりを諸外国に要請したが、これに対してイギリス公使パークスは不開港場への寄港禁止については認めたものの、取り締まりは日本が行うべきことだと反論。かくして、新政府は、先のクラーク事件や密貿易取り締まりを求める神奈川県の声に鑑みて、明治三年二月、国内法として不開港場規則難船救助心得方条目を制定したのであった。前文に続く不開港場取締心得規則は、近世以来の外国船取り締まりの慣行をもとにしたものであったが、不開港場にて密貿易を働いた場合の罰則では、日米修好通商条約にはなかった日本人への罰金の規定が盛り込まれた。

もっとも不開港場に来港する船の大半は密貿易船ではなく難破船であり、ゆえに後半部では難船救助之事が定められた。難船救助之事によりはじめて所有者の積荷所有権放棄に関する規定が明記されたが、そこには財産保護に関する西欧の理解が反映されている。その一方で、海難救助の費用は救助する側の負担である点、日本船の場合と異なり積荷所有者の所有権は本人が放棄しない限り永久に保持される点では近世の慣行を踏襲していた。それは後に問題を惹起することになるが、とまれ上白石は以上から「日本における海難救助の近代化は、日本に古くから伝わる慣例と新たに直面した国際慣習が融合して実現した」と結論づける。これは「日本が理解した、自らを取り巻く国際環境、および日本が志向した近代国家建設のヴィジョンは、必ずしも欧米諸国の論理に基づく近代国際関係・自由貿易体制に依拠したわけではなく、あくまで日本人の視点を通して再創造されたものだった」[23]という鵜飼政志の指摘とも符節を合する。

以上、本書の問題関心を述べ、および収録各論文の内容を紹介した。本書が明治維新史研究の新たな地平を切り拓く、きっかけのひとつになってくれることを期待するものである。

註

(1) 各論者の代表的著作として、遠山茂樹『明治維新』(岩波書店、一九五一年)、井上清『日本現代史Ⅰ 明治維新』(東京大学出版会、一九五一年)、芝原拓自『日本近代化の世界史的位置―その方法論的研究』(岩波書店、一九八一年)、石井孝『明治維新と外圧』(吉川弘文館、一九九三年)等が挙げられる。なお、これらの論争とその意義については鵜飼政志『明治維新の国際舞台』(有志舎、二〇一四年)、後藤敦史「幕末期対外関係史研究の現在」(『歴史評論』八一二、二〇一七年)に詳しい。

(2) イギリスの一次史料については、鵜飼政志「イギリス関係史料と明治維新史の歩み」(明治維新史学会編『明治維新と史料学』吉川弘文館、二〇一〇年)を参照のこと。

(3) リチャード・シムズ著・矢田部厚彦訳『幕末・明治日仏関係史―一八五四〜一八九五年』(ミネルヴァ書房、二〇一〇年)、横山伊徳「幕末・維新の国際情勢―オランダから見た日本」(『維新変革と近代日本(シリーズ日本近現代史1)』岩波書店、一九九三年)、西澤美穂子『和親条約と日蘭関係』(吉川弘文館、二〇一三年)、小暮実徳『幕末期のオランダ対日外交政策―「国家的名声と実益」への挑戦』(彩流社、二〇一五年)、和田春樹『開国―日露国境交渉』(NHKブックス、一九九一年)、秋月俊幸『日露関係とサハリン島―幕末明治初年の領土問題』(筑摩書房、一九九四年)、保田孝一編著『文久元年の対露外交とシーボルト』(岡山大学吉備洋学資料研究会、一九九五年)、麓慎一『開国と条約締結』(吉川弘文館、二〇一四年)、ベルテッリ・ジュリオ・アントニオ「未刊史料に見る初代駐日イタリア公使・領事の活動(一八六七―一八七〇)」(『イタリア學會誌』五七、二〇〇七年)、同「日伊蚕種貿易関係における駐日イタリア公使の役割（一八六七―一八七七）」（『イタリア圖書』三七、二〇〇七年）、同「明治政府の樹立と駐日イタリア公使・領事の外交活動について―イタリア側公文書を中心に」（荒武賢一朗・池田智恵編著『文化交渉における画期と創造―歴史世界と現代を通じて考える』関西大学文化交渉学教育研究拠点、二〇一一年）、同「外交史研究の新視点―一八六八年の新潟開港問題と駐日イタリア外交官」（荒武賢一朗・太田光俊・木下光生『日本史学のフロンティア1　歴史の時空を問い直す』法政大学出版局、二〇一五年）、ポッツィ・カルロ・エドアルド「「日伊修好通商条約」の締結（一八六六年）とその歴史的な意義―日伊両国の公文書を中心に」（『文化史学』七二、二〇一六年）、福岡万里子『プロイセン東アジア遠征と幕末外交』（東京大学出版会、二〇一三年）、鈴木楠緒子『ドイツ帝国の成立と東アジア―遅れてきたプロイセンによる「開国」』（ミネルヴァ書房、二〇一二年）。

（4）　中西道子『タウンゼンド・ハリス―教育と外交にかけた生涯』（有隣新書、一九九三年）、鳴岩宗三『幕末日本とフランス外交―レオン・ロッシュの選択』（創元社、一九九七年）、佐野真由子『オールコックの江戸―初代英国公使が見た幕末日本』（中公新書、二〇〇三年）、イアン・C・ラックストン著・長岡祥三・関口英男訳『アーネスト・サトウの生涯―その日記と手紙より』（雄松堂出版、二〇〇四年）、アラン・コルナイユ著・矢田部厚彦編訳『幕末のフランス外交官―初代駐日公使ベルクール』（ミネルヴァ書房、二〇〇八年）、伊藤一哉『ロシア人の見た幕末日本』（吉川弘文館、二〇〇九年）、岡本隆司『ラザフォード・オルコック―東アジアと大英帝国』（ウェッジ選書、二〇一二年）、矢田部厚彦『敗北の外交官ロッシュ―イスラーム世界と幕末江戸をめぐる夢』（白水社、二〇一四年）。

（5）　杉山伸也「東アジアにおける「外圧」の構造」（『歴史学研究』五六〇、一九八六年）、同「外圧論（植民地化の危機について）」（鳥海靖・松尾正人・小風秀雅編『日本近現代史研究事典』東京堂出版、一九九九年）、熊澤（保谷）徹「幕末の鎖港問題と英国の軍事戦略」（『歴史学研究』七〇〇、一九九七年）、保谷徹『幕末日本と対外戦争の危機―下関戦争の舞台裏』（吉川弘文館、二〇一〇年）、鵜飼政志『幕末維新期の外交と貿易』（校倉書房、二〇〇二年）、前掲鵜飼書など。

（6）　前掲福岡書、鈴木祥「幕末の新規通商条約問題」（『明治維新史研究』一三、二〇一六年）など。なお、このようなアプローチのしかたは、中国史の分野でも、『属国と自主のあいだ―近代清韓関係と東アジアの命運』（名古屋大学出版会、二〇〇四年）、『中国の誕生―東アジアの近代外交と国家形成』（名古屋大学出版会、二〇一七年）など、岡本隆司の一連の研究のなかに見られる。

（7）　たとえば杉山伸也は前掲「外圧論（植民地化の危機について）」のなかで、「外圧」否定論に対する保谷徹からの批判に応答して

「列強の対日政策は対中国政策の一環として意味をもちうる」（七頁）と明快に述べている。
（8）田保橋潔『近代日本外国関係史　増訂版』（刀江書院、一九四三年）。
（9）加藤祐三『黒船前後の世界』（岩波書店、一九八五年、のち、ちくま学芸文庫、一九九四年）、同『黒船異変―ペリーの挑戦』（岩波新書、一九八八年）など。
（10）羽賀祥二「和親条約期の幕府外交について」（『歴史学研究』四八二、一九八〇年）、註(6)の加藤祐三書および加藤『幕末外交と開国』（ちくま新書、二〇〇四年、のち講談社学術文庫、二〇一二年）、三谷博「開港前夜―弘化・嘉永年間の対外政策」（近代日本研究会『日本外交の危機認識（年報近代日本研究七）』山川出版社、一九八五年）、同「開国過程の再検討―外圧と主体性」（近代日本研究会『近代日本研究の検討と課題（年報近代日本研究一〇）』山川出版社、一九八八年、以上二点はのち三谷『明治維新とナショナリズム―幕末の外交と政治変動』山川出版社、一九九七年に収録）、同『ペリー来航』（吉川弘文館、二〇〇三年）、井上勝生『開国と幕末変革（日本の歴史一八）』（講談社、二〇〇二年のち講談社学術文庫、二〇〇九年）、同『幕末・維新（シリーズ日本近現代史①）』（岩波新書、二〇〇六年）。
（11）梅澤秀夫「近世後期の朱子学と海防論―古賀精里・侗庵の場合」（『幕末・維新の日本（年報近代日本研究三）』山川出版社、一九八一年）、同「昌平黌朱子学と洋学」（『思想』七六六、一九八八年）、同『早すぎた幕府御儒者の外交論―古賀精里・侗庵』（出門社、二〇〇八年）、三谷博「積極開国論者の世界像―古賀侗庵『海防臆測』」（『日本学』一四、一九八九年、のち前掲三谷『明治維新とナショナリズム』）、清水教好「対外危機と幕末儒学―古賀侗庵『海防臆測』をめぐる一考察」（衣笠安喜編『近世思想史研究の現在』思文閣出版、一九九五年）、前田勉「古賀侗庵の世界認識」（『近世日本の儒学と兵学』ぺりかん社、一九九六年）。
（12）眞壁仁『江戸後期の学問と政治―昌平坂学問所儒者と幕末外交変容』（名古屋大学出版会、二〇〇七年）、奈良勝司『明治維新と世界認識体系―幕末の徳川政権　信義と征夷のあいだ』（有志舎、二〇一〇年）。
（13）上白石実『幕末期対外関係の研究』（吉川弘文館、二〇一一年）の第二部「外交と開港」第一章「開港期の学問所と阿部正弘政権」。
（14）町田明広『攘夷の幕末史』（講談社現代新書、二〇一〇年）。
（15）桐原健真『吉田松陰の思想と行動―幕末における自他認識の転回』（東北大学出版会、二〇〇九年）、同『吉田松陰―「日本」を発見した思想家』（ちくま新書、二〇一四年）。
（16）このような幕末維新期に来日した外国人たちの旅行記をもとに、彼らの目を通じて現在失われた日本の文明につき考察を加えたものに、渡辺京二『逝きし世の面影―日本近代素描Ⅰ』（葦書房、一九八九年、のち平凡社より再版、二〇〇五年）がある。

(17) 楠家重敏『日本アジア協会の研究―ジャパノロジーことはじめ』（日本図書刊行会、一九九七年）、同『W・G・アストン―日本と朝鮮を結ぶ学者外交官』（雄松堂出版、二〇〇五年）、同『アーネスト・サトウの読書ノート―イギリス外交官の見た明治維新の舞台裏』（雄松堂出版、二〇〇九年）。

(18) ル・ルー ブレンダン「通訳・外交官としての宣教師メルメ・カション―日伊条約の交渉を事例に」（前掲荒武・池田編著『文化交渉における画期と創造―歴史世界と現代を通じて考える』）、同「フランス人宣教師メルメ・カションの「日本のヒエラルヒーに関する研究」―«Etude sur la hiérarchie japonaise» の試訳」（『言語文化研究』三一―一、松山大学総合研究所、二〇一二年）、同「仏人宣教師メルメ・カションの『仏英和辞典』について」（『帝京大学外国語外国文化』七、帝京大学外国語学部外国語学科、二〇一四年）、同「フランス人宣教師メルメ・カションの「日本のヒエラルヒーに関する研究」について」（『帝京大学外国語外国文化』八、二〇一五年）等。

(19) 三谷博「一九世紀における東アジア国際秩序の転換―条約体制を「不平等」と括るのは適当か」（『東アジア近代史』一三、二〇一〇年）。

(20) 鵜飼政志によれば、慶応二年に幕府と諸列強とのあいだに交わされた「江戸協約」（改税約書）は、単なる関税額の改定だけではなく、自由貿易を促進するという意味合いをも含んでいた（前掲『幕末維新期の外交と貿易』第三章、前掲『明治維新の国際舞台』第五章）。

(21) 佐々木揚「清末の「不平等条約」観」（前掲『東アジア近代史』一三）。

(22) 生田美智子『外交儀礼から見た幕末日露文化交流史―描かれた相互イメージ・表象』（ミネルヴァ書房、二〇〇八年）、同「儀礼から見る近世後期の日露交渉―日本型華夷秩序から西洋型国際秩序へ、または近世から近代へ」（同右）、佐野真由子『幕末外交儀礼の研究―欧米外交官たちの将軍拝謁』（思文閣出版、二〇一六年）。

(23) 前掲鵜飼『幕末維新期の外交と貿易』、四〇一頁。

Ⅰ　激動の東アジア情勢と列強の対日政策

第一章　アヘン戦争と駐日オランダ商館長ビック

西澤美穂子

はじめに

ピーテル・アルベルト・ビック Pieter Albert Bik（1798-1855）[1]は、一八四二〜四五年（天保十三〜弘化二年）の間、オランダ商館長として長崎出島に駐在した。そしてこの間、日蘭貿易に関する業務、商館の運営、出島に来訪する日本人への対応、一八四四年（天保十五年）[2]の江戸参府など、商館長としての通常の任務を果たす一方、同年八月（七月）、オランダ軍艦パレンバン号によって運ばれたオランダ国王ウィレム二世の親書を幕府に提出するために力を尽くした[3]。

しかし、本来ならばビックの長崎赴任は、前年の一八四一年のはずであった。実はその年、航海の途中でビックが乗っていた船が遭難し、行き先をマカオに変更したため、長崎に辿り着けなかったのである。そして、当時のマカオはアヘン戦争の只中にあり、要するに、ビックはアヘン戦争下の中国を目の当たりにした後で、長崎にやって来た、ということになる。

アヘン戦争は、一八四〇年に、「門戸開放をせまるイギリスが中国にたいしてアヘンの売り込みを強行した結果生じた戦争」(4)であり、一八四二年に南京条約締結をもって終結した。中国の敗北は、当事者の中国は勿論のこと、その周辺諸国にも大きな衝撃を与えるものであり、日本史研究においても、アヘン戦争は日本の歴史を近世から近代へと移行させた要因の一つとして、特に情報や軍事の面に焦点を当てた研究が、これまで多く蓄積されてきた。(5)本章では、日本にアヘン戦争を知らせる立場にあったビックの目を通して、アヘン戦争による日本への影響を検討したい。そして、そこからビックがどのように日本に対応しようとしたのか考察することを目的とする。

一　ビックのマカオ滞在

一八四一年（天保十二）四月十一日、ビックは駐日オランダ商館長に任命された。(6)長崎に向かう船はフレガット船ミッデルブルフ号 Middelburg、船長はローデルケルク Rooderkerk、同乗者のうち出島商館勤務の者は、荷倉役ウォルフ J. M. Wolf、商務助手オルリッチ H. Oelrichs、商務助手兼植物調査員ピエロット Pierot、荷倉掛下役ルーカス Lucas、会計監査事務所所属のルチェンス Lutjens、賃借人(7)ビッケル E. Bicker であり、(8)船は七月十日にバタフィア（現在のジャカルタ）を出航した。

航海は、出航後しばらくは天候に恵まれたが、七月二十五日、台湾海峡において台風に襲われ、船は二十四時間の嵐をなんとか持ちこたえたものの、五フィート以上の浸水をもたらす損傷を受けてしまった。この状況に対処するため、船長は行き先を長崎からマカオに変更し、嵐から五日後の七月三十日、同地になんとか到着したのである。

しかし、当時のマカオは、オランダ領事が不在だった。広州駐在領事だったセン＝ファン＝バーゼル Senn van

Bazel(9)は、中国のアヘン貿易取締りの厳しさに強い危機感を抱き、一八三九年三月にバタフィアのオランダ領東インド政庁に軍艦派遣を要請したが、その後、派遣を行わないとする政庁の決定を受け、一八三九年八月までに広州からマカオへと移った。そして、同年十二月三日にマカオを去り、結局、バタフィアに戻ってしまったのである(10)。そのため、一八四四年にセン＝ファン＝バーゼルが再び赴任してくるまで、広州ないしマカオには、オランダ領事がいない状況が続くことになった。

船長ローデルケルクと賃借人ビッケルが七月三十一日早朝、ミッデルブルフ号の積荷下ろしの手続きのために上陸し、その後、船に戻って来た際、「商人ないしは監督官(11)」として最近マカオに移住してきたレインファーン Reynvaan を連れていた。レインファーン株式会社は、当時、マカオにおいて唯一のオランダの貿易会社であったため、本来ならば領事に求めるべき助力を、彼に依頼することになったのである。

こうして、八月一日、ビックはとうとうマカオに上陸した。揺れることのない地面に、再び足を下ろすことができたというビックの素直な感動は、いかに嵐が大変であったかを物語っている。そして、上陸場所からそれほど離れていないレインファーンのアパートに向かい、ここしばらくの間、そこがビックの宿となったのである。

マカオ滞在はたった三ヵ月間ではあったが、ビックは、フランス領事やマカオ総督の訪問を受け、ポルトガル人の居住区やマカオの郊外を散策し、中国人の店で肖像画を描いてもらうなど、マカオを満喫していたようである。しかし同時に、出島商館職員への給料の支払いのためレインファーンから二一〇〇フルデンの借金をし(12)、七月十六日に亡くなった同僚のピエロットの葬式を行い(13)、そして船荷の砂糖六〇〇籠ほどの損害を確認するなど(14)、苦労や失望も味わった。また、ミッデルブルフ号の修理代を補うために、十月四日に東インド政庁の荷物をオークションにかけたり(15)、船員の確保に苦心したりと、バタフィア帰還に向けての準備にも追われ、こうしてマカオの日々は慌ただしい中、過ぎていったのである。

さて、この間のアヘン戦争に関するビックの記述は多くはない。直接的な内容のものは「一八一三〜四二年のピーテル・アルベルト・ビックの略歴」の一八四一年八月三日の条に記されている(16)。

今から一年前、イギリス人はこの〔マカオと中華帝国を遮断する〕関門を占領し、中国の警備隊を追い出した。その際、〔中国の警備隊は〕二〇〇人の死傷者を置き去りにした。一八四一年の今、関門は開放され、誰もが邪魔されずに通過することができる。

公園散策(17)の記事の中に、マカオで起こった戦闘について簡単に述べられているのみである(18)。

ここで、この戦闘とビックのマカオ滞在の背景を押さえるために、一八四〇年六月二十一日に、イギリス遠征軍が中国に到着して以降のアヘン戦争の経緯を概観したい(19)。まず、イギリス艦隊は広州を海上封鎖し、すぐに厦門、寧波、舟山を占領しながら北上し、八月十一日には白河河口の天津に到着した。そして、同地にて外相パーマストン Palmerston の皇帝宛書翰を中国側に受け取らせた後、会談場所となった広州に向けて、今度は南下している。その間、マカオでは前述の戦闘があったが、十一月二十日に北からイギリス艦隊が戻って来るまでには、マカオ・広州は平穏を取り戻していた。しかし、交渉が進まないことを理由に、一八四一年一月七日、広州において戦闘を開始し、小休止を挟みながらも、五月二十七日まで続き、香港を領有することになった。広州ではその後も民衆の抵抗運動（平英団）が続いており、不穏な状況の中で、八月九日、イギリス全権ヘンリー・ポティンジャー Henry Pottinger のマカオ到着を迎えた。八月二十一日、イギリス艦隊は香港に少数の兵と船五隻を残して、またしても北上、厦門、舟山、鎮海、慈渓、杭州、乍浦等を占領した後、一八四二年六月十三日に長江に進入、上海、鎮江を陥落、とうとう南京に到着した。こうして八月二十九日、南京条約が締結され、アヘン戦争はひとまず終息することになったのである。

この経緯から見るに、ビックがマカオに滞在していた時期というのは、マカオの戦闘から、ちょうど一年後にあたり、さらに広州の戦闘も一段落着き、ポティンジャーが到着した頃だった。その後、ポティンジャー率いるイギリス艦隊の北上により、その戦闘情報は随時マカオに届いてはいたが、ビックの目の前で戦闘は展開していなかったということもあり、ビックがマカオから受ける印象は明るいものであった[20]。

概して、マカオを見る機会を得て私はうれしい。マカオは地球上において、注目に値する場所であり、市中に見られる壮大で美しい建築物が、早くから幸福であったことを物語っている。中国帝国のこの小さな片隅に、多くの国民が滞在していることは信じられないことである。美しいプリアグランデ通りに沿って歩く時、誰しも外国人の中を移動することなしに、一〇歩も進むことはできない。私は一度ならず部屋から、瞬きの間に、イギリス人、ポルトガル人、フランス人、オランダ人、デンマーク人、ベンガル人、ペルシア人、アラブ人、マレー人、マニラ人、中国人、アメリカ人、そして日本人でさえも、ホテルの前を通っていくのを見た。日本人に関しては、マカオには六人滞在しており、日本の沿岸にて遭難し、海上にてアメリカ人やイギリス人に救助された者や、日本の法律のため、かつて故国を去って、生命の危険を冒すことなしには戻ることのできない者たちであった。

アヘン戦争の最中にあっても、マカオは活気のある都市であり、多くの外国人が滞在していた様子が記されている。その中でも、日本人に注意が払われている記述となっているのは、本来ならば行くはずだった国であることを意識してのことだろう。また、

誰もが日々、前述〔イギリス、ポルトガル、フランス、オランダ、デンマーク、ベンガル、ペルシア、アラブ、マレー、マニラ、中国、アメリカ、そして日本〕の国々の船の出入りを、マカオで見ることができ、従って、誰もが皆、ヨーロッパのニュース等を受け取っている。イギリス艦隊や軍隊は北岸に駐留し、その一部はマカオの碇泊地に

駐留しているため、そこはとても活気に満ちており、大量の日用必需品が、多くの船員へともたらされている。毎日、私は三〇から四〇の船が碇泊地に泊まっているのを数えていた。

イギリス艦隊の駐留とそれに伴う需要が、マカオを活気づけていた様子が描かれている。ビックのマカオ到着一ヵ月前の六月二十五日付「ホンコン・ガゼット The Hongkong Gazette」(21)には、イギリス艦隊が、香港にウェルズリー号、ブレンハイム号、ブロンデ号、ドルイッド号、コンウェイ号、カリオペ号、アリゲーター号、サルファー号、ヒヤシンス号、クルーザー号、ペイラデス号、コロンバイン号、アルジェリン号、そして蒸気船のアトランタ号、クウィーン号、ネメシス号の一六隻を、虎門沖にヘラルド号一隻を、そしてマカオにモデステ号、スターリング号、ヤング・ヒーブ号、ルイーザ号の四隻を、分散させて碇泊していたことが報じられている。ポティンジャーの北上の際には、これらの内の多くが引き連れられていったため、八月二十一日以降の零丁洋の様子は、また違ったものとなったであろうが、これら軍艦を維持するための物資を運ぶ輸送船は絶えず出入りをしていたため、活気がある状況に変わりはなかっただろう。

アヘン戦争期の物資に関する特徴を一つ挙げると、海戦において蒸気軍艦が作戦遂行に大きな役割を担うようになったため(22)、その燃料である石炭が補給物資として重要視され始めたことである。本格的な戦闘が始まる前の段階、一八四〇年一月十八日付のインド評議会議長から重役会の秘密委員会宛公文書(23)には、次のように記述されている。

四隻分の蒸気船の使用を前提とした十分な量の石炭供給は、一層困難を来している。私達は、ダモデル川沿いのオプタハに、ブルドワーン炭(24) Burdwan coal のとても巨大な貯炭所があることを確認しており、その貯炭所からダイヤモンド港や他のこの川の港にそれを船で運ぶのが便利である。しかし、この石炭は、イギリスの石炭や、シレット(25)、メルギー(26)の石炭よりも質が悪い。当然、遠方において最高品質の石炭を、最安値の運賃で提供することが目標である。そこで、我々は、市場でのイギリス炭の購買だけでなく、上質な石炭を産出することが知られるインドの鉱山の石炭を利用できるよう、常に努力することを提案する。

インド、ミャンマー、バングラディッシュの石炭の産出地が記されており、すでにそこの石炭使用を見積もっていたようだが、しかし、石炭の質や量、値段など、なかなか適当な条件で用意できなかった。このように、イギリス―中国間航路の石炭供給システムはまだ整っていないため、結局のところ、イギリス産の石炭がアヘン戦争に派遣された蒸気軍艦を支えていたものと推測されるが、(27)同時に石炭埋蔵地の調査も行われ、一八四二年のボルネオにおける良質の石炭の発見や、(28)遼東湾内の石炭を積んだ中国船情報など、(29)アジア圏にて石炭を獲得するための注意が払われていた。ビックが滞在していた時期のマカオでは、石炭は一ドルにつき二〇ピコルにて取引されており、(30)つまり、(31)ビックが日々眺めていたイギリス船の中には、このような石炭をカルカッタやシンガポールから運んできた船が混ざっていたということになる。蒸気船の意義をビックがどれほど把握していたのかは定かではないが、この時期のマカオの活気は、イギリスの海洋支配体制が完成に向けて構築されていく過程を示すものであり、イギリスの威力を、ビックに印象づけることになったといえるだろう。

ミッデルブルフ号の修理が終わり、十一月二日、ビックたちはマカオを出航した。ビックにとってマカオの滞在は全般的に楽しいものであり、マカオにて世話になった人々への感謝の気持ちが綴られている。(32)しかし、帰路も決して順調とは言えず、十一月十二日にまたもや嵐に遭い、途中途中に出会った船に助けてもらいながら、十二月十七日、通常ならば航海日数二〇日のところ、倍の四一日もかかって、ようやくバタフィアに到着した。

バタフィアに戻ってからのビックは、しばらくは家族と過ごしたが、四月になってからインドネシアを旅行し、四七日間の旅程を終えて、五月二十一日にバタフィアに帰って来た。そして、再び日本行きの船に乗ることになったのである。今回は日本からの昨年分の銅の帰り荷を期待して、アンボイナ号 Amboina とヨハンナ・マリヌス号 Johannes Marinus の二隻が艤装されており、オランダ商館職員として、アンボイナ号にはビック、オルリッチ、ビッケルが、そしてヨハンナ・マリヌス号には、ウォルフ、ランへ Lange（商務助手）、ルーカス、フイセル Huiser（オランダ貿易会社従業員）[33]が乗船した。[34]

二　ビックの来日

オランダ商船アンボイナ号とヨハンナ・マリヌス号は、一八四二年（天保十三）六月二十六日にバタフィアを出航した。[35]この時の航海は、七月十三日に嵐に見舞われ、二隻の船は離れ離れになってはいるが、全般的に天候に恵まれ順調だった。この航海中のアヘン戦争関連として特記することと言えば、七月十六日にイギリスのブリック型軍艦がアンボイナ号に近づき、現在地の緯度を訊ねた際に、イギリス軍が南京を陥落させたという情報を、オランダ人に伝えたことである。[36]まだ南京条約締結にまで至ってはいないが、ビックはアヘン戦争の終結が近いことを、はっきりと感じたのではないだろうか。

こうして、アンボイナ号は七月二十五日（六月十八日）に、ヨハンナ・マリヌス号は翌日二十六日（十九日）に、無事長崎に到着した。日本人からすれば、二年ぶりのオランダ船来航である。もちろん、昨年来航しなかった理由が、オランダ船の遭難であったことなど知る由もなかったため、長崎奉行は当時のオランダ商館長代理グランディッソン Grandisson に、船が来航しないのはアヘン戦争が原因ではないか、オランダ人はアヘン戦争に関わっていないのかなど、何度も質問を行っていた。[37]また、長崎に滞在している中国人によって、オランダ船が来ないのは、戦乱によって商品を得られなかったからではないかなど、さまざまな憶測が広められている状態にもあった。

さらに一八四一年（天保十二）は、天保の改革が本格的に始まった年であった。その影響は長崎にも当然及んでおり、日蘭貿易に好意的だった長崎奉行の田口喜行が勘定奉行に昇進するや否や左遷されたことで、貿易改善を期待していたグランディッソンは失望を隠せないでいる(38)。その後も、新任の長崎奉行柳生久包の赴任により、長崎での取締りが厳しくなっており、それはオランダ人や、幕府に奢侈と捉えられそうな輸入品に対しても同様だった(39)。〔長崎奉行による取締りと、大小検使や目付の追跡の〕結果、初めの頃は皆の様子に恐怖と驚きが認められた。人々は些細なことでも問題にする良心を証明し、何か隠しているのではないかという疑いを晴らさねばならず、そのため私達〔オランダ人〕の行動は、将軍の役人に見張られる状況となった。

こうして、ここ数年の私達の滞在と比べて、役人から使用人に至るまでのあらゆる身分の日本人と私達が現在感じている居心地の悪さというのは、実際に経験してみないことには正しくは把握できないだろう(40)。

長崎の雰囲気が重苦しく、明るい展望が見込めない状況となっていたことが、グランディッソンの記録から窺うことができる。

それ以前の一八三〇年代の日蘭貿易では、オランダ側の日本に求める商品が変化してきており、それまで主に東インド向けとして輸出されていた銅や樟脳から、ヨーロッパ向けの輸出商品として、生糸、茶葉、ロウ等が考慮されるようになっていた(41)。それは銅の輸出を制限しようとしてきた日本側にとっても受け入れやすい変更であったと考えられ、日本とオランダの協力的な雰囲気のもとで貿易商品の試行錯誤が行われていたことが推測される。一八三六年に、送った商品見本に対し、本方貿易（オランダ東インド政庁の会計に属する商品群の取引(42)）の帰荷として取寄せをしないというバタフィアからの決定が言い渡されてはいるが(43)、一八四〇年十月八日付上席町年寄高島四郎太夫（秋帆）宛グランディッソン書翰[44]には、オランダカンバン委員（＝賃借人）ビッケルが、提示されていた価格より低く調整できるならば、日本茶の取引を試みたいと述べている旨が記されており、本方貿易ではなく、脇荷貿易（商館長以下の館員や船員の役得として一定額だけ許された私貿易品の取引[45]）へと貿易の枠組みを変えて、取引の検討はまだ継続していた。そうなると、その最中に天保改革が始まったということは、日蘭貿易を停滞させたというだけでなく、考慮されていた商品が「開港後の日本からの主要輸出品となる[46]」物資であったことから、近代化に向けての移行を軟着陸させる政策の芽を摘んでしまったことを意味するのかもしれない。

さらに、天保改革によって、密貿易への監視も当然強まることになったが、この件に関しても、日本側からだけではなく、オランダ側からの動きもあった。以前から脇荷貿易は、とくに密貿易との関連を指摘されるような状態となっていたため、東インド政庁において懸案事項とされてきたが、「給料の不足分をもっぱらこの貿易にたよっているオランダ商館員から反撥を招く」ため、脇荷貿易を廃止することができずにいた。そこで東インド政庁は、一八三五（天保六）年に、賃借人を任命し、それまで「脇荷貿易に参加が許されていた職員が事前に用意した私貿易品を、賃借人が買い取る」というやり方で、「脇荷貿易の一切を取り仕切り」、個人が脇荷取引に関われないように統制しようとしたのである[47]。

しかし、このシステムもまた、密貿易に対してうまく機能していなかったようである。一八四〇年年次報告書には、一角の密貿易発覚が[48]、賃借人リソール Lissour からグランディッソンに伝えられており、日本人三名が処刑されること、この件にオランダ人が関与していないという保証はないこと、しかも一八三七年、一八三八年の密貿易まで発覚したことなど[49]、出島商館を統轄する立場にあったグランディッソンからすれば、かなりショックなことであっただろう[50]。そして、この天保改革による統制は、とうとう一八四二年十一月四日（天保十三年十月二日）、西洋式砲術家として知られる高島秋帆の捕縛にまで至った。(51) その一八日後の十一月二十二日（十月二十日）には、ビックに商館長の仕事を引き継いで、グランディッソンは日本を離れている。こうしてビックは、この厳しい情勢の中、難しいかじ取りを迫られることになったのである。

三　ビックの日本駐在とアヘン戦争

ビックの在日期間中の、一八四二年（天保十三）及び一八四三年一月一日〜七月十八日の途中（天保十三年十二月一日〜六月二十一日）までのオランダ商館長の公務日記（以下、公務日記とする）は、日本商館文書の史料群の中に存在していない。(52) しかし、ビック家文書の中に、その原本と考えられる「出島到着の日より始まる、駐日オランダ商館長ビックによって記された日記」（以下、個人日記とする）があり、(53) それには、一八四二年七月二十六日（六月十九日）の長崎到着以降の記述が存在するため、以下、第１・２項では失われた公務日記を補完するものとして個人日記を活用し、第３項では二つの日記を比較しながら、アヘン戦争やイギリス・中国関連の記事を抜き出して、本節の記述を試みたい。

１　アヘン戦争終結情報以前

一八四二年九月九日（八月五日）の条に、(54) 七月十日に薩摩へ向かう予定だった琉球船がイギリス船一隻に襲われた事件に関する記事がある。その事件が起きた後、イギリス船の船長から琉球船の船長へと一通の書翰が渡され、それは琉球船が薩摩に到着した際に薩摩藩主島津斉興に提出された。しかし、英語で書かれていたため解読できず、長崎のオランダ人にその翻訳を依頼してきたのである。

その書翰の内容は事件に対するイギリス船長の弁明であり、「前日、琉球船に乗り込んだイギリス船員が、いくつか商品の箱や包みを持ち出した。これは、私〔イギリス船長〕の予想外のことであり、したがって商品は〔琉球船へ〕送り返され、もし損失していた場合は、金銭で賠償する。」と記されていた。また、この書翰をオランダ人が受け取る際、大通詞中山作三郎は「誰も貨幣を受け取っておらず、少しも商品を失うこともなかった」という言葉も添えている。

この記事から、イギリス船側には敵意はなく、むしろ友好的な気持ちをもって琉球人に接触していた様子が窺える。しかし、琉球船側は、この一連の経緯を「イギリス船に襲われた」と感じたのであり、最終的には、「この書翰の翻訳を薩摩藩主が知ったならば、きっと安堵することになる」わけだが、書翰が翻訳されるまでの間、薩摩藩としては決して心中穏やかではなかっただろう。

私〔ビック〕の知る限り、薩摩藩主はこの事件にとても困惑しているようだ。彼は、イギリス軍艦は、その後、公然と大掛かりな不快と窮地〔の状況〕を作り出し、琉球が彼〔イギリス〕の領分となることを待ち望んでいる、と考えた。(55)

このビックの見解として語られている、イギリスの植民地化に対する薩摩藩主の警戒は、アヘン戦争当時の日本全体を占める認識でもあっただろう。そして、このイギリスへの警戒は、次の記事にも関連してくる。

九月十七日（八月十三日）の条は、(56)外国船への応対方針に関する記述である。この日、長崎奉行所に呼び出されたグランディッソンとビックは、長崎奉行から直々に将軍の命令を読み聞かされた。その命令とは、一八二五（文政八）年に出された異国船打払令を撤回し、沿岸接近の異国船への穏便な対応や燃料・食料の支給等を方針とした「薪水給与令」発布のことであった。この方針は一八四二年八月三十一日（天保十三年七月二十六日）に江戸城内で言い渡されたのだが、このきっかけは、ビックの「（イギリス人武官からの話として、）ことによると、日本の港にも来航して、若し不都合な待遇を受けたなら、一戦を交えることになるかもしれない」という発言にあったという。[57]

さて、この方針転換について、ビックは次のように記している。

私の見るところでは、江戸幕府は、（イギリスと中国の間の戦闘と、今年日本に最初の手紙で伝えた、ここ二年間のイギリスが行ってきた傍若無人さと、そして巨大なイギリス陸海軍の近隣〔の駐留〕のため、）現在、日本の沿岸で起こりうる暴挙を恐れている。もちろんそのことを彼ら〔幕府〕は公に露呈することはせず、我々〔オランダ人〕に好意を示すということを口実として、この平和的な規定〔薪水給与令〕によって暴挙を回避しようと考えている。政治的な熟慮と、日本人特有の横柄さが一致したのである。[58]

ビックは、この方針転換の背景にアヘン戦争の影響があることを指摘し、また、この記述の前の段落において、この命令によってオランダ人に示された将軍の好意や寛大さは本物かどうかを自問自答しているが、「我々に好意を示すことを口実として」と述べているように、それは体裁にすぎないと見なしている。したがって、天保改革のオランダ人に対する規制が薪水給与令によって弱まるだろうという淡い期待は、ビックの中から生まれてはこなかっただろう。実際、この後、多くの長崎の地役人や通詞が捕縛、処刑されていく状況を経験することになり、自身の認識の正しさを確信していったのではないだろうか。ただし、財政・経済の立て直しと幕府の権威回復をめざした天保改革において、幕府の統制下に置くことのできない外国船は、間違いなく改革を揺るがす存在であり、この外国船対応の方針転換は、改革のほころびを明らかにした一例として捉えることもできる。薪水給与令の発布は、この時点では、オランダ側の規制緩和への期待に応える効果はなかったが、天保改革の破綻の一要因として捉えるならば、少しずつその期待に近づいていく作用があったと言えるだろう。

2　アヘン戦争終結情報後

ビックが日本に赴任してから、しばらくの間、中国船は長崎に到着せず、日本にて海外情報は更新されることはなかった。ようやく新しいニュースが入って来たのは、翌年の一八四三年一月十八日（天保十三年十二月十八日）、一隻の中国船来航によってである。ビックは、「この話が、どれ程信憑性のあるものかどうかはわからない」と述べながらも、その情報の内容を書き留めている。

> 中国人が次のような書翰を持って来た、という話を〔通詞から〕聞いた。イギリスとの戦争が終結したこと、そして、長崎に六月以降、貿易をしに〔中国〕ジャンク船が来航しなかった理由は、イギリスとの動乱のため、〔昨年の〕春に長崎を出航したジャンク船は乍甫[59]の港に入港できず、どこか他の場所でかなりの時間を費やさねばならなかったからであり、そのため、モンスーンに遅れて日本に向かう行程となった、と。[60]

一八四二年五月十八日には、ポティンジャー率いるイギリス艦隊が乍甫を陥落させ、長江河口へとさらに北上している最中であり[61]、この時期に日本から帰港した中国船が困惑していたというこの情報は、まず間違ってはいないだろう。そして、この情報で重要な点は、アヘン戦争終結を知らせていることである。つまり、ここにおいて、日本人にとっての、そして長崎駐在のオランダ人にとってのアヘン戦争が、ようやく終わったということを意味している。

これ以降、中国船が立て続けに、二番船が一月二十一日（天保十三年十二月二十一日）、三番船が一月二十二日（十二月二十二日）、四番船が一月二十七日（十二月二十七日）と長崎に来航し、この四隻はしばらく長崎港に碇泊することになった。その結果、唐人屋敷に四三一人の中国人が滞在し、貿易を再開させている様子が、ビックの許にも伝え

られている。(62)

これら中国船の来航は、貿易以外のことにおいて、思わぬ形でビックに影響を及ぼした。伊王島の旗竿の点検のための渡島許可を長崎奉行に申請したところ、通詞を介して難色が示されたのである。伊王島は長崎港の沖合に位置し、オランダ船が長崎湾内に入る前に、日本人役人から審査を受ける場所であった。一八三五年以降、到着船の長崎湾内への入津を容易にするため、合図の旗を掲げるための旗竿が伊王島の頂上に設置され(63)、それから毎年のように点検が行われていたようだが、この時ビックは旗竿の許へ行くことを禁止され、船の上から旗竿を見るように、という指示を受けたのである。さすがにそれでは旗竿を点検することはできないと、ビックは再度、長崎奉行に申し出たところ、旗竿の場所以外は歩き回らないことを条件に、ようやく伊王島へ渡ることが許された。

この一連の経緯について、ビックは、伊王島に守備の人員が配置され、それをオランダ人の目に触れさせないようにするためではないか、と推測している。そして、このような動きになったのも、中国船が来航し、再び中国におけるイギリス問題が語られる機会が増え、それが日本人の不安を掻き立てているからではないか、と見ている。実際には、四月二十日（三月二十一日）に伊王島に行き、旗竿を点検した際に周囲を見回したところ、船が来航したことを知らせる大砲二挺以外は確認できなかったため、ビック自身、「〔私の推測が正しいと〕断言することはできない。」と述べてはいるが、しかし、この後に続く記事を見ていけば、日本の海防または外国船対策の動きを感じ取っているビックの見解は、あながち的外れとは言えないように感じる。

五月二十四日（四月二十五日）、ビックは、長崎奉行・幕府の目付・上席勘定方(64)の訪問を受け、二時間以上の時間を共に過ごした。ただ、ビックはこの機会を、日蘭貿易のアピールに利用しようと目論んではいたが、それはうまくいかなかったようである。

さて、この訪問の記事の中で、気に掛かる箇所がある。

年番通詞は、この方々〔長崎奉行・幕府の目付・上席勘定方〕は私〔ビック〕に、中国におけるイギリス問題について、それから蒸気船について尋ねるだろう、と確かに考えた。しかし、驚いたことに、彼らはその件につき全く言及しなかった。応接間できちんと見学し、現場等を視察したことで、満足していた(65)。

年番通詞、おそらくビック自身も、この訪問の目的は、イギリス軍や蒸気船関連の情報収集と想定していた。しかし、そのことには何も触れられず、いわば肩透かしを食らう形となったのである。

実は、ビックらがそのような考えに及ぶ理由があった。「御用方諸書留(66)」には、訪問の十日前の五月十三日（四月十四日）に、ビックに対し蒸気船に関する問い合わせが行われていたことが記されている。その問い合わせとは、①出島商館に滞在しているオランダ人の中に、蒸気船の知識を持ち合わせ、長崎にて製造できる者はいないか、②長崎が無理ならば、本国に部品等を注文して取り寄せても良い、さらに、③それらの費用はいくら掛かるのか、といったものであった。これに対し、ビックは、蒸気船に詳しいオランダ人職員はいないこと、したがって、蒸気船を長崎で製造するのは無理であり、また費用もいくら掛かるかわからないので、これからバタフィアに問い合わせ、来年、オランダ船が長崎に来航した際に返事をする、と述べている。

この問い合わせが誰からのものであるのか明記されてはいないが、「従江府被仰下候間」と、江戸から言い渡されたことがわかる。また、「近頃イキリス抔ニ而者製精巧工夫も盛ニ相成候由相聞候処」と、イギリスを意識した記述もあり、これが日本で最初の蒸気船の造船・購入を本格的に検討した事例と言えるだろう。

このような前振りがあったため、十日程のちに幕府関係者が出島を訪問するとなれば、蒸気船が話題にのぼらない方が、かえって不自然な感じがする。さらにもう一つ不自然なことは、この「御用方諸書留」に記された五月十三日

（四月十四日）の問い合わせの記述が、個人日記に書き留められていないことであり、その日は「記載することなし」の一文のみで済まされている。このちぐはぐな感覚は、「御用方諸書留」に問い合わせてきた人物が明かされていないということも含めて推測するに、この時点において、まだ蒸気船関連事項は公にはできず、慎重な態度を取らねばならなかったことを示すものではないだろうか。しかし、アヘン戦争終結を知り、今度はイギリス船は日本にやって来るという危機感が増す中で、新たな海防の模索はなされており、そのような日本の動きを、ビックは様子を伺いながらも感じ取っていたことが、これらの記述のあり様から読み取れるのである。

3　サマラング号来航情報

一八四三年七月十九日（天保十四年六月二十二日）以降、オランダ商館長の公務日記(67)が存在するため、個人日記との比較が可能になる。そこからわかることは、全体的に個人日記の方が公務日記よりも記述の分量が多く、なかには、個人日記にある記載が公務日記において全て削除されている箇所もあるということである。たとえば、ビック自身の感想や、日本人の出島訪問の内容（大砲の取引など）、場合によってはビックが会った人物の名前などが削除されている記事もあり、したがって、全般的に公務日記より個人日記の方が、記載が詳細で、よりビックの想いがくみ取れるということになるだろう。

しかし、八月十五日（七月二十日）の、イギリス船サマラング号 Samarang の記述に関しては、個人日記と公務日記は、ほぼ一致している。サマラング号は、二年後の一八四五年八月六日（弘化二年七月四日）、イギリス海軍大佐エドワード・ベルチャー Edward Belcher 指揮のもと長崎に来航し、長崎奉行の測量拒否を無視して測量を実施した。そして、四日間の滞在後、十日（八日）に長崎を出航している。つまり、このサマラング号の情報自体は、二年前には日本に知らされており[68]、これをもたらしたのは、一八四三年八月四日（七月九日）に長崎に到着したオランダ船アンナ・エン・エリザ号 Anna en Eliza だった。その情報の記録として、三月三十日付「フレンド・オブ・チャイナ Friend of China」の記事を日本語訳にした「咬留吧日記抜萃和解[69]」という史料がある。

サマラングといえるエゲレス船の船頭ベルセルを渡海の道開かんが為め役に任し、此船頭は第一日本幷其近方の嶋々の渚等測量の事を命せられたるよし伝承す、当時エゲレス人ホンコンを領せしに付候てハ、日本に拘りたる総ての事今猶肝要の事とす、此已然日本と信を通し其漂民を帰国せしめんため、モリソンといえるエゲレス船難渋の振舞を受けたれとも、今又希くハサマラング船其意を遂け通信の道を開き、当時マカヲにある漂民を其国に回帰せしめ度のよしなり、

サマラング号が測量を目的としていること、イギリスが香港を割譲したこと、日本と通信の関係を結ぶ希望も持っており、マカオに居る日本人漂流民の送還を考えていることなどが知らされている。ビックは、マカオに滞在した経験から、当時すでに香港はイギリスの占領下にあったことや日本人がマカオに居たことなども言い添えて、この記事を通詞に渡したのかもしれない。

そして、個人日記には、一八四三年八月十五日、ビックのもとに二人の下級の幕府目付[70]が訪れたことが記されている。彼らは将軍の代理として、新聞記事（おそらく前述の「フレンド・オブ・チャイナ」）について詳細な説明を求めた。それに対し、ビックはできる範囲で質問に答えている。

我々オランダ人が日本のこの場所〔長崎〕に居て、イギリス人と友好的である間は、イギリス人は好戦的な目的ないし圧力をもって交渉を挑んでくることはないだろう。ただし、日本政府〔幕府〕は、衰退する貿易や制限のある親交のせいで、我々オランダ人がここからいつか引き上げざるを得なくなる時を、イギリス人は待ち望んで

いるかもしれず、特に、香港割譲によって、イギリスは今や大きな力と〔日本の〕近隣の地を獲得していることを、しっかりと考慮せねばならない。したがって、日本政府にとって、我々との親交により高い価値を置き、貿易を先年のように盛んにさせることが、重要である。現状のままでは、長くは維持させることはできず、〔東インド〕政庁は遅かれ早かれ撤退に〔方針を〕転換させるだろう。(71)

日本にとってサマラング号来航情報は、アヘン戦争終結後のイギリスが、今度は日本に勢力拡大を図るのではないかという危機感を現実のものとして実感させる力があった。この情報に反応する日本側に対し、ビックは、オランダと親密な関係を築いている間は、イギリス船は無理な要求をしてこないだろうと述べ、さらにこの機を逃さず、「現状のままでは、長くは維持させることはできず」と、天保改革の統制下での日蘭貿易の限界と改善を迫るしたたかさも見せている。このような日本からの撤退をちらつかせる交渉術は、歴代の商館長も行ってきたことであり、決してビックのオリジナリティというわけではないが(72)、敢えてサマラング号の来航情報に合わせて提示することで、イギリスの脅威を具体的に日本側に意識させ、オランダ側の希望を実現させようとしたと言えるだろう。個人日記には、「この対話が、そのうち江戸に届けられ、良い結果となることを心から望む」というビックの想いが綴られている(73)。これが、当時のビックが日本に打ち出すことができた、日本とオランダの両方に利のあるイギリス対策だったのである。

おわりに

本章では、一八四一～一八四三年までの、ビックのマカオ滞在の時期と、オランダ商館長として長崎に赴任した二年間の記録をもとに、オランダ人の目を通してアヘン戦争と、それに関連する日本の状況を見てきた。ビックの日本滞在は、いきなり天保改革の粛正吹き荒れる状態から始まるが、イギリスへの脅威は、そのような日本の状況を少しずつ突き崩していくことになった。ビックは、アヘン戦争の情報や、自身のイギリスについての考察を述べるという形で、その作用の一端を担い、こうして、一八四三年十一月四日（天保十四年閏九月十三日）、水野忠邦の罷免をもって、天保改革の破綻を迎えることになったのである。(74)

しかし、ビックの活動は、一八四四年（天保十五）の江戸参府、同年八月（七月）のオランダ国王ウィレム二世の親書の提出と、この後もまだ続き、天保改革後の日蘭貿易を経験することになる。この件に関しては、同様に個人日記と公務日記を比較しながら、また別稿をもって考察したい。

註

（1）オランダ国立中央文書館 National Archief には、ビック家文書 Papieren Afkomstig van Leden van het Geslacht Bik en Aanverwante Geslachten 2.21.024 が所蔵されており、その内、ピーテル・アルベルト・ビックの文書に関しては、東京大学史料編纂所にマイクロフィルム（6998-43-1〜3）が配架されている。また、研究書としては、Toivanen, Mikko *The Travels of Pieter Albert Bik, Writings from the Dutch Colonial World of the Early Nineteenth Century*. Leiden University Press, 2017. があり、その著書において、①「一八一三〜四二年のピーテル・アルベルト・ビックの略歴」、②「一八四四年の江戸参府日記」、③「一八四七年のバタフィアからオランダへの旅行日記」の三冊の史料が、オランダ語から英語に翻訳されている。

（2）弘化元年は十二月二日から始まるため、この時点では天保十五年となる。

（3）ピーテル・アルベルト・ビックは、一七九八年七月十八日にアムステルダムで生まれ、一八一五年に東インドに渡って以降、ボルネオ島のバンジェルマシンの官吏を振り出しに、一八一八年にはボルネオ島西海岸に、そして一八一九年にジャワ島のバタフィアに財務長官の第一事務官 Eerste commies bij de hoofd directie van financiën として赴任した。そして、一八三六年に休暇を取り、オランダで三年間過ごした後、一八三九年にバタフィアに戻り、孤児院の部署 de Weeskamer に所属した。その後、一八四一年に駐日オランダ商館長に任命され、長崎に一八四二年に赴任、一八四五年に帰任後は、再度休暇を取ってオランダに帰国し、一八五一年に退職した。そして、一八五五年四月十日、オランダ南部の都市ブレダにて生涯を終えている（ビック家文書目録 Inventaris van Papieren Afkomstig van Leden van het Geslacht Bik en Aanverwante Geslachten 2.21.024, Algemeen Rijksarchief, Den Haag, 1977, pp. 3-4 を参照）。

（4）　横井勝彦『アジアの海の大英帝国―十九世紀海洋支配の構図―』（講談社学術文庫、二〇〇四年〔同文舘、一九八八年〕）六七頁。

（5）　佐藤昌介『洋学史研究序説』（岩波書店、一九六四年）、森睦彦「阿片戦争情報としての唐風説書」（『法政史学』二〇、一九六七年）、安岡昭男「和蘭別段風説書とその内容」（『法政大学文学部紀要』一六、一九七一年）、日蘭学会・法政蘭学研究会編『和蘭風説書集成』上・下巻（吉川弘文館、一九七七年・一九七九年）、加藤祐三『黒船前後の時代』（岩波書店、一九八五年）、藤田覚『幕藩制国家の政治史的研究―天保期の秩序・軍事・外交―』（校倉書房、一九八七年）、松方冬子①『オランダ風説書と近世日本』（東京大学出版会、二〇〇七年）、岩下哲典『（改訂増補版）幕末日本の情報活動―「開国」の情報史―』（雄山閣、二〇〇八年）、松方冬子②編『別段風説書が語る十九世紀―翻訳と研究―』（東京大学出版会、二〇一二年）など。

（6）　この節の経緯の説明に関しては、Toivanen, op. cit., pp. 153-166 を参照した。駐日オランダ商館長の任命書は、ビック家文書 nr. 33. Stukken betreffende zijn ambtelijke loopbaan. 1816-1841 にある。

（7）　オランダ語で "kambang pachter"。当時の対応する日本語は「脇荷掛」。賃借人に関しては、石田千尋①「賃借人の登場―近世後期におけるオランダ船脇荷貿易システムの改変とその実態―」（『洋学』第二三号、二〇一六年）、石田千尋②「近世後期における賃借人の脇荷貿易について―天保七年（一八三六）を事例として―」（『鶴見大学紀要』第五五号第四部、二〇一八年）を参照。

（8）　この職員のうち、ウォルフ、オルリッチ、ビッケルは、前年の一八四〇年に長崎からバタフィアに帰ってきているため、長崎へは再渡航ということになる。一八四〇年の年次報告書（オランダ国立中央文書館日本商館文書 Nederlandse Factorij in Japan 1.04.21.（以下 NFJ）714. Verslag 1840.）を参照。この史料も東京大学史料編纂所に配架されており、マイクロフィルム：6998-1-88-17 と焼付本：7598-43-382～383 がある。なお、一八三四～一八四二年の年次報告書に関しては翻刻と要約があり、科学研究費補助金基盤研究B「東インド会社の解散と出島商館文書の変容」（研究代表者＝松井洋子、二〇一七年）の報告書（以下、松井報告書）に収録されている。

（9）　マグダレヌス・J・セン＝ファン＝バーゼル Magdalenus Jacobus Senn van Bazel（1808-1863）。一八三〇年より広州にてオランダ人の貿易活動の代表として活動し、一八三八年からは、オランダ領東インド総督より貿易代理人に任命され、領事の職務も行った。一八四四年、広州駐在オランダ領事に任命され、四七年に解任（松方前掲書②五五頁註一九、同「中国のアヘン問題に対するオランダの対応―一八三九年と一八四三年―」『日蘭学会通信』一二〇、二〇〇七年、を参照）。

(10) 松方前掲書①一五二頁。

(11) Toivanen, op. cit., p. 157. 英訳は "as a merchant or commissioner"。

(12) NFJ. 1463a. に、マカオ滞在関連文書 Macao : Correspondentie, van het schip Middelburg 1841 があり、第三号文書 Nr. 3. P. A. Bik, opperhoofd in Japan aan den Directeur der Producten te Batabia. Aan boord van't Nederlandsch fregat schip Middelburg ter reede van Macao, 31. Julij 1841. は出島商館職員への給料支払いに関するものである（東京大学史料編纂所マイクロフィルム：6998-1-89-2, 同焼付本：7598-43-393）。

(13) 同右、第五号文書 Nr. 5. P. A. Bik aan Wolff, pakhuismeester, & Oelrichs, assistent, bij de factorij op Japan thans te Macao. Macao, 16. Aug. 1841.

(14) 同右、第八号文書 Nr. 8. P. A. Bik aan Directeur der Prod. en Civiele Magazijnen te Batavia. Macao, 6. Sept. 1841.

(15) 同右、第十一号文書 Nr. 11. P. A. Bik aan Directeur der Prod. en Civiele Magazijnen te Batavia. Macao, 6. Oct. 1841.

(16) Toivanen, op. cit., p. 158.

(17) カモンエス公園 Camoes Garden and Grotto か。

(18) この戦闘について、オランダ人から日本に伝えられた海外情報「別段風説書」は、次のように知らせている。「八月初旬、ポルト・ド・セルコ（マカオ半島の港名）の中国要塞の指揮官から脅迫が届いた。それは、中国とマカオの領域の境界を絶つ〔というものであり〕、指揮官はイギリス人全員を攻撃して、マカオから追い払おうとしたのである。イギリス人は当然、生命と財産を心配し、もし〔イギリス人排撃の〕脅迫が実行されるならば、カントンを封鎖するために残されている小艦隊で援護を〔してくれるよう〕、スミス艦長に要請し、それはスミスによって約束された。このことを実行に移すため、ヒヤシンス号とラーン号の両船は、マカオの碇泊地から武装した蒸気船とともに出発した。それは、中国人を要塞や野営地から追い出すためであった。両船は八月十九日に、大砲一七門と中国兵二〇〇〇人を配置した要塞の前に投錨し、即座に要塞と武装ジャンク船に砲火を浴びせた。そうして、いつも通り激しく応戦されたが、小一時間の砲撃の後には、〔中国〕兵はジャンク船を既に見捨て始め、泳いで助かろうとした。この時、二五〇人のベンガル人部隊で増強された海兵隊が上陸し、あらかじめ中国軍の強力な一部隊を敗走させた後、中国軍の頑強な抵抗にもかかわらず要塞を陥落させた。そこで、すべての中国軍が逃走し始めた。〔中国側の〕大砲は火門を塞がれ、要塞は周囲の野営地とともに火をかけられた。中国軍の損失は、一〇〇乃至一五〇人の死者が見積もられたが、イギリス側は四人が怪我したにすぎなかった。この一件の結果、マカオやその周辺に野営していた全中国軍はカントンに撤退した。こうして、マカオ住民は大きな厄介事から解放されたのである（松方前掲書②六五～六六頁）。」

(19) 南部稔『香港の歴史と経済（上巻）二つのアヘン戦争―その屈辱と煩悶―』（神戸商科大学経済研究所、一九九八年）六七～七七頁、横井前掲書九二～一〇八頁などを参照した。

(20) Toivanen, op. cit. p. 163. マカオの記事は、原文では余白 margins に記されていることが、註にて指摘されている。

(21) イギリス国立公文書館 Public Record Office 外務省文書 Foreign Office Records 17（以下 FO. 17.）General Correspondence : China. ref. 46. p. 227.

(22) 『支那叢報』第一〇巻（丸善、一九四二年）八五～八六頁。「武装汽船のすぐれた長所は、朝の交戦の間にはっきりと認められた。殊に鋼鉄船は巧みに行動した。それは、まず第三十七連隊を陸揚げした。次に、既述のやうに、有利な位置をとって、高地要塞を砲撃して大きな効果を挙げた。それから、同船は、その地点を廻って、葡萄弾・霰弾その他弾丸を、同船が既に通り過ぎた低地砲台に注ぎ込んだ。この後、さらに、Anson 湾の浅瀬に突き進んだが、その最初の砲撃は、「最大の戦争用ジャンクの一つを乗組員もろとも爆破して、瞬間的な恐ろしい効果を挙げた。」砲弾は甲板をつきぬけて火薬庫に達したのであった。多くの舟艇に助けられて、同船はさらに破壊工作を続けた。ジャンクを片端しから炎上させ爆破し、結局十一隻を撃退したのである。それから、支那人のひどく驚いたことには、同船は Anson 湾を横切って、入江を遡航し、その河岸に繋留されていた二、三隻の戦争用ジャンクを、一発も発せずして拿捕し曳航した。これをやったのはネメジス号であった。」

(23) FO. 17, ref. 41, p. 227. Extract of a Dispatch from the President of the Council of India to the Secret Committee of the Court of Directors, dated January 18th 1840. nº 6, p. 231-232.

(24) インド北東部ウェストベンガル州中東部の都市。

(25) バングラディッシュ東部チィッタゴン州の都市。

(26) ミャンマー南東部テナセリム管区の港湾都市。

(27) 若林洋夫『イギリス石炭鉱業の史的分析』（有斐閣、一九八五年）四頁。山崎勇治『石炭で栄え滅んだ大英帝国―産業革命からサッチャー改革まで―』（ミネルヴァ書房、二〇〇八年）第一章・第二章など参照。一八四〇年十二月三日付の派遣艦隊司令長官ブレーマー宛の東インド政庁長官マダック書翰には、「大きな商船が、今日、蒸気船が使用する石炭五〇〇トンを載せてカルカッタを離れた。その石炭はイギリスから運ばれたものである。（FO. 17, ref. 42, p. 179.）」という記述もある。

（28） FO. 17, ref. 62, pp. 76-77. 一八四二年二月四日付外務大臣アバディーン伯宛の報告書。また、一八四七年の別段風説書にて、「一八四六年十二月に、イギリス人は、ボルネオ北岸のラブアン島を正式に所有した。この島には炭鉱がある。その炭鉱は中国とシンガポールの間の蒸気船の航行に利用されることが期待される。（松方前掲書②一七四頁）」と日本にも情報が伝えられている。なお、横山伊徳①『日本近世の歴史・五　開国前夜の世界』（吉川弘文館、二〇一三年）では、「こうしたイギリスのボルネオでの動きが、オランダ東インド支配に危機意識を与えた」と、「英蘭両国の西太平洋岸における勢力不均衡がアヘン戦争に連動し始めた（二九七頁）」様相が指摘されている。

（29）『支那叢報』第九巻（丸善、一九四二年）九四～九五頁。「同日（一八四〇年十月十六日）、琦善の懇請により、回答を一〇日後に許したので、艦隊は飲料水及び牛肉を補給するために、遼東湾の東、陸地に近い長興島に向って出航した。"Blonde", "Modeste", "Ernaad" は少しは困難はしたが同島に到着し、糧食を得ることができた。また同地では自然の歴史を物語る遺物を若干得たが、その中には同島の対岸の復州附近から得たという石炭の破片もあった。石炭の積んである土民の船も数隻見えた。」

（30） 一ピコル六〇キログラム。

（31） FO. 17, ref. 46, p. 164.

（32） Toivanen, op. cit., p. 163.

（33） 原語は "geemployeerde bij de Ned. Handelsmaatschappij"。

（34） ① Toivanen, op. cit., p. 172、②一八四二年年次報告書（NFJ. 716(1)(2), Verslag 1842. 東京大学史料編纂所マイクロフィルム：6998-1-89-12～13、同焼付本：7598-43-400～401. 松井報告書一六五頁）、③ビックの一八四二～四五年日記（本文にて「個人日記」と表記。ビック家文書 nr. 37-38. Dagregisters van het opperhoofd van factorij. 1842-1845. 東京大学史料編纂所マイクロフィルム：6998-43-1）を参照。なお、③のビックの個人日記に関しては、日蘭交渉史研究会（松方冬子代表）によって製本された翻刻テキストがあり、それを活用した。

（35） この節の経緯に関しては、同右の史料を参照に記述した。

(36) Toivanen, op. cit., p. 175.

(37) 一八四一年年次報告書第一〜四条（NFJ. 715, Verslag 1841. 東京大学史料編纂所マイクロフィルム：6998-1-89-3, 同焼付本：7598-43-394a. 松井報告書一五六〜一五七頁）。

(38) 同右第五〜六条（松井報告書一五七〜一五九頁）。

(39) たとえば、一八四二年年次報告書第一四〜一五条（NFJ. 716(1), Verslag 1842. 東京大学史料編纂所マイクロフィルム：6998-1-89-12, 同焼付本：7598-43-400. 松井報告書一六八頁）。「奢侈に対する幕府の厳しい命令の結果、商人達は最初、商品の値組みに積極的ではなく、最終的に上からの圧力により〔値組み〕に移ったこと、しかし彼らの付値は、長崎会所に、普段の半分の値段しかもたらされなかった、と。」「結果として、会所の付けた値段は、〔我々にとって〕満足のいくものだった。しかし、そこに至るまでには、値組みに手間と時間がかかり、一六日が費やされた。（西澤要約）」

(40) 松井報告書一七二頁。西澤要約に加筆した。

(41) 横山伊徳②「日本開港とロウ貿易—オランダ貿易会社を例に—」（明治維新史学会編『講座明治維新・六　明治維新と外交』有志社、二〇一七年）。実際に商品見本も送られている（松井報告書五三頁）。

(42) 石田前掲論文①。

(43) 横山前掲論文②。

(44) NFJ. 568, Correspondentie 1840, Nr. 21, Grandisson aan Takasima Sirotajoe Sama, opperburgemeester, Commissaris van Desima. Desima, 13 Koegoeats 1840. 東京大学史料編纂所マイクロフィルム：6998-1-88-15, 同焼付本：7598-43-379。

(45) 石田前掲論文①。

(46) 横山前掲論文②。

(47) 石田前掲論文①。

(48) イルカに類似した体長約五メートルのクジラ目イッカク科の哺乳類。雄の上あごにある一対の歯のうち、一個が前方に二メートル以上ものび、それは古来漢方で解毒剤として珍重された。ウニコール。一八三五年年次報告書第七一条には、一角が高値で売れたことが記載されている（NFJ. 709, Verslag aan den Directeur van's Lands Producten en Cive. Magazijnen 1835. 東京大学史料編纂所マイクロフィルム：6998-1-85-4, 同焼付本：7598-43-325〜326. 松井報告書六二頁）。

（49） NFJ. 714, Verslag 1840. 東京大学史料編纂所マイクロフィルム：6998-1-88-17, 同焼付本：7598-43-382～383. 松井報告書一五一頁。

（50） 著者は、密貿易と、一八三四年から一八四三年七月十八日途中までの商館長日記の欠落には、何らかの関係があると推測している。一八三五年年次報告書八四条に、商館長ニーマン Nieman が記録類の点検整理中に、「前任の商館長シッテルス〔Citters〕の一八三一年と三二年の秘密日記、及び一八三四年の公開の（通常の）日記、それは、同氏が昨年の貴方様〔物産民間倉庫局長〕への報告書の四七〔条〕において提出を政庁に通知している江戸参府日記」が無いことに気づき、「秘密日記についてシッテルス氏が提出に不承知であるなら、それはどうでもよく、一連の日記の穴を埋めるため、通常の日記 openbaar dagregisters のみは是非ほしいと願う（松井要約／松井報告書六九頁。〔 〕内は西澤の補足。）」と記述していることから、一八三四年の商館長の公務日記が存在していたことが考えられる。おそらく八四条に記された一連の書類の紛失は、シッテルスが離日の際、持ち去ったのではないだろうか。しかし、その後のニーマン、グランディッソン、ビックの公務日記も欠落しており（ただし、ビックの公務日記は一八四二年から一八四三年七月十八日途中まで）、その部分に関しては、勿論シッテルスのせいではない。先のニーマンの記述からすると、少なくとも一八三五から一八三八年までのニーマンの公務日記は存在していたと推測される。加えて、一八四二年七月二十六日以降のビックの公務日記に関しては、ビック家文書の中に、原本と考えられる個人日記（註(34)③参照）が残っており、これを清書した公務日記が存在した確率が高く、またグランディッソンだけが書かなかったというのも考えにくい。おそらく、一八三五～一八四二年の公務日記も存在したが、これらはグランディッソンが離日の際に持ち去ったか、処分したのではないだろうか。その理由として考えられるのは、天保改革で貿易の規制が強まっていく情勢において、密貿易ないしは密貿易と見なされそうな取引に関わったオランダ人や日本人が捕縛されることを恐れ、少なくともオランダ側の資料からは捜査できないよう、証拠隠滅を図ろうとしたのではないかと、著者は同時期の年次報告書の記述から感じる。ただし、まだグランディッソン出立後の七ヵ月分のビックの公務日記の欠落の説明はつかないが、一八四三年七月十八日の記事の途中から始まっていること、そして史料の状態が悪いことから、破損による紛失の可能性が高く、この部分は故意の欠落ではないように思われる。

（51） ビック家文書 nr. 37-38（東京大学史料編纂所マイクロフィルム：6998-43-1）。

（52） NFJ. 1613, Dagregister 1843（東京大学史料編纂所マイクロフィルム：6998-1-129-28, 同焼付本：7598-10-1）。註(50)を参照。

（53） ビック家文書 nr. 37-38（東京大学史料編纂所マイクロフィルム：6998-43-1）。註(34)③と(50)を参照。

(54) 同右。

(55) 同右。

(56) 同右。

(57) 横山前掲書①三〇六頁。松方前掲書①一八二〜一八三頁には、「『モリソン』号事件関係記録　全　天保九年ヨリ　納富介次郎所蔵文書ノ内」（東京大学史料編纂所所蔵維新史料編纂会引継本Ⅱほ―四一四）の記述より、グランディッソン宛の私信やオランダ人同士の会話から日本側に知られてしまい、最終的にビックが、その情報を裏付けたという過程が説明されている。

(58) ビック家文書 nr. 37-38（東京大学史料編纂所マイクロフィルム：6998-43-1）。

(59) 原語は"Chaffon"の綴りとなっている。

(60) ビック家文書 nr. 37-38（東京大学史料編纂所マイクロフィルム：6998-43-1）。

(61) 横井前掲書一〇四頁。

(62) ビック家文書 nr. 37-38（東京大学史料編纂所マイクロフィルム：6998-43-1）。一八四三年一月三十一日（天保十四年一月二日）の条。

(63) 松井報告書三七頁。その前の旗竿は、一八二八年九月の大嵐で根こそぎ倒れてしまったことが、商館長メイランの一八三〇年公務日記（NFJ. 269, Dagregister van ao. 1830, 東京大学史料編纂所マイクロフィルム：6998-1-139-12, 同焼付本：7598-75-54）七月十二日の条に記されている。

(64) 原語は"Opperrekenmeester"。

(65) ビック家文書 nr. 37-38（東京大学史料編纂所マイクロフィルム：6998-43-1）。

(66) 長崎歴史文化博物館収蔵「天保十三寅年ヨリ御用方諸書留　楢林控」（東京大学史料編纂所写真本「長崎市立博物館所蔵史料二八」）。西澤美穂子「蒸気船の発達と日蘭関係」（フレデリック・クレインス編『日蘭関係史を読みとく』下巻、臨川書店、二〇一五年）九三〜九四頁。

(67) NFJ. 1613, Dagregister 1843（東京大学史料編纂所マイクロフィルム：6998-1-129-28, 同焼付本：7598-10-1）。

(68) サマラング号に関しては、横山前掲書①三一九〜三二〇頁と三二五〜三二七頁を参照。

(69) 長崎歴史文化博物館収蔵「五　咬留吧日記抜萃和解」（東京大学史料編纂所写真本「長崎市立博物館所蔵史料一三三」）。

(70) 原語は"twee Onder Keizerlijk Dwarskijkers"。

(71) ビック家文書 nr. 37-38 (東京大学史料編纂所マイクロフィルム：6998-43-1)。松方前掲書①一八四頁に、一八四三年十月三十一日付総督宛ビック書翰付属文書A号 (NFJ. 1644, Afegaane Stukken 1843, Bijlage La.A, P. A. Bik aan Gouverneur Generaal over Nederlandsche Indie. Desima, 31 October 1843. 東京大学史料編纂所マイクロフィルム：6998-1-118-1, 同焼付本：7598-85-1) の翻訳があり、同内容の報告が東インド政庁になされたことがわかる。

(72) 松方前掲書①一八四頁参照。

(73) 公務日記にこの記述はない。松方前掲書①一八四頁には、総督宛ビック書翰付属文書A号に、「本当に江戸に伝達されるかどうかは信用できない」というビックの感想が綴られていることが指摘されている (注(71)参照)。この記述の違いは、個人日記が記された八月十五日から、付属文書A号が記された十月三十一日までの期間の、日本側の反応に対するビックの気持ちの変化 (落胆) が表れているのではないかと思われる。

(74) 横山前掲書①三一五頁。「後を継いだ土井利位は、一連の軍事改革と海防政策、上地策を中断、縮小していった。これは「薪水給与令」体制の最大の難点が、重警備と不可分の財政負担問題にあったことを物語っている」。

第二章　ユーラシア帝国ロシアの境界問題と幕末日本

山添博史

はじめに

幕末に日本が新たに開港した時期、米国や英国が新たな外交環境に大きく作用したが、ロシアも日本との外交関係を一新させた。その画期となったのは、嘉永六年（一八五三）、米国のマシュー・ペリーと同時期のロシアのエフィム・プチャーチンの来航であり、ここから始まる交渉により初めての条約が米露両国と日本の間に締結された。しかし日本にとって、ロシアは港に現れる諸国の一つであるのみならず、北の辺境におよそ百年にわたって接近してきた近隣国として、時に摩擦や交渉も生じた相手であった。ロシアも一八五〇年代、対日問題に加え、大陸における拠点の拡大・経営、および清朝をめぐる新たな国際関係への参入を、大いに進めていた。そしてこれらには、他の欧米諸国とは異なるロシアの立場や経験が作用していた。

そこで本章では、一八五〇年代における日本を取り巻く外交状況の理解の一助として、日露関係史研究の成果に依拠しつつ(1)、ロシアの主要な課題であった清朝をめぐる外交活動と比較しながら、日本へのアプローチを立体的に描き出すことを試みる。その際に重要なのは、利害や立場の違いのみならず、「領土」や「条約」といった外交の基本的な概念における考え方の大きな違いに着目することである。(2) これらの観点を交えつつロシア外交を取り扱うため、まず第一節ではユーラシア帝国としてのロシアがいかに東アジアに至ったのかを概説する。それは三つの方向、すなわちステップ遊牧勢力との抗争と服属、満洲・モンゴル地域に連なる大陸部での進出、北太平洋植民拠点の拡大である。第三の方向でのロシアの日本接近は、主にクリル諸島(3)をめぐる外交・通商関係樹立の希望と試みであり、ここではロシア人によるエトロフ、カラフトの拠点襲撃に端を発する紛争の発生と収拾、そしてプチャーチン使節の対日派遣の着手までを扱う。

第二節では、第二の方向すなわち大陸での進出の文脈において、東シベリア総督ニコライ・ムラヴィヨフが推進したアムール川流域を確保するための活動を扱う。これに伴い、彼は河口対岸にあたるサハリン島も確保する必要があると考え、これがロシアの対日関係の論点に加わることになった。第三節は、アロー戦争の発生により現れた、ロシアにとっての新たな外交の機会におけるムラヴィヨフやプチャーチンらの外交交渉を取り扱い、ロシア、清朝、日本の外交様式や概念の違いを描き出す。

以下、西暦としてグレゴリオ暦を用いるが、ロシアにおける文書の日付など、必要に応じて「露暦」としてユリウス暦を付記する。十九世紀において、西暦は露暦より十二日進んでいた。また、和文の引用においては適宜ひらがなや新字体に置き換えた。

一　ユーラシア帝国としてのロシア

1　ロシア帝国とステップ世界

一八五〇年代の清朝に対するロシアの接触は、北東部のアムール川流域だけではなく、北西部の新疆においても行われた。ロシアはこの時期にカザフ人を服属させて直接新疆との取り引きを扱うことになっており、のちの一八七〇年代になってブハラなど南部オアシス都市群を服属させて中央アジア支配を確立した。このように中国の西に隣接する地域にロシアが直接の支配を及ぼしたのは遅い時代になったが、内陸アジア世界への進出という点ではロシアはかなり早い時代から関わっていた。

ロシア帝国の成立そのものも、アジア草原の民族と深く関わるものであった。モスクワ大公国がジョチ・ウルスすなわちいわゆるキプチャク・ハン国に服属しながらも、徐々に同僚諸侯のなかで求心力を高め、その支配を脱して統一帝国をつくったのがロシア帝国の起源である。十六世紀のイヴァン四世（雷帝）の時代にカザン・ハン国、アストラハン・ハン国を征服したが、そのあとクリミア・ハン国を併合したのは十八世紀後半のエカチェリーナ二世の時代であった。これらの遊牧勢力が近隣にある間は、ロシアの農耕民は常に略奪の危険にさらされており、辺境の脆弱性・防衛の問題が続いていた。このような遊牧勢力は、モンゴル高原から黒海北岸にかけて広がるステップ地帯を移動するものであり、モンゴル帝国以前にも以後にも、ロシアの辺境を脅かし続けた。

一方で、ロシアと遊牧勢力は戦ってばかりではなく、通商や婚姻などの関係ももってきた。通商路としては、ヴォルガ川下流のアストラハンからペルシャ、ブハラ、ヒヴァといった定住文明圏への隊商が向かい、これらの諸国からも隊商がモスクワ方面に到来した。(4) またモスクワが成長しタタール勢力が分裂・服属する過程で、多くのタタール人がモスクワに臣従し、貴族として遇された。十七世紀にはタタールを出自とする貴族・士族が一七%であったという試算もある。たとえばナルベコフ家は、十七世紀末にも十八世紀末にも、古くからのムスリムの「公爵」の家系であって正教徒となっていることをその紋章で表示しており、ロシア帝国のなかでこのような非ロシアの出自・家系が相応に遇されていたことも示唆している。(5)

このように、ロシア帝国は、ある国民国家が成立してから十八世紀や十九世紀にアジア民族を支配・統治したのではなく、早くからアジア民族との日常的な接触を持って統治構造にも彼らの遺産を取り込んで成立・成長してきた帝国であった。一九二〇年代に「ユーラシア主義」の知識人たちも、ロシアがアジア的要素を濃厚に含んで成立した「ユーラシア」の産物であると指摘している。

中国とも草原地帯をめぐるやりとりがあった。モンゴルのオイラート部を出自とするジュンガルが十七世紀にアルタイ山脈を中心に勢力を発展させた。一六一六年、モスクワの使節イヴァン・ペトロフがジュンガルのアルティン・ハンを訪れ、ジュンガルを通じて中国と通商できるようになった。(6) ジュンガルは最後の遊牧騎馬帝国と言われており、カザフ草原も含めて勢力を拡大したため、清朝にとっては草原の覇権を脅かす強敵であった。清朝が十八世紀にロシアに使節を送ったのも、ロシアがジュンガルを支援する可能性を危惧してのことであった。すなわちロシアも、草原世界の大きな争いに関わっていたのである。ジュンガルは内紛で動揺し、一七五四年に乾隆帝がイリを攻撃してついにジュンガルが崩壊し、この地域は「新疆」とされた。

ロシアのカザフ草原への関与も徐々に進んでいった。カザフのハンたちは一七三一年以来、ロシア皇帝に対して臣であることを宣言してきたが、実態としては同時に清朝に対しても臣従の形をとってきており、認識にはずれがあった。(7)ロシアは十八世紀末、ワリー・ハンが清朝に接近しすぎていると警戒し、一八〇五年に清朝に派遣されたゴローフキン使節団の調査目的の一つとなった。(8)

十八世紀後半からは、ロシアにとってカザフ草原は、清朝との貿易のもう一つのルートとして可能性を高めてきた。カザフの隊商が、西シベリアと新疆のイリやタルバガタイの間で商品を流通させた。ただし、清朝はロシアと問題が生じたときにキャフタでの貿易を停止することがあり、その際にはロシア製品を新疆で受け入れることを禁じたこともあった。(9)

ロシアは一八三〇年代からカザフの直接統治を強めるようになり、一八四七年にはセミレチエ（現在のカザフスタン北東部）にコパル要塞を建設、一八五四年にはヴェールノエ要塞（現在のカザフスタン、アルマトゥ）を建設し、一八六八年の臨時規定の制定をもってカザフ草原のほぼ全域をロシア帝国が併合する。(10)しかしそれが完了する以前、一八四〇年代にはすでにロシアは新疆への直接の貿易を制度化する作業に着手した。

一八四二年の南京条約により英国が中国と通商を開くようになると、ロシアでもキャフタ以外に貿易を拡大すべきという論が出てきた。一八四三年には、プチャーチンを含む委員会にて、新疆と西シベリアの貿易を推進する提言が出た。一八四七年には北京正教使節の掌院ポリカルプが新疆のイリ、タルバガタイ、カシュガルでの通商要請を理藩院に申し入れたが交渉は拒絶された。しかし一八五〇年、掌院パラディが北京正教使節として赴任し、同行したエゴル・コヴァレフスキー（のちの外務省アジア局長）が同時に書翰を提出したところ、清朝宮廷はカシュガルを除くイリ、タルバガタイで通商を認可する方針を決めてイリで条約交渉を行うことに同意した。(11)一八五一年七月、伊犂将軍奕山とロシア側全権コヴァレフスキーが交渉を行い、イリ通商条約が締結された。

イリ通商条約は、基本的にはキャフタ条約における貿易の内容を新疆に適用したものであり、清朝としても同様のものとみなしており、特段「不平等条約」という内容ではなかった。ただし領事の任命や商館の設置など新しいものも盛り込まれた。ロシアとしては、織物などの輸出において英国との競争に耐えうる市場と条件を獲得することを意図していたものと指摘されている。(12)このような新疆における通商の問題は、一八五七年からの中国東方における交渉でもロシア側のアジェンダに入ることになる。

2　満洲・モンゴル方面を通じた清朝との関係

清朝ないし中国にロシアが関わってきた第二の方向は、東シベリアから満洲・モンゴルを通じた北京への道であった。これもその端緒は十六世紀のイヴァン雷帝の統治下におけるシベリア進出であった。以降、二十世紀に至るまで、シベリアや極東は概して生活環境が厳しく開発が困難な土地であって、反面、官憲の手が及びにくいために逃亡農民や古儀式派正教徒などの定住も進んだ。コサックもそのような、官僚支配になじまない辺境に生きる集団であり、シベリアの森林に育つ動物の毛皮を入手して販売するなどの魅力もあって、シベリアおよび極東に先駆けて出ていって居住する人々であった。このあと境界が定まったといっても、現地の実態はこのような人々ないし先住民が生活しており、境界までの面が画一的支配のもとのほんとうの「領土」となるには時間がかかった。(13)

やがてアムール川流域に進出したコサックは、勃興期の清朝とぶつかることになった。アルバジンの要塞をめぐる戦闘が続き、これを収拾する必要が出てきてロシア政府が外交代表ゴローヴィンを派遣し、交渉のすえ一六八九年のネルチンスク条約が成立した。ネルチンスクおよびアルバジンをどちらの所属とするかの論争ののち、ロシアはアルバジンの要塞を破壊して放棄し、ネルチンスクを保持することになった。アムール川に北から流入するゴルビツァ川を境界とし、その水源である大興安嶺の山頂の線から海に至るまで、南に流れる川の流域は清朝に属した。東の海にそそぐウディ川の南はしばらく中立とし、のちに調査して協議する。またアルグン川を境界とする。[14] この頃清朝の康熙帝は、ジュンガルのガルダン・ハンと抗争中であり、ロシアとの紛争が安定化したことを歓迎した。ロシアは清朝への通商が認定されることになった[15]。

ネルチンスク条約による決着は、このあとおよそ一五〇年にわたる露清関係の基本を規定した。その主要な特徴は、貿易と外交という、ロシアに特有の関係を中国と持てるようになったことであり、これをさらに制度化したのは一七二七年のキャフタ条約、さらには一七六八年のキャフタ追加条約であった。この結果、ロシア隊商はキャフタからモンゴルの土地に入り、北京に至って茶を購入し、欧州方面に流通させて大きな富を得られるようになった。また毛皮を売る市場としても中国の価値が高まっていった。トラブルにより清朝がキャフタでの交易を停止することもあったが、これは東シベリア以東のロシア人の活動に重大な損害をもたらすものであった。

外交関係としては、ロシアが清朝理藩院の管轄となり、ロシアの元老院から理藩院に書面で外交要請を申し入れる経路が確立した。さらにロシアからおおむね一〇年交代で北京にロシア正教使節を駐在させることができた。これは清朝が十七世紀のアルバジンの戦いで捕虜にしたロシア人を清朝のロシア族旗人として編成し、正教信仰を認めて、清朝に帰属するロシアという形をとったためである[16]。正教使節は、満洲語、漢語、モンゴル語などを使えるようになり、十九世紀には言語と情勢の知識、外交通信の窓口として、ロシア外交に有利に機能するようになった。

ロシアは一七五七年や一八〇五年に、アムール川の航行や貿易窓口の拡大を求める使節を派遣したが、目的は達せられなかった。この状態が変化を始めるのは一八四〇年代となった。

3　北太平洋での毛皮産業と対日通商の関心

ロシアの東アジアへのアプローチの第三は、ロシア人の活動がカムチャツカ半島からクリル諸島に広がりやがて日本に到達するというものであった。これは先述のネルチンスク＝キャフタ体制による露清関係も背景としていた。すなわち、ロシアが清朝とのトラブルを避けて通商などの利益を維持するため、境界合意の違反と疑われうる行動を控えるようになったのである。このためアムール川やサハリンなど、清朝に属するとみなしうる場所は避けて、東シベリアのイルクーツクからオホーツク、アヤン、さらにはカムチャツカ半島、ベーリング海峡、北アメリカといった方面で主に活動するようになった。

その主要な原動力となったのは、ロシア政府の明確な戦略的領土拡大の計画というより、毛皮を求めるロシア人コサックや商人たちの活動であった。彼らは新たな拠点を築いて毛皮を得る行動を拡大し、中国に輸出して富を得られるようになった。一六四九年にオホーツク、またベーリング海峡に近い拠点アナディルスクが成立した。一六九五年にここからアトラソフがカムチャツカ半島を南下する探検を開始し、一七〇〇年に南部の拠点ボリシェレツクを設置した[17]。アリューシャン列島やアラスカにもロシア人の活動拠点ができた。

拠点の拡大に伴い、必需品の補給を円滑にするため日本との通商に対する需要が出てくるようになった。元文四年（一七三九）、シパンベルクの船が仙台湾に来航した。安永八年（一七七九）、シャバリンらの船が蝦夷地のアツケシに到来した。明和八年（一七七一）、ベニョフスキーがカムチャツカから船を奪って逃亡し、途中で土佐と阿波に上陸し、ロシアが南方に迫るとの警告を伝えて去った。これは日本における議論の大きな刺激となり、幕府の洋学関係者などが長崎の情報源を通じて調査し、対策を講じるようになった。

工藤平助はロシアとの交易で蝦夷地経営を安定化させようと主張した。林子平は海軍建設を唱えた。幕府老中の松平定信は、蝦夷地の開発はロシアに関心を与えてしまうので控えるべきと考えていた。その結論としての方針はそれぞれ異なるが、共通するのは、海洋から異国船が現れて沿岸に上陸あるいは占領する問題が起こりうることの認識、さらに北の勢力圏蝦夷地の向こうにロシアという隣接勢力が居て、蝦夷地の権利をめぐる争いが起こりうるとの認識だった。そして「領土」として永続的に経営することで対外的にも国の資産として確保するという考え方も生まれてきた。これらは、この時期以前にはなかった論点であり、この時期以後明治に至るまで、程度の上下はあれ国の重大事として議論されるようになった(18)。

ロシア側では毛皮産業が成長して大規模な組織的事業が担うようになり、イヴァン・ゴリコフとグリゴリー・シェリホフが合同会社を立ち上げた。当時はキャフタにおける交易を清朝が停止し、中国市場に毛皮を出せない時期であり、シェリホフは日本に対して補給拠点や市場拡大を望んだ。アリューシャン列島アムチトカ島に漂着した大黒屋光太夫らを日本に送還する動きに、シェリホフも関与した(19)。

寛政四年（一七九二）、ラクスマンが蝦夷地のネムロに到着し、漂流民を送還するとともに幕府と接触をもちたいと求めた。日本で外交や領土経営をめぐる議論が進んできた段階で、初めて幕府が外交的に対応を迫られた事案だった。幕府ではこれが交易要求を含みうると想定し、その対策も踏まえて高官を派遣し、松前で会見した。結果としては漂流民を受け取り、交易は定まっている相手のほかは許可しないとのことであったが、さらに必要ならば長崎に入港して対話ができるよう書面を交付した。これは漂流民送還と、本土ではなく辺境で待機するというロシア側の丁寧さに対して「礼と法」を媒介原則とした対応であり、かつロシアが不当だと感じれば騒乱を起こす可能性があるとの判断をもとにしていた。海防体制強化の必要があるがなお不十分という認識を背景としたものであった(20)。

一七九八年にはシェリホフらの事業を受け継いでロシア・アメリカ会社が成立し、政府に事業拡大のための支援を求めるようになった。一八〇二年の世界周航航海の計画は、北太平洋の拠点への物資輸送とともに、日本や広東との貿易を開設して商品流通を容易にするという目的であった。クルーゼンシテルン率いる世界周航艦隊が編成され、日本への使節としてシェリホフ家の女婿ニコライ・レザノフが同乗し、一八〇三年に出発した。(21)

文化元年(一八〇四)九月にロシア艦隊が長崎に入港した。松平定信は老中を退任しており、幕府においては通信も通商も既定の相手しか許容しないという認識が高まっており、レザノフの通商要求を拒絶した。その後文化三年(一八〇六)と翌四年にサハリン島のアニワ湾とエトロフ島にロシア船が到来して暴行・略奪を行った。これはレザノフが日本に通商が有利と思わせるような刺激、すなわち海運が妨害されるという脅威認識を与えるため、政府からの認可を得ることなく、海軍士官フヴォストフ、ダヴィドフの両名に実行させたものだった。(22)寛政四年に松平定信が回避しようとしていた事態が実際に起こったのである。

これに対し、幕府はロシアの支配範囲の実際のところを調査するべく、樺太北部に松田伝十郎と間宮林蔵を派遣した。間宮は文化六年(一八〇九)の二回目の調査で、大陸のデレンまで達し、清朝の役人が夏季だけ出てきていることは確認したが、彼らはロシアを服属国と認識しており、ロシアが樺太周辺に拠点を持っているとは確認できなかった。(23)

このように日本側がロシアの攻撃的意図に警戒感を高めている中、文化八年(一八一一)にワシリー・ゴロヴニンの測量船が到来した。日本側はクナシリ島にてゴロヴニンを捕え、先の暴行・略奪事件について尋問した。副艦長リコルドはいったん離脱し、暴行・略奪事件は政府の関知しないもので犯人は処罰したと釈明する文書を提出して、ゴロヴニンの解放を得た。

この際に幕府は、交易や通信の取り決めは拒絶しつつも、文書のやりとりを通じた問題対処には応じ、かつ境界について日本はエトロフ島まで、ロシアはラショワ島まで、間のウルップ島周辺を空白地とする提案を準備した[24]。通信相手を拡大しないのが前例という認識はあったが、恒常的な通信関係樹立でなければ、そのときの政策判断で文書の往来、および境界交渉はありえたのである。

ロシア側としても、日本との意思疎通や交易に至る可能性を認識したであろう。そのため何度かオホーツクからエトロフ島に船を派遣したが、日本側との交渉は成立しなかった。ロシア政府はやがて日本側の意思に疑念をもって接触を断念した。そのあと、ロシア・アメリカ会社による接触の試みもあったが、幕府はこれらも、緊急に取り扱うべきものと受け止めず、結果的には拒絶ということになった。

一八四二年に英国が清朝と南京条約を結ぶと、プチャーチンは中国や日本の海港で貿易ができるように交渉しに行く計画を提案した。いったん裁可を得て準備も進んだが、カンクリン財務大臣がキャフタ貿易に悪影響が出るとの懸念を表明し、結局は延期となった[25]。その後クルーゼンシテルンもリコルドも同様に提言したが実施されなかった。

しかし一八五二年に米国のペリー使節団派遣の情報を得ると、ロシア外務省でも五月十九日（露暦五月七日）に特別審議会を開き、米国が日本の開港を促進すると予期し、これを利用してロシアも日本との関係を築こうと考えた[26]。外務省と海軍省が九月に訓令を発行し、十月にプチャーチンは旗艦パルラダ号で出港したが、この時点の任務は日本との通商確立、次いで中国の港、サハリン島やアラスカ沿岸の調査であって、境界交渉は含まれなかった[27]。プチャーチン使節の対日関係樹立外交をもたらした背景は、ロシア人の活動するクリル諸島の南の国に対する断続的な通商の要請であり、その契機は、米国の動きによって日本を取りまく外交状況が変化するという読みであった。

二　東シベリア防衛論の文脈とアムール川流域・サハリン獲得の計画

1　東シベリア総督ムラヴィヨフのアムール川活用論

本節からは満洲・モンゴル方面の進出を強力に推進した東シベリア総督ニコライ・ムラヴィヨフ（在任一八四七〜一八六一年）の行動を基軸として、ロシアの東アジア政策を取り扱う。東シベリアの拡張をめぐるロシアの活動、主に清朝と関わるものの延長として、対日関係にサハリン島をめぐる問題が加わることになる。拡張といっても、あらかじめ言うならば、それは同時代の英国やのちのロシアのように軍事力行使の自信に裏付けられたものでは必ずしもなく、むしろ他国の脅威のもとでぎりぎり実施可能な手段としての実力行使であった。

ムラヴィヨフは一八四七年の着任以来、イルクーツクを首府とする東シベリアを保持するにはアムール川の有効な確保が必要と考えていた。英国は清朝と戦争して条約を締結させるような戦力投射能力を東アジア地域でも示していた。このことからすれば、いま東アジアで統治が脆弱な土地があれば、英国が取得する可能性があり、もしそのようにアムール川の河口周辺を確保してしまうことがあれば、ロシアの東シベリアの生存も危うくなってしまう。このような考え方をムラヴィヨフはたびたび表明し、生存のための土地取得はロシアの当然の権利であるから中国人も日本人も理解するであろうとも述べていた。

ただしロシア国内ではなお、アムール川がそもそも利用可能かという疑いがあり、何度か調査の試みがあっても、アムール川の河口は浅くて大型船は使えず、サハリンとも地続きになっているという説が優勢だった。これを独自の

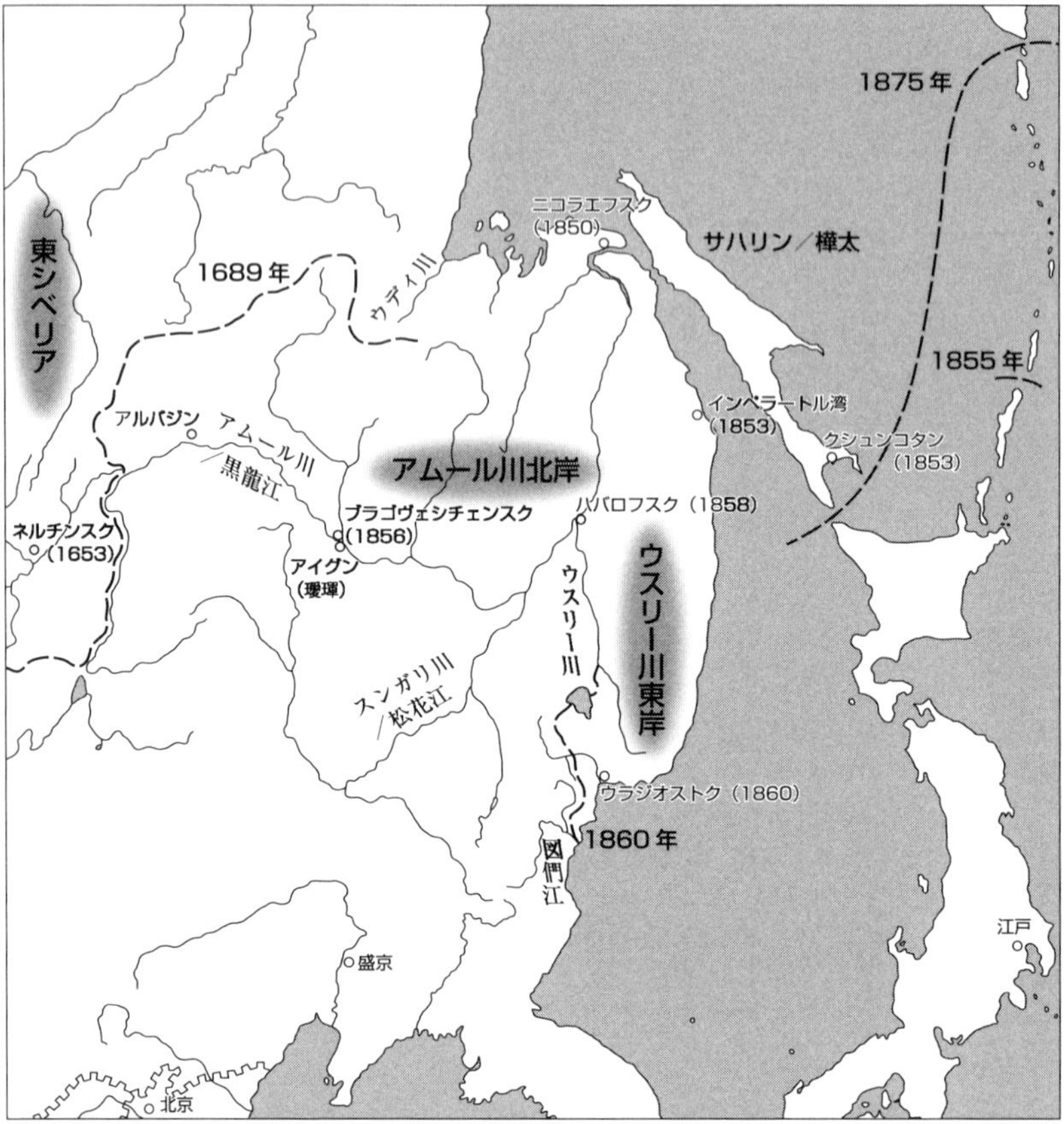

図　ロシアの拠点拡大　(　) 内はロシアが拠点を設置した年，---は境界合意.

山添博史「ロシアの東方進出と東アジア」，岡本隆司編『宗主権の世界史』(名古屋大学出版会，2014年) をもとに作成.

イニシアチブで解明しようとしたのが海軍士官ゲンナジー・ネヴェリスコイである。彼は運動して輸送船バイカル号の艦長となり、クロンシュタットを出港してカムチャツカへ輸送する任務のかたわら、サハリンの北側からアムール川に入ることに成功し、サハリンは島であると確認した。これを受けて一八四九年二月一日（露暦一月二十日）の特別委員会にて、アムール川調査と商業植民を進めることが決定した。(28)

引き続いて一八五〇年の調査でネヴェリスコイはアムール川を少し遡上したところに独断でニコラエフスク哨所（現在のニコラエフスク・ナ・アムーレ）を設置し、物議のすえに認定された。ここで現地のニヴフ人（当時ロシア語では「ギリャーク人」）との交易も開始したが、清朝の統治は確認されなかった。かつて清朝の役人がアムール川下流域のデレンまで夏季のみ出張し、下流域やサハリン島の住民からの貢納を受けていた。文化六年（一八〇九年）に間宮林蔵が樺太を北上する探検調査を行い、海を渡って初めて大陸に至ることを確認し、デレンで清朝の役人とも会見した。この頃まで、清朝はアムール川下流域およびサハリンに間接的ながら統治に準ずることをしていたが、以降は貢納場所をより上流に移動し、権力の行使は衰退した。(29) ムラヴィヨフらの活動はちょうど清朝のこの地域での活動が低調になったころに行われた。

2　サハリン島確保の構想と行動

アムール川下流域への入植が進むと、次にムラヴィヨフはその河口近くにあたるサハリン島を確保すべく行動することになった。ただし、ペテルブルクの政府において、サハリン島、特に北部の確保が望ましいという大まかな認識は共有していたとしても、具体的にどこまでどのようにロシア領とすべきかについて、ペテルブルクでも現地でも相違があった。ここではまず、プチャーチンの日本での動きから叙述を進めることにする。

前述のようにプチャーチンは一八五二年十月にクロンシュタットを出港していた。一八五三年八月、小笠原諸島父島にて増援の船が彼の使節団に合流し、ここで一八五三年三月八日（露暦二月二十四日）付の外務省追加訓令を得た。これはロシア外務省がシーボルトを招聘して意見聴取したのを受けたもので、長崎が外国関係を扱う場所なのでまず入港することなど彼の助言による指示があった。さらに重要課題である通商を実現するため、日本が拒絶しないはずの境界交渉をあわせて申し入れることとした。クリル諸島についてはウルップ島とエトロフ島の間を境界とする。サハリン島はアムール川の河口に近いためロシアに重要な意義を持つので、日本人が活動する最南端を除いて日本に権利を認めてはならず、同意ができないならこれまでの状態にしておくべき、としている(30)。すなわち、この時点でのロシア外務省の優先課題は通商関係樹立であって、官吏を駐在させるなどの措置も明示的に要求してはおらず、境界問題は外交交渉の糸口とすべき手段であった。かつ、サハリン島について全島のロシア領土化を要求しておらず、通商問題の決着のためには日本にサハリン島最南端の支配権を認める形での決着も許容している。また、サハリン島に対する清朝の権利の論点には触れていない。

これをもってプチャーチンは嘉永六年七月十八日（一八五三年八月二十二日）、長崎に入港した。幕府は老中あての書翰を受け取ることに決し、魯西亜取扱掛として筒井政憲、川路聖謨らを任命して長崎に派遣した。ロシア船はそれぞれ長崎から一時的に出てサハリン島や上海などに赴き、それから長崎に日露両代表が合流して同年十二月～翌嘉永七年一月（一八五四年一月～二月）に交渉を行うことになったが、この間にロシア部隊がサハリン島南部クシュンコタンの日本拠点の隣に駐屯を開始し、境界問題の議論が複雑化することになった。

サハリン島の問題はプチャーチンのあずかり知らぬところで動いていた。一八五三年初め、ムラヴィヨフはペテルブルクに赴き、東シベリア総督府の活動の必要性を主張するメモを書いた。英国は欧州の利益を無視し自国の利益のために行動しており、中国や日本の沿岸に影響力を行使してロシアを東の海から締め出そうとしている。米国は北米大陸で勢力を増すため、いずれロシアの拠点は譲ることになろう。それならば対価を得たほうがよく、また米国との緊密な関係は望ましい。ロシア・アメリカ会社は北米沿岸よりもサハリン島を拠点とするべきで、そこから日本や朝鮮とも貿易できよう。これまでと同じように考えていてはいけない、と述べている[31]。ここからは、武力を背景にロシアは勢力を拡大できるという発想は読み取れず、英国の前に行動すべきこと、不可欠でないところは放棄すべきという考え方が見られる。実際にロシアは一八五九年から米国にアラスカ売却の意向を示し、一八六七年に合意が成立する。

これにより、サハリン問題でも方針が承認され、ニコライ一世は四月二十三日（露暦四月十一日）に、他国がサハリン島に居住しないようロシア・アメリカ会社が確保すべきことを決定した[32]。これを受けてムラヴィヨフはネヴェリスコイに命令書を送り、会社への支援として、一〇〇名の兵員を率いてサハリン島南部に占領地点を設けて大砲を設置すること、現地の日本人には友好的に接することを指示した。

ネヴェリスコイは一八五三年九月にサハリン島への渡航に着手し、日本人が拠点を置く南部アニワ湾のクシュンコタンにあえて上陸し駐屯地をつくらせた。部隊を率いるニコライ・ブッセは、ネヴェリスコイの指示に従いながらも、非公開前提の日記で疑問を呈している。これら一〇〇人の兵員は、ロシアの商業植民地を現地住民から守るには十分すぎるが、占領拠点を日本人活動地に置くのは日本の敵意を招くものであり、日本が防衛のために兵員を送り込むのであればロシアの兵力と装備は不十分であると記述した[33]。

松前藩からロシア部隊駐留の連絡を受けた幕府はこれを問題視し、長崎にて川路がクシュンコタンからのロシア撤兵を要求し、プチャーチンは境界を確定できれば撤退すると述べた[34]。

またプチャーチンは、ロシア帝国とオスマン帝国の戦争（クリミア戦争）が始まったことを知るようになり、英国とも間もなく戦争状態に入ると認識し、プチャーチン艦隊にもサハリン島駐屯隊にも危険が及ぶと恐れた。プチャーチンは日本側に、来春にサハリン島南部の現地で両者の立会調査を行おうと申し入れ、長崎を去った(35)。

プチャーチンは北上してインペラートル湾（現在のソヴィエツカヤ・ガヴァニ）に入り、英仏のオスマン側参戦を知り、両軍の攻撃を避けるためサハリン島駐屯部隊の撤収を薦める書翰を書いた。一八五四年五月十五日にメンシコフ号がこの書翰をクシュンコタンにもたらした。ブッセは、プチャーチンが指揮系統と関係ないため困惑しながらも、士官に諮って撤収を決め、六月にはクシュンコタンを去った。

3　ムラヴィヨフの一八五四年航行とプチャーチンの条約締結

ムラヴィヨフにとって、アムール川流域確保の障害としてなお残っていたのは、ペテルブルクにおける反対論であった。外相ネッセルローデらは、清朝がキャフタ貿易の権利を縮小する、あるいは英国が介入するなどのリスクを考え、利益も見込めず清朝との摩擦となる積極行動に反対していた。外務省は一八五三年六月二十八日（露暦六月十六日）、ロシア元老院を通じて清朝理藩院に書翰を送り、ネルチンスク条約によるゴルビツァ川上流から東の山脈という境界を確認した(36)。

しかし英国との紛争を回避するという段階が過ぎ、クリミア戦争勃発で英国からの攻撃を予期せざるを得なくなると、ニコライ一世は英国に先んじて拠点を確保すべきという議論を採用し、アムール川流域進出の計画を積極的に認可するようになった。

このような情勢に対応する一環として、ムラヴィヨフはアムール川を下ってカムチャツカのペトロパヴロフスクに増援を送ることとした。このため一八五四年四月にアムール川を航行することを清朝に申し入れ、返答を待たずに五月に七〇隻以上の船や筏、兵員八〇〇程度をもってシルカ川、アムール川を下った(37)。増援隊は七月にペトロパヴロフスクに到着し、守備兵力は計九二〇人となった。八月三十日に英仏艦隊計六隻がペトロパヴロフスクを攻撃し激戦となったが、ロシア守備隊が反撃し、英仏軍は撤退した。ムラヴィヨフはこのあと、ペトロパヴロフスクの兵力を撤収してニコラエフスクに配置した。

このように、ムラヴィヨフは清朝との境界変更の合意に至る前にも、アムール川を大規模に活用し、哨所などの拠点も設置していった。このような事実上の支配の拡大の一環として、ムラヴィヨフは一八五四年の航行に際して河口から南に向かって大陸沿岸の港湾を視察していた。この時期に日本を離れてロシア側に戻ってきたプチャーチンはムラヴィヨフと会談して、ジアナ号に乗り換えて条約交渉のため再度日本に戻った。ムラヴィヨフはさらに八月三十日(露暦八月十八日)付でプチャーチンに書翰を送り、サハリンの一部でも日本に認めるくらいなら境界問題はこれまでと同じく未定にしておくほうがよいと念押しした(38)。

プチャーチンは嘉永七年八月三十日(一八五四年十月二十一日)、箱館に入港し、サハリンでの立ち会いには行けなくなったが、大坂で交渉したいと伝えた。ジアナ号は九月十八日に大坂天保山沖に出現した。朝廷でも京都の近くに異国船が現れたことで動揺し、遷都の可能性も論じられた(39)。

日本側はプチャーチンに申し入れて、下田で引き続き交渉することになった。嘉永七年十月十五日、プチャーチンは下田に到来し、十一月から魯西亜応接掛との交渉を開始した。ところが十一月四日、地震が発生し、ジアナ号は津波を受けて破損し、ロシアは現地で支援を受けた。地震も一因となって、年内に「安政」に改元が行われた。

プチャーチンは米国が締結した条約の知識を用いて同様の条件を要求し、安政元年十二月二十一日(一八五五年二月七日）、条約の締結に至った。開港について、箱館、下田、長崎がロシア船の寄港と薪水食料などの補給のため指定され、箱館あるいは下田に領事を設置できるようになった。境界についてはウルップ島とエトロフ島の間とした。サハリンについて日本語版は「日本国と魯西亞国との間に界を分たす是まて仕来の通たるへし」となっており、ロシアはクシュンコタンにもともと居なかったのだからもう来るべきではないと日本側は理解した。ロシア語版は「これまでのようにロシアと日本の間で分割しない状態に留まる」であり、境界が定まっていないのでロシアもサハリン全島にて活動できるとロシア側は解釈した。

このようにプチャーチンは、かねてから北太平洋でのロシア人の活動が必要としていた開港による補給の条件を獲得した。プチャーチンの漢語通訳として同行したヨシフ・ゴシケヴィチが、のちに一八五八年十月に箱館に領事として着任した。魯西亜応接掛は、ロシア部隊がクシュンコタンに駐屯しえたという圧力を感じ、境界問題を含む条約を成立させることに努めたと考えられるが、サハリン問題の解決にはこれから二〇年もかかることになる。クシュンコタン駐屯や大坂来航などのトラブルを経験しながらも、ロシアとの交渉は冷静に実施ができるとの感触をもった日本人も一定数いたようである。

三　ムラヴィヨフによる清朝・日本との境界交渉の展開

1　アロー戦争と露清境界交渉

ロシアはすでにアムール川流域やデカストリ湾、インペラートル湾などの大陸沿岸港湾も調査し開拓していた。ロシア帝国は一八五六年に沿海州を設置し、アムール川下流のニコラエフスクをその首府とし、バイカル号の探検や東シベリア総督府でのアムール川業務に従事してきたピョートル・カザケーヴィチを総督に任命した。しかし、ムラヴィヨフもたびたび清朝に書簡を送って要請したものの、境界を変更する交渉は成立しなかった。そのつど、清朝当局は変更の必要性を認めず、書翰を返すか、あるいは会見を行うとしても、境界はすでに定まっていると説明するのみであった。それでもムラヴィヨフは、まだ強く押せば清朝は了解すると考えていた[40]。実際には、このロシアにとっての膠着状態を動かしたのは、アロー戦争の勃発に伴う、英仏連合軍という第三者による圧力であった。

英仏両国と清朝の間の新たな条約締結に伴う通商外交体制の変化を予期したロシアは、一八五七年にプチャーチンの派遣を決定した。その目的は、ロシアも交渉に加わって新たに開かれる海港での通商を取り決めることに加え、ロシア特有の事情として、新疆における通商の論点や、アムール川の境界変更交渉も含んでいた。プチャーチンはキャフタからモンゴル経由で北京に向かうことを申請したが拒絶され、アムール川を下った。プチャーチンは香港にて、清朝に通商要求を行う英国のエルギン伯爵、フランスのグロ男爵、米国のリードと合流した。一八五八年二月に上海から四か国共同の要請文を出した際に、プチャーチンは密かに境界交渉の要求をまぎれこませた。このため北京としてはロシア問題も認識し、和平交渉での仲介も期待して、プチャーチンに対して境界地域の現地で対応すると応答した[41]。

北京の宮廷は境界問題に関して黒竜江将軍奕山をアイグンに派遣した。咸豊帝は、ロシアは長年の友好国なので干渉すべきでないこと、入植したロシア人を恩寵により追放はしないので既定の境界どおりに撤収すべきことを説き聞かせるよう命令していた[42]。奕山はそもそも境界をあらためて定める権限を持っていなかった。

ロシア側はムラヴィヨフ自身がアイグンに到着し、自らないし補佐官のピョートル・ペロフスキーが対応した。のちの報告によると、ムラヴィヨフは五月二十三日の初会見にて清朝側に以下のように述べた。
すでに何度も中国政府に書いたこと、すなわち、アムール川に沿って両国が国境を定義する必要、このことを解決すれば両国に利益があることなどを述べ、さらに付言した。アムール川河口や、そこから海に沿って南にある土地を占領する望みを起こしうる英国と、中国が戦争状態にあるだけになおさら、中国政府は今この件を解決しなければならない。また、条約を根拠として上記の土地が我々に属すると示される場合に限って、我々は彼らを阻止することができる、と。(43)

ムラヴィヨフはあくまで、英国ではなくロシアが中国北隣の土地を得れば安全であることを中国人が理解する、と考えてこれを繰り返していたのである。ロシア側は、アムール川とウスリー川を境界としてその北岸と東岸はロシア領とすることを含む六か条の草案を提出したが、奕山は「境界」の文言を拒絶して「所属」に変更した。また奕山はアムール川北岸が「ロシアの所属」としつつ、ウスリー川東岸については拒絶した。これについてペロフスキーの提案により、文言は「境界が定義されるまでは、これまでどおり清露両国の共有」となった。(44)これにより、ウスリー川東岸についても、これまで否定あるいは曖昧だったロシアの利用権も認められたと読めることになった。

一八五八年五月二十八日、ムラヴィヨフと奕山は満洲語、モンゴル語、ロシア語で書かれた三か条に署名した。ロシアはこれを「アイグン条約」として批准し、大成果としてムラヴィヨフに「ムラヴィヨフ＝アムールスキー」の姓を授与するまでになったが、実質は「条約」と呼べるものではなかった。清朝はあらかじめ境界を定める意思を持っていなかったうえ、このような紙の署名も事情が変われば無視してよいと考えており、実際にこの紙はそのように扱われた。奕山の報告では、ロシアが怒っていて乱暴をする恐れがあるので、一時しのぎに便宜を与えたと釈明し、それに対する勅諭も、この際しかたなく、人がいないところは与えてもよいとした。(45)ロシア側のムラヴィヨフも、妥協させられて自ら署名した内容に不満で、直ちに北京でもっとロシアに有利な条約を結ぶ運動を開始した。彼はこの紙を、恒久的に両国を拘束する条約ではなく、最終目的への過程でまず認めさせた条件としか見なしていなかったのである。このような事情のため、この紙を「アイグン文書」と呼ぶことにしたい(46)。

一方、中国滞在のプチャーチンは、アロー戦争の和平交渉の場に、境界問題を含むロシアの課題を盛り込むよう努めていた。一八五八年五月、英仏米露の代表は天津に進み、ここで和平と通商の条約交渉を行うことになった。プチャーチンの随員オステン＝サケンの日記によると、かつて広東総督だった耆英が非公式交渉を申し入れたのをプチャーチンは受け入れた。これは他国代表が権限ないものとは会わないと拒絶していたのと異なる姿勢であった。この際に耆英は、まず和平に至ってから条約が結べる、千回負けても譲らないものは譲らないと述べた。プチャーチンはこのとき、英国はロシアと戦争したが敗れたと事実と逆の内容を伝え、またインドでの統治が残酷なため反乱に至ったと、英国の害悪を吹き込んで、ロシアが友好国であると主張している(47)。英国は通商要件の確実な履行、これについて問題解決するための外交官常駐と政府直接交渉を求めており、特に後者が清朝宮廷にとって受け入れがたい原理的問題であった。ロシアのプチャーチンは、清朝と交渉しながらも英国との違いを強調してロシアへの好意を期待したのである。

ここでの交渉により一八五八年六月、まずは清朝と英仏との天津条約で和平と通商条件が合意され、続いて米国やロシアとも天津条約が成立した。この天津条約は翌年、米露について批准書の交換が成立して発効したが、英仏については再度の軍事衝突が発生したため発効に至らなかった。

ロシアが境界問題について署名した「アイグン文書」の方は、皇帝アレクサンドル二世が批准し、批准書交換のためペロフスキーを北京に派遣した。この際ムラヴィヨフは、新たな条約を交渉する使命も与えており、批准書交換と整合するのか疑問である。しかし北京は批准も新たな交渉も行わず、「アイグン文書」の内容は無視するようになった。

ロシアからはペロフスキーに替えてニコライ・イグナチエフを送り込んだが、北京でまともな交渉に応じられないのは変わらなかった。さらに一八五九年六月、清朝と英仏軍が再び衝突して和平は無効となり、清朝が英仏軍の接近を撃退したため、外国の要求を認める雰囲気ではなくなった。「アイグン文書」の成果はほとんど消滅し、ロシアが自らの力で目標に達することは見込めない状態となった。

2　ムラヴィヨフの一八五九年航行と江戸でのサハリン問題交渉

一方サハリン島では、ロシアは部隊を一八五四年に一旦撤収していたが、クリミア戦争終結後の一八五六年、再び駐留に着手した。幕府はサハリンをしきたり通りのままとする条約に反すると考えてロシアの撤退を求め、中国ミッションの途次に長崎に立ち寄ったプチャーチンや、箱館の領事ゴシケヴィチに交渉を持ちかけたが、権限がないとして断られた。(48)

ムラヴィヨフのほうでも「アイグン文書」署名後、サハリン島領有の合意を得るための動きを始め、アムール川を下って航海に出る計画の一環に含めた。一八五八年十一月、ペテルブルクにサハリン問題交渉の全権委任状を要請し、十二月十七日付（露暦）でアレクサンドル二世が全権委任状を出した。

ムラヴィヨフは一八五九年五月十四日（露暦五月二日）、コンスタンチン大公（海軍元帥）への手紙において次のように計画を伝達し、アムール川航行を開始した。訪問地はニコラエフスク、箱館、タタール海峡（間宮海峡）沿岸、直隷湾、再びサハリン問題交渉のため日本、という順序である。主要目的は、箱館で交渉権限を伝えること、沿海州陸上調査団と会うこと、新しい境界地図を直隷湾でロシア使節を通じて北京の宮廷に渡すことである。直隷湾からは日本に戻って交渉し、早く終われば十月半ばに水路でイルクーツクに戻れるが、遅くなれば川の凍結を待って十一月半ばの帰着となろう。日本人と中国人がロシアの海軍力を見られるよう多数の船を集めている(49)。

ムラヴィヨフは六月二十三日に箱館に到着すると、領事ゴシケヴィチを通じ、のちに江戸に向かって境界交渉を行いたいと申し入れた。そして大陸、中国方面に向かった。のちにウラジオストクとなる場所には一八五五年に英国艦艇が入って地名をつけていたが、ムラヴィヨフはこの航海でここを含めてロシア語地名をつけ、大きな湾を「ピョートル大帝湾」とした(50)。

ムラヴィヨフが直隷湾に入り北京に近づいたところで、清朝が英仏艦隊を撃退したとの知らせを聞いた。二〇隻もの船にしてこのような事態であるから、より小さいロシア艦隊では中国人を動かすことはできないと考え、ムラヴィヨフはアメリカ号一隻だけでブドゴスキー大佐を送り、地図を北京のイグナチエフまで届けさせた(51)。実際に清朝宮廷は、英仏艦隊への勝利に自信を持ち、ロシアの要請もまともに取り合わなかった。このような状況は、英仏連合軍が北京に進軍する一八六〇年夏まで続くことになる。

ムラヴィヨフは一八五九年八月に再び箱館に入り、他の三隻の船と合流し、江戸に向かうことになった(52)。ここまでの日本滞在で、ムラヴィヨフはすでに日本人の好印象を持っている。八月六日（露暦七月二十五日）の手紙において、プチャーチンが言ったように、中国人より日本人とはよい関係を持てる、彼はアメリカ人よりロシア人がよいという印象を残したようだ、しかし日本人にものを教えて伸びすぎるよりも我々自身が学ぶべきだ、と書いている(53)。

安政六年七月十九日（一八五九年八月十七日）、ムラヴィヨフは品川沖に到着した。幕府は遠藤胤緒、酒井忠毗、村垣範正らを露西亜応接掛に任命し、七月二十三日に彼らは艦上のムラヴィヨフを訪ねて最初の面会を行った。七月二十六日に芝の天徳寺にて応接掛とムラヴィヨフが対話したやりとりが詳しく残っているので、以下これを参照する。[54]

ムラヴィヨフは、境界が定まらなければ他の者が取る可能性があるので定めておきたいと述べ、遠藤・酒井は隣国としての友好関係のうえで取り決めたいと応じている。遠藤・酒井は下田でプチャーチンと結んだ条約を参照し、エトロフとウルップの間に境界が定めてあり、「カラフト嶋は魯西亜と日本之分界をなさす、是迄有之如くたるへしと取極候儀にて、素より支那之領分と申事、支那より此方え咄合取合等いたし候儀は無之事に候」と述べた。ムラヴィヨフは中国との条約でアムールがロシア領になったと述べて、サハリンへの権利を主張しているが、[55]幕府としては、中国はサハリンに対する権利を主張していないため何も関わりなく、ただプチャーチンとは境界を決めずこれまで通りとした、と述べたのである。

ムラヴィヨフは、プチャーチンは境界を決める権限を持たなかったのでそのままにしたのだと述べた。これに対し遠藤・酒井は、それではロシア政府の委任状があったのに意味がなくなってしまうと応じ、カラフト境界を定めるべきとのロシア皇帝の委任状を見せた。それでもムラヴィヨフは、そのような委任はなかったのでプチャーチンは詳しく論じずに条約を結んだと答えた。遠藤・酒井は、プチャーチンへの境界問題権限の委任を疑うことはなかったのに、いま関わりないと言われても理解しがたいと述べた。

このあとも対話の流れにおいて、幕府側がかつてのプチャーチンの権限を何度も問いただしている。遠藤・酒井は、「布恬廷〔プチャーチン〕は政府より委任の書翰を持参故、当方にては信じ候て取扱候処、布恬廷は其権無之と申候ては、此度も又後日に至り、同様之事可有之と疑惑生し候事に候」と述べ、今回のムラヴィヨフと話した結果もあとで意味がなくなるのではとの懸念を表明した。

これに対しムラヴィヨフは、プチャーチンの権限はクリル諸島の境界だけで、サハリンの境界を決する権限はなかったと答え、この問答が繰り返されている。前述のように一八五四年八月にムラヴィヨフはプチャーチンのサハリン問題交渉について意見を送っているので、今になってプチャーチンはその交渉の権限がなかったと繰り返すのも奇妙なことであった。

なおも、村垣範正が「下田応接之砌、布恬廷と品々談判之上、唐太之儀は分境を不成と相成候儀之処、境を極め候権の無之と申訳は不都合に付、其次第一応申入置」とプチャーチンとムラヴィヨフの権限を確認したのに対し、ムラヴィヨフは自身の管轄について述べた。「シベリア・アニワ・サカリーンは私の所領故、魯国政府にて、布恬廷に相任せ候事は無之候得共」すなわちシベリア、アニワ、サハリンは東シベリア総督である自分が管轄しているのでロシア国内でもプチャーチンに任せることはないと述べた。そのうえで、プチャーチンが日本に対して決めたのであれば、それを自分が直すことはないだろうが、実際には決めなかったので、自分がいま決めようということである、と述べた。これで応接掛も納得した。

すなわち、幕府としては先の条約の拘束性や、交渉代表の権限を重視し、今回交渉する内容が今後に守られるのかということに強い注意を向けている。これに対してムラヴィヨフは国どうしの合意の過去や未来に関心が薄く、プチャーチンがサハリンについて触れたことをすべて否定しようと頑張ったうえで、サハリン問題はいずれにせよ未決着なのでこれから決めよう、と自分が言い出したプチャーチンの権限の問題を曖昧にして便宜的に本題に入る論理を持ち出している。なお、彼は東シベリア総督として今後も取極めに不都合がないことを保証できると付言しており、実際の総督の権限を背景に自分による決着を主張したものとも考えられる。

これを受けて七月二十八日、箱館奉行の村垣範正と堀利熙は、サハリン全島をロシアに譲れば英仏が蝦夷地を租借して防衛すると言うかもしれないので譲るべきではないと主張した。八月二日の会談で応接掛は、全島を譲ることはできないがタライカ、ホロコタンの線であれば境界をつくることもありうると提示した。これに対しムラヴィヨフは、全島ロシア領でなければ同意できないとして、今回の交渉は終わった。(56)

なお、このロシア使節上陸に際して、ロシア水兵の殺傷事件が発生した。ムラヴィヨフはこれをきっかけとした圧力増大の措置は特にとらず、犯人処罰を要請するにとどめ、江戸を去った。日本に対して問題を大きくして列強の干渉を招くことは避けるべきと、ペテルブルクの中央もムラヴィヨフ自身も考えていた。(57)

ムラヴィヨフはこうして一八五九年の航行を終え、東シベリアに戻った。ゴルチャコフ外相への十月二十九日（露暦十月十七日）付報告で、日本側が一八五五年の下田条約第二条を根拠にサハリン南端を国境とすることに合意せず、北緯五〇度を提案したと述べた。しかし一八五四年八月にプチャーチンに送った際の意見と変わらず、ムラヴィヨフはなおも、サハリンの一部でも日本に認めれば外国が奪う可能性があるので全島をロシア領とすべきと述べている。さらに翌一八六〇年に行動可能な季節になればサハリンでの拠点を強化すべきと述べた。(58)また翌三十日（露暦十八日）にも皇帝に報告を書き、サハリン問題の決着には至らなかったが、賢明な日本人が最終的に理解するためによい影響を与えたと主張した。(59)

大陸における境界の問題は、先述のようにロシアの望むように進まなかったが、一八六〇年夏に英仏連合軍が一七〇隻を超える艦隊と一万七〇〇〇人の兵員で報復に来て戦闘が再燃すると、一八五八年と同様に和平交渉の局面となってロシアが乗じる機会も生まれた。実際に北京において清朝の恭親王らと盛んに連絡をとって、和平交渉の仲介の役割を果したと認められたイグナチエフが、英仏軍撤退後の十一月に恭親王との間で北京条約を結ぶことで決着した。これにより、アムール川とウスリー川を国境とし、その北側・東側はロシア領と認定され、さらに通商の条件も含み、アイグンや天津でロシアが求めた内容をすべてもりこむ結果となった。この条約は度重なる国境をめぐる紛争や交渉を経て現在に至るまで、両国の国境協定として有効であり続けている。一八六一年には現地調査のうえでの細部策定作業が行われた。

しかしサハリン帰属問題については、ムラヴィヨフは日本への再要求を唱えつつ、具体的な着手ができずに一八六一年の総督退任を迎えた。事実としてサハリン北部のロシア統治と、南部アニワ湾に至るまでロシア部隊の駐屯が行われており、時間は日本よりロシアに有利に働くとも想定できたであろう。英国のサハリン上陸の懸念があるとしても、日本と紛争が起こってそれを引き寄せてしまうことのほうが問題であった。その問題をもたらしたのが、次に述べる対馬駐留事件であった。

3　ポサドニク号の対馬駐留事件

ムラヴィヨフによる東シベリアの防衛・拡大と関連して、ほぼ同時期に日露関係で日本側認識に影響を与えた事件として、ロシア船ポサドニク号の対馬駐留事件を挙げる必要があろう。

ロシア太平洋艦隊司令官リハチョフ大佐は、英国の機先を制して対馬に海軍施設を設けることをコンスタンチン大公に提言した。外相ゴルチャコフは、ロシア政府の関わりないこととの言い逃れを用意したうえで海軍の責任で現地交渉するなら黙認するという立場をとり、コンスタンチン大公がリハチョフに指示を出した(60)。

ビリリョフ大尉が指揮するポサドニク号が万延二年（一八六一）二月三日に対馬西岸の浅海湾に来航し、船体修理、のちに土地の租借を主張して滞在した。やがてトラブルが起こり、郷士や百姓に死傷者が出た。幕府は外国奉行小栗忠順を派遣し退去を求めたが失敗した。英国公使オールコックが介入し、英国東洋艦隊が対馬に来航して司令官ホープがビリリョフと面談した。当時ポシェート湾に滞在していたリハチョフは問題の国際化を恐れ、ポサドニク号に退去の指示を出した。実際に英国でも対馬を拠点とする案が議論されており、英露間での紛争となる可能性があった(61)。ポサドニク号の一件がロシア政府の一貫した意思による行動ではなく、政府が非を認めて引き下がったという点では、文化年間のエトロフ・カラフト騒擾事件と同様で、幕府も承服することはできた。幸いにして対馬はロシアにも英国にも奪われることなく解決したが、ロシア人が土地を奪う脅威をもたらしているという認識をさらに日本人に与えるには十分であっただろう。

おわりに

幕末日本が新たに開港した時期、ロシアの東アジア政策における主要な文脈は、東シベリア総督ムラヴィヨフが主導した、アムール川流域および周辺沿岸への戦略的進出の動き、すなわち英国との紛争の懸念に基づく領土確保の動きであった。ロシアは日本に対し、かねてより北東方面から通商の希望をもって接近を繰り返しており、米国ペリー艦隊の対日動向を受けてプチャーチンが国交交渉を行うに至ったが、それにムラヴィヨフによる大陸進出の動きが重なり、アムール川の河口対岸にあたるサハリン島をめぐる問題が日露交渉の主要論点に浮上したのであった。

この時期のロシアは清朝および日本との関係において、二つの点で他の欧米諸国と異なる特徴を持っていた。第一は、既存体制における通信の経験をもち、西欧システムによる外交原則の貫徹を必ずしも強力に推進する動機を持たなかったことである。ロシア自身が、西欧システムを活用しながらも、モスクワ大公国から成長しステップ諸民族の統治を経験してきたというユーラシア帝国であることも、その複合的な対処の背景にあるであろう。特に清朝との関係においては、他の欧米諸国と比較すれば特権と言える、理藩院管轄による通信・貿易や正教使節常駐による情報源のような利点さえあった。

ロシアは清朝との接触にあたって、英国ほど清朝統治体制の核にあたるところに新たな攻勢をかけなかった。ロシアは従来の体制に利益をもっており、新しい通商体制になればより有利なのは英国であった。一八五八年の天津におけるプチャーチンは、北京に外交官を常駐させるという英国の要求をそれほど支援せず、清朝側と柔軟に対話することで和平交渉における仲介の姿勢を示した。日本に対しても一八五三年に長崎から入るなど日本側の制度に沿った姿勢を示し、積極的な要求ではあったが米国のあとに続いて行動したため、最大の敵意を受けるにはいたらなかった。

ロシアの第二の特徴は、清朝や日本の隣国として境界問題を取り扱っていたことである。国交樹立・通商の交渉は他の欧米諸国の動きに応じたものであったが、そこにロシア特有の境界問題がより重い課題として加わって複雑化した。ロシアにとって常に重大だったのは英国などの海軍力に対する脆弱性の懸念であり、それが領土拡大のような積極的行動の動機となることもあれば、不必要な紛争を避ける動機となることもあった。また、アロー戦争における英仏連合軍のように要求を通せるような実力をロシアは持たなかった。ムラヴィヨフは、以前の取り決めがどうであれ、ロシアが主張を続ければ中国人も日本人も理解し譲ると考え、無理な主張も繰り返し、さらには実力で駐留地を増やしアムール川を航行したが、それでもその実力は領有権を法的に認めさせるという目的を達成するには不十分だった。

上記はロシアの対清外交と対日外交の共通点であったが、相違点としては、清朝との問題、特に大陸における境界問題を対日問題より重視したということが挙げられる。ムラヴィヨフにとって、英国から東シベリアを守るためにはアムール川の確保が最重要であり、そのため沿海州の沿岸港湾やサハリン島の北部の確保が付随することになった。ムラヴィヨフは江戸に来てサハリン全島のロシア領有を主張したが、その実現のため実力を行使して日露紛争や英国による介入のリスクを冒すよりも、より頻繁に大陸問題に取り組んだ。また日本とは、より静かに交渉を進めることができると考えていた。

相違点は、ロシアの相手側にも見られた。清朝が首都に外国軍の進軍を受けるまでに至って外交体制を対応させていくことができたのと異なり、幕府は十八世紀からの準備もあって新たな外交のありかたに移行していき、交渉しつつ国際関係を営んでいった。清朝にとって、英国の通商や外交官常駐の要求は帝国の統治原理に関わるもので、北京を占領されるまで抵抗する結果となったが、そのような大問題に直面している間に、はるか北で状況も把握できない辺境の論点に本格的に取り組む余力はなかった。またロシア取り扱いにおいては、優越する中華がロシアに言い聞かせ、土地への一時的居住を許すという認識をなお持っていた。

日本は、十八世紀以来のロシア接近問題と向き合っており、それを契機として国際関係に対する考え方を深めていき、また漂流民の送還やゴロヴニン事件など、一定の対話を通じた問題解決も経験した。一八五九年の品川での交渉において、ムラヴィヨフがかつての条約とその正統性を軽視したのに対し、幕府側は条約の有効性、合意の拘束性を強く主張した。その後、日米通商条約勅許問題という外交課題から幕府の権威喪失が進み、明治新政府が取って替わるに至ったが、そのあとも外交は継続した。その過程で、サハリン島をめぐる日露境界問題も、一八六〇年代の交渉努力を経て、北海道開拓に集中する決断を行い、ロシア側の事情も活用して交渉した結果、一八七五年の樺太千島交換条約という解決に至った。(62)

註

（1）その一部としては、井野辺茂雄『維新前史の研究』（中文館書店、一九三五年）、真鍋重忠『日露関係史一六九七―一八七五』（吉川弘文館、一九七八年）、秋月俊幸『日露関係とサハリン島―幕末明治初年の領土問題』（筑摩書房、一九九四年）、横山伊徳『開国前夜の世界』（吉川弘文館、二〇一三年）、麓慎一『開国と条約締結』（吉川弘文館、二〇一四年）。

（2）岡本隆司編『宗主権の世界史―東西アジアの近代と翻訳概念』（名古屋大学出版会、二〇一四年）、および所収論文の山添博史「ロシアの東方進出と東アジア―対露境界問題をめぐる清朝と日本」。

（3）本章ではカムチャツカ半島と、（島としての）北海道の間に連なる諸島を「クリル諸島」として扱う。本章での記述の中心となるロシア側の呼称であるためである。「千島列島」は現代日本の文脈では誤解と政治的問題をもたらしうるため本章では避ける。日本の外務省は、「北方四島」は日本の固有の領土、一九五一年のサンフランシスコ条約で日本が放棄した「千島列島」はそれを含まないとしており、すなわち「クリル諸島」＝「千島列島」＋「北方四島」となる。

（4）佐口透『ロシアとアジア草原』（吉川弘文館、一九六六年）、三一頁。

（5）濱本真実「テュルクとロシア」（小松久男編『テュルクを知るための六一章』明石書店、二〇一六年）、二三七～二三九頁。

（6）佐口『ロシアとアジア草原』、一〇四頁。

（7）野田仁『露清帝国とカザフ＝ハン国』（東京大学出版会、二〇一一年）、五四頁。

（8）同右、六二頁。

（9）同右、二〇一～二〇二頁。

（10）同右、二四八～二五一頁。

（11）塩谷哲史「伊犂通商条約（一八五一年）の締結過程から見たロシア帝国の対清外交」（『内陸アジア史研究』三二、二〇一七年）、二七～二九頁。

（12）同、三七～四〇頁。

（13）Zatsepine, Victor *Beyond the Amur: Frontier Encounters between China and Russia, 1850–1930*. Vancouver: UBC Press, 2017.

（14）吉田金一『近代露清関係史』（近藤出版社、一九七〇年）、九五頁。

（15）同右、八八～九三頁。

（16）同右、一九六～二〇一頁。

（17）森永貴子『ロシアの拡大と毛皮交易―一六～一九世紀シベリア・北太平洋の商人世界』（彩流社、二〇〇八年）、四八頁。

（18）山添博史「江戸時代中期に胚胎した日本型「近代的」国際秩序観」（『国際政治』一三九、二〇〇四年）。

（19）森永前掲書、一〇九～一一〇頁。

（20）山添「江戸時代中期」。山添「ロシアの東方進出と東アジア」。
（21）森永前掲書、一五五～一五七頁。
（22）横山前掲書、一三九頁。
（23）洞富雄、谷澤尚一編注『東韃地方紀行他』（平凡社、一九八八年）、一四八頁。
（24）真鍋前掲書、一六四頁。
（25）なおこのときのプチャーチンの意見書では、サハリンを半島と表記している。Plotnikova, M.M. "Diplomaticheskaia deiatel'nost' E.V. Putiatina," *Vzaimootonosheniia narodov Rossii, Sibiri i Stran Vostoka: Istoriia i Sovremennost'*, Moscow, Irkutsk and Daegu, 1997, p. 35.
（26）麓前掲書、四五～五〇頁。
（27）同右、五一～五三頁。
（28）真鍋前掲書、一八五頁。
（29）松浦茂『清朝のアムール政策と少数民族』（京都大学学術出版会、二〇〇六年）、三七〇～三七一頁。
（30）麓前掲書、五三～五八頁。Zilanov, V.K. et. al. eds, *Russkie Kurily, Istoriia i Sovremennost': Sbornik dokumentov po istorii formirovaniia russko-iaponskoi i sovetsko-iaponskoi granitsy*, Moscow: Algoritm, 2015, pp. 63-65. シーボルトは日本を国交交渉の席につかせるためにサハリン島の領有を主張することも提案した。秋月前掲書、九八頁。
（31）Struve, B.V. *Vospominaniia o Sibiri. 1848-1854 g*, St Petersburg: Obshestvennaia Pol'za, 1886, pp. 152-156.
（32）Barsukov, I. P., *Graf Nikolai Nikolaevich Murav'ev-Amurskii: po ego pis'mam, offitsial'nym dokumentam, razskazam sovremennikov i pechatnym istochnikam* (*materialy dlia biografii*), Moscow: Sinodal'naia Tipografiia, 1891, vol. 1, p. 324.
（33）ニコライ・ブッセ（秋月俊幸訳）『サハリン島占領日記一八五三―五四　ロシア人の見た日本人とアイヌ』（平凡社、二〇〇三年）、二〇〇～二〇一頁。
（34）秋月前掲書、八四頁。
（35）同右、八五頁。
（36）以下にすでに引用されているが、現在ロシア外務省の文書館では閲覧困難になっている。Shumakher, Petr "K istorii prio-

bretenii Amura: Snosheniia s Kitaem s 1848 po 1860 god," in *Russkii Arkhiv*, no. 11, book 3 (1878), p. 274.

（37）真鍋前掲書、二三九頁。

（38）Barsukov, vol. 2, p. 115.

（39）藤田覚『幕末の天皇』（講談社、二〇一七年）第四章。

（40）Barsukov, vol. 2, p. 142.

（41）山添博史「露清天津条約におけるプチャーチンの「仲介外交」」（『ロシア史研究』八三、二〇〇八年）。

（42）『籌辦夷務始末（咸豊朝）』巻一九、咸豊八年二月甲寅の条。

（43）Barsukov, vol. 1, p. 509.

（44）Perovskii to Kovalevskii, 22 June (10 June) 1858, no. 17, GAIO（イルクーツク州国立文書館）, f. 24, d. 8, ll. 1-6ob.

（45）『籌辦夷務始末（咸豊朝）』巻二五、咸豊八年五月戊寅の条。

（46）山添博史「ロシアの東方進出と東アジア」。

（47）RGADA（ロシア国立古文書文書館）, f. 1385, d. 415.

（48）真鍋前掲書、二八六～二八七頁。

（49）Barsukov, vol. 1, pp. 554-557.

（50）Barsukov, vol. 1, p. 556; 原暉之『ウラジオストク物語―ロシアとアジアが交わる街』（三省堂、一九九八年）、五五～六一頁。

（51）Shumakher, p. 306.

（52）一八五七年～一八六〇年の世界周航の記録を残し、日本の様子も描写したロシア海軍医アレクセイ・ヴィシェスラフツォフは、このとき合流した船にいた。ヴィシェスラフツォフ（長島要一訳）『ロシア艦隊幕末来訪記』（新人物往来社、一九九〇年）。

（53）Barsukov, vol. 1, pp. 558-559.

（54）東京大学史料編纂所編『大日本古文書　幕末外国関係文書』第二五巻（東京大学出版会、一九八五年）文書一三一号、二四四～二六二頁。

（55）幕府の記録では、ムラヴィヨフは条約でアムールがロシア領になったのに従い、アニワに陣営を設置したと述べている。条約というのは一八五八年五月のもののはずで、アニワにロシアが出てきたのは一八五三年なので時系列的には矛盾する。ムラヴィヨフがこの通りに虚偽で論理を展開した可能性もあるが、単なる通訳上の誤解の可能性もある。
(56) 秋月前掲書、一四二～一四三頁。
(57) 同、一四三頁。
(58) Barsukov, vol. 2, pp. 276–277.
(59) Barsukov, vol. 2, p. 279.
(60) 保田孝一編『文久元年の対露外交とシーボルト』(岡山大学吉備洋学資料研究会、一九九五年)、一九八頁。
(61) 真鍋前掲書、二九三～二九八頁。
(62) 醍醐龍馬『明治新政府と日露関係─樺太千島交換条約とその時代』(大阪大学大学院法学研究科、博士論文、二〇一七年)。

Ⅱ　相互認識の諸相

第一章　仙台藩儒大槻磐渓の対外観

——漢詩を中心とした考察——

友田昌宏

はじめに

嘉永六年（一八五三）六月三日のペリー来航は日本のあらゆる階層、とりわけ支配者層である武士に大きな衝撃を与えた。そして、日本は、それにつづく和親条約・修好通商条約の締結により欧米の国際秩序＝条約体制に組み入れられるなかで、国家としての対応を迫られ、やがて明治維新という帰結を迎える。

もっとも、ペリー来航は画期には違いないが、それを頂点とする支配者層の対外的危機感は徐々に醸成されていったものだと言えよう。十八世紀中葉以降のロシアの南下は、工藤平助・林子平・本多利明・大槻玄沢らをして危機感を抱かしめ、さまざまな対応策を講ぜしめた。「鎖国」を祖法とする言説もまたロシアへの対応のなかで生まれたものである。(1)

また、ペリー来航は、前年の嘉永五年にオランダ商館長として長崎に赴任したドンケル・クルティウスが別段風説書を通じてあらかじめ幕府に報じていたところであり、(2)その情報は一定の広がりをもって伝播していた。(3)ペリー来航後の支配者層の対外観や対外政策論は、当然このような歴史的前提をふまえたうえで形成され、その後の国内情勢の変化によって展開を遂げていったと考えるべきであろう。

以上のような問題関心に立ち、本章は大槻磐渓の対外観の形成と展開の過程を検討する。(4)磐渓は享和元年（一八〇一）五月十五日、江戸木挽町に生まれた。父は仙台藩医の大槻玄沢（磐水）、『蘭学階梯』等の著書を有する著名な蘭学者である。磐渓ははじめ葛西因是や松崎慊堂といった儒者につき、ついで文化十三年（一八一六）から足かけ一一年、昌平黌において漢学を修めた。天保三年（一八三二）、学問出精につき仙台藩に新規召し出しとなり、父とは別に一家を構えることとなった。仙台藩においては、はじめ西洋流砲術指南取扱など砲術をもって仕え、文久二年（一八六二）の仙台移住後は藩校養賢堂学頭や近習となり、学政・藩政に重きをなした。戊辰戦争では新政府から戦争首謀者に指名され、東京で入牢の身となったが、のちに許され、明治十一年（一八七八）に東京で没している。

磐渓が戊辰戦争で戦争首謀者に指名されながらも、のちに贈位の対象となったことについて、磐渓の実子である如電・文彦、孫の茂雄（如電の次男、文彦の養子）は、ペリー来航の際いち早く「開国」を唱えた先覚者として評価されていたからだとする。(5)では彼の「開国論」とはいかなるものだったのか。磐渓は当代一流の漢詩人で多くの漢詩を残していることから、本章では主にこの漢詩を素材として彼の対外観を探りたい。

その際、先の問題関心に照らしてまず論点となるのは、磐渓の対外観がいかなる環境のもとで育まれたのかということである。それには、まず父玄沢の影響を考えないわけにはいかない。だが、我々は玄沢のみならず、この偉大な蘭学者の背後にある広大な沃野にも目を向けるべきであろう。玄沢は天明六年（一七八六）、『赤蝦夷風説考』の著者として知られる仙台藩医工藤平助の推挙により、支藩の一関藩から仙台藩に藩医として召し抱えられた。その一方で、文化八年（一八一一）には幕府天文方に出仕しており、そこで最先端の対外情報に接するとともに、著名な蘭学者や幕府要人と強いつながりをもった。この二つの系譜が複雑に交叉する延長線上にあって、磐渓の対外観は形成されたと考えねばなるまい。

ついで考察を及ぼさねばならないのは、彼の対外観が時代の推移とともにいかに展開を遂げていったのかということである。この点を考えるうえで重視したいのは、磐渓の独特な学問的立ち位置である。玄沢は、自身は蘭学者でありながら、磐渓にはまず漢学を学ばせた。蘭学を広めるには、蘭書を翻訳せねばならず、それにあたっては優れた文章家が必要だと判断したからである(6)。梅澤秀夫氏の言う「蘭学者の子として生れて儒学者になったという、その特異な経歴」は彼の対外観の展開にいかに寄与したのか、考えたい(7)。

そして、第三の論点は、磐渓の対外観が他者にいかなる影響を及ぼしたのかということである。磐渓の対外論が江川坦庵に影響を与えたであろうことはすでに梅澤氏が指摘しているが(8)、ここでは仙台藩への影響に議論の的を絞りたい。先に述べたとおり磐渓は仙台藩においてしだいに重きをなすようになるが、彼の対外観は仙台藩政にいかなる影響を及ぼし、仙台藩士たちをどのような方向に導いていったのであろうか。最後にこの点に論及する。

一　開国前夜の対外観

1　イギリスに対する脅威

ペリー来航以前の大槻磐渓の対外観を一言で表すならば、嫌英親露である。では、まず嫌英のほうから見ていこう。

磐渓の神経質なまでのイギリスへの警戒感は、父玄沢の影響によるものと考えられる。「捕影問答」前篇は、玄沢が文化四年（一八〇七）に著し、若年寄の堀田正敦（下野佐野藩主、仙台藩主伊達宗村の七男）に提出したものだが、このなかで玄沢はイギリスの脅威を切々と説いている。オランダが利用しているアメリカ傭船はすべてイギリス船であり、イギリスはオランダ名義で日本に来航し、長崎のオランダ商館を占領しようとしている、あるいは、ロシアと結託し日本に通商を迫ろうとしているといった類である。(9)

磐渓が玄沢から継承したこのようなイギリスへの警戒心は、一九四〇年代初頭（天保・弘化年間）のアヘン戦争、英仏両国の琉球来航によって増幅の一途をたどることになる。次に掲げたのは、弘化三年（一八四六）六月の磐渓作の漢詩「擬日本刀歌（日本刀に擬するの歌）」（『磐渓先制』〈大槻茂雄刊、一九二五年〉の『昨夢詩暦』一六丁。以下、磐渓の詩はすべてこれにより、文中に丁数のみ記載）からの一節である。

佛蘭西英機黎　　仏蘭西　英機黎
咄何爲者敢齧蹄　　咄　何為《す》る者ぞ　敢て蹄を齧《かじ》るとは
欺吾琉球在絶城　　吾琉球の絶城に在るを欺かんと
遠駕艨艟來厭低　　遠く艨艟を駕し来りて厭《おさ》へ低《た》れる

琉球を日本のかかとにたとえ、これを足がかりに日本を窺わんとするイギリス・フランスへの警戒の念が直接的に読み取れる内容である。

このように頻々と日本近海にイギリスやフランスの船舶が姿を現すなか、危機感を覚えた磐渓はこれらの国に対抗すべく高島流砲術を学びはじめる。磐渓はすでに長崎留学時に高島秋帆と面識があったようだが、江戸帰還後の天保十二年（一八四一）、秋帆による徳丸ヶ原での砲術調練を実際に目にして、弘化元年（一八四四）に高島流砲術家の大塚同庵のもとに入門、嘉永元年（一八四八）、免許皆伝をうけている。蘭学者である父玄沢の謦咳に接していただけに、西欧の科学技術の優秀さは磐渓のよく知るところであり、そういった認識が彼をして砲術修行に向かわせた。

砲術修行を通じて磐渓は、現状の日本では到底西欧列強に敵すべきようがないことを思い知らされる。次に掲げるのは、江戸から国許に帰る佐賀藩士「韓大明」に贈った、弘化二年の作（一五丁）の一節である。

海城堅　　海城の堅
天砲利　　天砲の利
駕空火船聘神智　　空を駕す火船　神智を聘す
何況水軍士卒皆錬精　　何ぞ況んや水軍の士卒皆錬精なるをや
横行大海如平地　　大海を横行すること平地の如し
果然外患是紅毛　　果然　外患は是紅毛
遠識未可笑山濤　　遠識　未だ山濤を笑ふ可からず
如何人士狃清世　　人士の清世に狃《な》るるを如何せん
等間老却腰下刀　　等間　老却す　腰下の刀

高性能の「天砲」（?）を積んだ蒸気船はあたかも海に浮かぶ城のようであり、その巨体にもかかわらず平地の如く海を往来する。磐渓にとってそれはまさに神の英知のなせる業であった。その西欧が日本に迫り来る。磐渓の脅威はいやがうえにも高まった。だが、天下の人士ときたら、太平に慣れきってしまい、刀が錆びついていようと気にも留めない始末。磐渓は呉平定後も異民族の襲来をひとり憂慮した晋の山濤に自らの思いを重ね合わせざるを得なかった。

では、そのようななかで磐渓はいかに日本の国家的独立を維持せんと考えたのか。以下は、嘉永三年（一八五〇）三月、浦賀奉行として同地に赴任する浅野長祚（中務少輔、号は梅堂）に送別として贈った詩（二二丁）の一節である。

吾觀近世待外夷　吾近世外夷を待するを観るに
牛刀割雞亦甚哉　牛刀鶏を割くも亦甚だし
一艦所装砲幾口　一艦装する所　砲幾口
我乃千萬人備之　我乃ち千万人　之に備ふ
不獨四鎭勞守衞　独り四鎮　守衛を労するのみならず
沿海諸藩奔命疲　沿海諸藩　奔命に疲る
待其揚帆纔撤備　其れ帆を揚げ纔《わず》かに備を撤するを待するに
經費何翅十萬貲　経費何ぞただに十万貲のみならんや
欲救此弊在審彼　此の弊を救はんと欲せば彼を審らかにする在り
英清近事知不知　英清の近事　知るや知らざるや
一縷鴉片煙未滅　一縷の鴉片　煙未だ滅せず
席巻江南已有期　江南を席巻せんとするも已に期有り
且約歳幣二千萬　且《まさ》に約《ほぼ》歳に幣二千万にならんとし
城下之盟飽颺歸　城下の盟　飽きて颺《あ》げて帰す
挾其餘威來擬我　其の余威を挟みて来りて我に擬して
欲啓兵端苦無辭　兵端を啓かんと欲するも辞無きに苦しむ

我策如出砲撃末　我が策 如《も》し砲撃の末に出《い》づれば
彼輙得志速尋師　彼輙《すなは》ち志を得て速やかに師を尋《もち》ひん
弘安神風何足恃　弘安の神風 何ぞ恃むに足らんや
滿清覆轍現在斯　満清の覆轍 現に斯く在り
不若且収張皇勢　且に収めて皇勢を張らんとせば
燕服従容詰其來　燕服 従容として其の来るを詰《と》ふに若かず
互市大禁不可許　互市は大禁にして許す可からず
求薪乞水乃可施　薪を求めて水を乞へば乃ち施す可し
國威既立冗費省　国威既に立ちて冗費省く
柔遠戎莫善於茲　遠戎を柔らぐは茲より善きは莫し

磐渓は、たった一隻の軍艦がやってきただけで、江戸湾防備に、かねてその任にあった四藩（彦根・川越・会津・忍）のみならず沿海諸藩をも動員し大金を費やすような、幕府の海防策を問題視する。そのうえで、彼は、現時の国際状況を考慮に入れて策を建てるべきだと提言した。この詩が賦された嘉永三年と言えば、いまだアヘン戦争の余燼冷めやらぬ時期。二年に及ぶ清国との戦争を講和によって終結させたイギリスは、その余勢を駆って日本にやってくるかもしれない。磐渓にとってやはりもっとも警戒すべきはイギリスであった。

だが、一方で彼はイギリス軍艦がやってきたときにこれを打ち払うことにも反対であった。なぜなら、それはいたずらに彼に開戦の口実を与えることにほかならず、そうなっては、「神智」のごとき軍事力を有する彼に勝てるはずもなく、日本は清国の覆轍を踏むことになるからである。ならばいかにすべきか。磐渓は言う、「事態を収め、他日、勢力を張らんとせば、平服でもって彼に従容と対しその来意を問うにしくはない。交易はわが国の禁じるところであり許可できないが、薪水が必要ならば与えよう、そう言えばいいのである。さすれば、国威は立ち、かつ冗費を省くことができる。遠方からやってきた異人をなだめるにはこれよりほかに良策はない」と。

このように磐渓は、西欧列強、ことにイギリスに対して並々ならぬ警戒心をいだきつつも、同時に蘭学者の子として彼らの軍事技術の優秀さをも知っており、さらに砲術修行を通じてそれを改めて痛感したことから、無謀な策に出ることもできなかったのである。

2 ロシアへの傾倒

ところで、磐渓は、この浅野への贈詩に「余既に献芹微衷一巻を著して、海防の大略を述ぶ（去年十月）。更に一篇を作《な》して、今日以て来船に処する所の策を陳べんと欲す。偶々浅野鎮台、贈詩を乞はれ、聊か其の意を綴りて、以て呈す。是亦献芹一策なり。読者視るに以て尋常送別の作と為すこと勿れ」（原漢文）との注記を付している。ここにあるように磐渓は、前年の嘉永二年十月三日、幕府に「献芹微衷」(10)なる意見書を提出した。これは「海堡篇」「陸戦篇」「水戦篇」「隣好篇」上下の計五篇からなる。

まず「海堡篇」では「暴客」の侵入を防ぐために「西洋新式」に倣った海防の要が説かれている。このなかで「暴客」としてとくに名が挙げられているのは「英夷」である。磐渓のイギリスに対する警戒心の強さが見て取れよう。

ついで、「陸戦篇」「水戦篇」は、外国に対抗するための具体的な戦略が、陸海の両面からそれぞれ論じられている。ここでも西洋の軍事技術の積極的導入が求められるが、その一方で刀槍による接近戦では西洋に勝ると見て、沿海からの射撃を背景に小規模な軍船で敵艦に近付きこれに乗り込めば勝利を収めうるとする。したがって、友人の塩谷宕陰や佐久間象山と異なり、いたずらに大艦を建造することには反対であった。この論は磐渓が明記する通り、仙台藩の林子平が『海国兵談』で提起した策を用いたもので、嘉永六年（一八五三）七月十日に前水戸藩主徳川斉昭が幕府に提出した「海防愚存」（十条五事建議書）[11]に継承されるものである。

そして、上下の「隣好篇」である。上では、ロシアと国交を結び他の列強を牽制すること、下では、そのロシアとの交易により兵器や軍学書を輸入し、さらには輸出で得た利益を国防にあてて諸外国に対抗することが提起されている。ロシアをもってイギリスを牽制することは父玄沢が堀田正敦に提出した「北辺探事補遺　附或問」で主張しており[12]、またロシアとの交易論は仙台藩の工藤平助が『赤蝦夷風説考』で説いたところである[13]。磐渓の議論が、仙台藩という豊かな歴史的土壌のなかで形成されていたことをここで改めて確認できる。

だが、玄沢や平助のロシア提携論はロシアや他の列強へのいわば牽制策であり、彼らにあってはロシアも他の列強もともに同じ「夷狄」にすぎなかった。これに対して、磐渓にとってのロシアは他の列強とは異なる特別な国であった。その点では「ヲロシヤのみ蛮国にはあらず」（「防禦秘説」）と評価した松平定信[14]と近い立場にある。定信は玄沢を重用した堀田正敦と入魂の間柄であり、玄沢とも交流があったと考えられるが、だとすれば、磐渓は玄沢を介し、定信の著作に触れるなりして彼の対外観に影響を受けていた可能性がある。とはいえ、定信とも異なる点がないわけではない。定信のロシアへの高い評価は同国への警戒の念を少なからず含んでいたのに対して、磐渓は無防備なまでにロシアに信頼を寄せている。では、彼はなぜ結ぶべき列強をロシアとしたのか。彼にとってロシアとはいかなる国であったのか。それを知るために、「献芹微衷」の「隣好篇」上を引き続き検討していく必要がある。

ロシアと結ぶべき第一の理由はかの国が隣国だということである。これについて磐渓は、「琉球・朝鮮とは国交があり、清国とは通商が行われているのに、北に接するロシアと一度もよしみを通じたことがないのは、「国体」にとって損失であるだけでなく、不測の変を招きかねない」と述べている。

第二の理由は、ロシアの国柄である。磐渓によれば、ロシアは建国から数えて一五〇〜一六〇年の歴史を有する帝国であり、「淳樸」にして「沈勇豪邁」、「大国の風を具」え、一度として「無名の師」を起こして他国の領土を奪ったことがないという。さらに、上記のような見地に立ち、文化三年(一八〇六)から四年にかけて、ロシアの軍人フヴォストフが蝦夷地を襲撃した文化露寇については、『日本幽囚記』におけるゴロヴニンの説に全面的に依拠し、フヴォストフの独断によるものと断を下している。また、この文化露寇の報復として幕府がゴロヴニンを捕縛した一件については、「もしかりにイギリスに同様のことを行ったとしたら、戦争の好機とばかりに問罪のため軍艦を差し向けたであろう。だが、ロシアはわが国のやむなき事情を汲み、あえて手出しをしなかった。その度量たるや思うべしである」と評し、イギリスを「姦商」、ロシアを「王侯貴人」になぞらえている。ゴロヴニンの『日本幽囚記』は「遭厄日本紀事」と題して幕府天文方でいち早く翻訳されたが[15]、磐渓が天文方に出仕していた父を通じてこの書に目を通していたであろうことは容易に想像が付く。

第三はロシアが帝国であり「宇内第一等の強大国」だということである。この点は松平定信がその著にて「もとよりいづかたより封冊なくして帝となり王となるは、みな同じ尊き名にして、地ひろく国大きなれば猶尊しといふべき」(「秘録大要」)、「このおろしやといふはゑうろパ洲よりあじや洲へかけ、たるたりやなども皆わが属国として世界にならびなき強大国なり」(「魯西亜人取扱手留」)等と述べているのと軌を一にする[16]。磐渓はここからロシアを「欧邏巴一洲の盟主」と位置づけている。なお、ロシアの強さの一端を国土の広さに求める姿勢は、嘉永六年にプチャーチンが長崎に来航したときに賦した漢詩「隣交行」(二八丁)でより明確に示されている。すなわち、「宇内を九分して其一を有す　肯て米利と英吉とに比せんや(九分宇内有其一　肯比米利與英吉)」というくだりがそれである。

そして、ロシアの強さは、ナポレオンを敗退させ、その没落の要因を作ったという史実によりいっそう強烈に磐渓に印象づけられた。ナポレオンについては、蘭学者小関三英が伝記を訳述し、漢学者大槻西磐がこれを漢文に翻訳したが、父玄沢は幕府天文方にて三英と同僚であり、西磐とは同族の関係にあった。三英と西磐をつないだのは玄沢と考えられる。すなわち、磐渓はナポレオン研究の最先端にいち早く接しうる環境にあった[17]。磐渓がごく早い段階で西洋砲術へと傾倒していったのは、ナポレオンが大砲を主軸とした巧みな戦術でヨーロッパを席巻したことを熟知していたからであろう。その彼にとって、ナポレオンは英雄であり、かつ西欧列強の脅威の象徴でもあった。

ナポレオンの英雄譚は磐渓の詩のなかでもしばしば取り上げられる。いくつか挙げよう。まずは、天保十二年（一八四一）に武州徳丸ヶ原で砲術演習を実施した高島秋帆が長崎に帰るにあたって贈った長詩（七～八丁）から。

聞説大酋勃那把児氏　　聞くならく 大酋勃那把児氏
席巻歐羅頼此技　　欧羅を席巻するに此の技を頼むと
神機所指如振槁　　神機の指す所 槁を振るが如く
勁弓長戟不足恃　　勁弓長戟恃むに足らず
縦使蕃舶伺本朝　　縦ひ蕃舶をして本朝を伺はしむるも
此器一發忽漂搖　　此の器一たび発せば忽ち漂揺せん

「聞くところによれば、彼の皇帝ナポレオンはヨーロッパを制覇するのに、この術（砲術）を用いたということである。この摩訶不思議な器械が向けられるところ、槁を揺るがすのかのようであり、どんな強い弓、長い鉾でも太刀打ちできない。たとえ異国船が我が国を窺おうとも、この器械を一発放てばたちまち動揺するであろう」という。

ついで友人の佐久間象山が嘉永四年十一月六日に中津藩主奥平昌服の要請で大砲を鋳造し、鶴牧にて試射を行ったとき、彼に贈った長詩（二四～二五丁）から。

車如流水砲如龍　　車は流水の如く砲は龍の如し
十二斤彈新葛農　　十二斤弾　新葛農
呼做將軍果然是　　将軍と呼び做すは　果然是なり
猛威摧盡萬人鋒　　猛威　万人の鋒を摧き尽す

（中略）

憶他兩熕前驅去　　憶ふ　他《か》の両熕前駆して去《ゆ》きて
奪得千尋落日橋　　千尋の落日（ロディ）橋を奪い得たるを

「車の早きこと流水のごとく、砲の火を噴くこと龍のごときは新式の十二斤カノン砲である。将軍ナポレオンの名をもって呼びならわされるのは、果たしてこれである。その猛威たるや万人の鋒先をことごとく挫きさる。（中略）かの二門の新式カノン砲が先駆けをなし、ナポレオン軍が千尋のロディ橋を奪取しえたことに思いを致す」との謂である。

極めつけはナポレオンの生涯を詩でたどった天保十二年の連作「佛蘭西王十二首」（八～九丁）である。このうちロシア遠征について触れた箇所を引用しよう。

何物俄羅敢頡頏　　何物ぞ　俄羅敢へて頡頏す
轟天巨礮裂金湯　　天を轟かす巨砲金湯を裂く
誰圖大雪埋歸路　　誰か図らん　大雪帰路を埋め
凍殺三千拔勇槍　　三千を凍殺し勇槍を抜くを

「ナポレオンに対抗したロシアとはいったいどんな国か。その巨大な大砲は天を轟かし、堅固な城を打ち破ったとのこと。だれが予測しえたろう、大雪がナポレオンの遠征軍の帰路を絶ち、それによって三〇〇〇の兵が凍死し、さしもの猛者も骨抜きにされようとは」。連作ではナポレオンの偉大さが強調されるだけに、それを打ち破ったロシアの強さはいっそう際立って見えるのである。

二　ペリー来航後の対外観

1　アメリカとロシアのあいだで

さて、弘化年間にはイギリス・フランスと通商を求めて列強の艦船の来航が相次いだが、そのようななか、アメリカもこれに追随するかたちで国交樹立を目指して使節を日本に送り出した。弘化三年（一八四六）のジェイムズ・ビッドル、そして嘉永六年（一八五三）のマシュー・カルブレイス・ペリーがそれである。東インド艦隊司令長官ペリー率いる四隻のアメリカ艦隊は、大統領ミラード・フィルモアの国書を携えて、嘉永六年六月三日に浦賀沖に姿を現した。アメリカの要求は、漂着船への石炭・薪水の給与、漂流民の保護、通商の三ヶ条であった。

磐渓が、昌平黌時代に薫陶をうけた大学頭林復斎（韑）からペリー艦隊への対処につき翌日までに意見書を提出するよう求められたのは来航から四日を経た七日のことである。復斎からの命をうけて磐渓は浦賀に赴き艦隊を実見し、情報の収集に努めた。そのうえで、八日に意見書を提出している[18]。それでは後に磐渓が「米利幹議一」[19]と名付けたこの意見書の内容を以下検討することにしよう。

意見書冒頭、磐渓は来航したのがアメリカの艦隊であると推測する。文中にもある通り、このとき磐渓は、前年にオランダ商館長のドンケル・クルティウスがもたらした、ペリー来航予告情報を含む別段風説書を入手しており、この風説書をもとにアメリカ船と判断したものと考えられる。つづいて、浦賀での見聞をもとに艦隊の様相を詳しく報じている。乗組員数においては大きな誤差があるものの、軍艦の艦種、大きさ、備砲の数についてはかなり正確である。砲術家であり、かつ写生もよくした磐渓のなせる業であろう。

そして、先の別段風説書や漂流民万次郎の口述からアメリカの要求が石炭置場の設置、薪水の給与、通商にあると見て、そのうえで、それへの具体的な対応を述べている。まず、使節が四隻の艦隊を率い、国書を携えてきたことを重視し、「彼等渡来之趣意、一通り相立候様之御取扱」が肝要と主張する。つまり、可能な限りアメリカの要求を飲み、戦争を避けようというのが基本的な立場であり、戦争については先方が乱暴に及んだときの「第二段之事」とした。

磐渓は推測される要求のうち、薪水給与は受け容れるべきだと主張する。すなわち、鳥羽・下田に薪水補給所を設けよというのである。さらに、場合によってはそこで石炭を支給することも考慮に入れていた。ただし、通商に関しては、それが「祖宗以来之厳禁」であること、「唐国、和蘭両国にて惣て事足り居」ることをもって謝絶すべきとしている。

一読して分かるのは、アメリカへの対応が先に見たイギリスへのそれと同じだということである。換言すれば、磐渓にとってアメリカとロシアとのあいだには大きな径庭があったということになろう。では、磐渓がアメリカをロシアと同一に論じなかった理由は那辺にあるのか。磐渓は意見書において「米利幹人は、夫とは事替り、建国八十年にも不満新規独立之三十一州惣頭役より、願立候義、如何にも武威を以、我国を刧制致候容子に相見へ候へば、所詮、先年、ロシヤ人御取扱之振合には、参り申間敷候」と述べる。つまりアメリカは歴史が浅く、武威をもって要求を貫徹せんとするような粗暴な国だというのである。

六月九日、ペリーは久里浜で国書を提出し、翌年二、三月に返答を得るべく再来することを述べて浦賀沖を後にした。翌年、再びやってくるであろうペリーにいかに対応すべきか、磐渓は再び筆を執って意見書を認め、八月十一日に若年寄で海岸防御筋御用掛の遠藤胤統（近江三上藩主）に提出する。次にこの「米利幹議　二」[20]なる意見書を検討しよう。

まず、磐渓は日本滞在中のペリーの振る舞い、それに対する幕府の対応を、口を極めて非難する。すなわち、「国書が浦賀で受領されたからには、ペリーはすぐにも退帆すべきところを、あろうことか艦隊を江戸湾の内海まで乗り入れた。浦賀以内に外国船が乗り入れることは「我国之定法」で禁じられており、もしそれを知りながらペリーが艦隊を進めたのならば、幕府はその時点で国書を突き返すべきであった」という。ペリーが日本の「国法」を犯して江戸湾内海に艦隊を乗り入れたことは独立国としての体面を汚すものであり、磐渓にとって屈辱だったのである。ゆえに、再来の際は同じ過ちを繰り返さぬようにと釘をさしている。

だが、国書というかたちで礼を示され、それを受け取ってしまった以上、こちらも礼をもって応えねばならない。ペリーはその国書への返答を求めて再来するのであるから、鼻から艦隊を打払ってはそれこそこちらが礼を失することになる。そこで、まず、観音崎から富津にかけて御座船や御供船を数十艘差し出し、それに葵紋の入った幔幕を張り巡らしてペリー艦隊が内海に侵入するのを防ぎ、ついで、ペリーを久里浜から江戸へ呼び寄せ、老中を通じて通商・通信の拒絶を申し渡すべきだとする。

磐渓はこの意見書のなかで返書案をも示しているが、そこでは次のようにアメリカの通商要求を拒絶している。拒絶の第一の理由は、通商・通信が「我祖宗之旧制」で禁じられているということである。互いの「国法」を尊重するのは、「独立国之本意」だとの論理からこの主張は正当化されている。第二の理由は、アメリカに通商・通信を許せば、先にその要求を拒絶したロシアをはじめ他の列強に対して信義を失うということである。信義、さらには先に示した礼を普遍的な価値を有するものとして重んずるあたり、儒者の磐渓らしい。そして、磐渓は、「国法」を破り江戸湾内海まで艦隊を乗り入れたペリーを「短智狭量之小人」と非難したのに対して、通商を拒絶されたにもかかわらず、日本の「国法」に理解を示し、おとなしく引き下がったロシアの使節レザノフを高く評価している。磐渓がロシアとの信義を重んじた理由の一端はここにあり、かの国は列強中の模範であった。

では、それでもペリー艦隊が観音崎・富津線を越えてきた場合、いかにすべきなのか、嘉永七年（一八五四）の年初に賦したその名も「春夢」なる詩（二八〜二九丁）において磐渓は次のように賦している。

米夷來　　米夷来る
來幾時　　来るは幾時か
維暮之春以爲期　　維《こ》れ暮の春以て期と為す
曉烟淡々収帆影　　暁煙は淡々として帆影を収め
火輪輾海疾如飛　　火輪は海を輾《めぐ》り　疾きこと飛ぶが如し
烽火不揚砲臺暗　　烽火は揚らずして砲台暗く
巨艦已過觀音崎　　巨艦は已に観音崎を過ぐ
海門戍士投袂起　　海門の戍士　袂を投じて起ち
爭馳快舸四面圍　　争ひて快舸に馳せて四面を囲ふ

回翰有無何遑問　回翰の有無　何ぞ問ふに遑あらんや
　砲聲已接海之涯　砲声已に海の涯に接す

もし、ペリーが再来時に観音崎より先に乗り入れようものなら、国書へ回答するに及ばず、即刻打払うべきだという。

だがこれはまさに「夢」である。現実を見れば、相手は「神機利鋭之飛道具」を備え、兵卒もよく調練されており、しかも聞くところによれば、次は船艦を増してやってくるという。戦争して勝利を得る見込みがないことは、磐渓ならずとも明らかであった。そこで磐渓は列強に対抗すべく彼らの進んだ軍事技術を積極的に取り入れ、軍制の改革にあたるよう求めている。さすれば、十年を待たずして「兵備堅固之強盛国」となりうることは、トルコ・ロシアの例を見ても明らかだという。ここでは、ロシアは日本が目指すべき基準となっている。

嘉永六年七月十八日、そのロシアの使節である海軍中将のエフィム・プチャーチンが通商を求めて長崎に来航した。これをうけて、磐渓は、九月二十日にロシアとの交渉にあたった勘定奉行川路聖謨に、ついで十月二十日には老中阿部正弘に、「献芹微衷」の「隣好篇」上下を添えて、それぞれ意見書（「魯西亜議一」、同二）[21]を提出している。

これらのなかで磐渓はプチャーチン来航を日本にとって幸運としている。ロシアは強大な帝国であり、その風俗人情たるや「沈実優長」、これを「與国」とすれば「四年代り之大統領」を元首とするアメリカなどいかようにも「御工風」できるというのである。つまり、ロシアを通じてアメリカに通商拒絶の意を示せば、アメリカは納得せざるを得ず、穏便に事を収めることができると磐渓は見たのであった。

そして、ロシアが心変わりせぬうちに、少なくとも通信だけは結んでおくよう求める。さもなくば、アメリカばかりかイギリスまでもが通商を求めて日本近海に現れるかもしれないからである。磐渓はこの「強大之隣国」をもってアメリカだけでなくイギリスをも牽制しようとしていた。かかる磐渓の意図は先に掲げた詩「隣交行」（二八丁）によってより明確に示される。改めて該当箇所を引用しよう。

九分宇内有其一　　宇内を九分して其一を有す

肯比米利與英吉　　肯て米利と英吉とに比せんや

（中略）

不若及今結情好　　今に及びては情好を結び
假手隣邦防強暴　　手を隣邦に仮りて強暴を防ぐに若かず
君不見烟波萬頃瓊浦秋　　君見ずや　煙波万頃　瓊浦（長崎）の秋
䑸艦只待一封報　　䑸艦（ロシアの軍艦）只一封の報を待つのみなるを

「世界の九分の一の国土を有するロシアにどうしてアメリカやイギリスが比肩できようか。今の内にロシアとよしみを通じ、この隣国の手を借りて米英の強暴を防ぐにしくはない。君には見えぬか、この秋、長崎に来航したロシア艦が幕府からの返信をただ待っているのを」との謂。磐渓にとって最も警戒すべきが依然イギリスであったことは、ここに明白であろう。

ついで意見書では、ロシアと通商を開くべきとするが、その際、ロシアから輸入すべき品目として大小の軍艦・銃砲諸器・戦法兵術に関する書籍を挙げている。さらにはロシアから砲手や築城学者をも招き、旧製の城塁や砲台を改造すれば、もとより剛勇なる日本人、比類なき「強盛之武国」となるであろうと見通す。ナポレオンを敗退に追いやった「強大国」ロシアは軍事において日本が範とすべき国であった。

しかし、このようなアメリカに対する見方は、ペリー艦隊の再来を機に大きく変化し、磐渓の対外観全体にも影響を及ぼしていく。

2　展開する対外観

嘉永七年正月十六日、七隻のペリー艦隊（のち二隻が加わる）は、またも富津・観音崎ラインを越えて柴村沖（現横浜市金沢区）に投錨した。ペリーは浦賀沖に引き返すようにという浦賀奉行所組頭黒川嘉兵衛の求めに応じようとせず、ついで談が交渉場に及ぶと、品川もしくは川崎とすることを強く求めた。だが、前回も応接に当たった浦賀奉行所与力の香山栄左衛門が粘り強く交渉を続けた結果、ペリーは妥協案として横浜村での応接に応ずるに至った。内海への侵入は辛くも避けられたのである。このことは、磐渓の警戒心を緩和するのに役立ったであろう。

さて当の磐渓だが、このとき仙台藩主伊達慶邦の命をうけて艦隊を視察している。磐渓の観察力と画力を認めてのことかと思われる。そして、磐渓は自らが写生した画のほか、昌平黌時代の友人関藍梁の画をもあわせて「金海奇観」と題する巻子（全二巻）に仕立てたのであった[22]。この巻子は、磐渓と極親しい関係にあり、当時幕臣中にあって逸材を謳われた岩瀬忠震をして「寔ニ当時のありさまを想像するに足り申候」と言わしめるほどの出来であったが[23]、乗組員の似顔絵のほか、来航した艦船の外観、海兵が携帯していた銃器、大統領から将軍への献呈の品である蒸気機関車の模型・電信機などの画が収められている。とりわけ銃器の構造が事細かに描かれ、電信機の使用法が文章で説明されている点が印象的である。ここから察するに、彼は西洋の科学技術を目の当たりにして改めて自国との格差を思い知らされたのではないか。このようななかで磐渓のアメリカへの見方は大きく変わっていく。

三月三日、幕府とアメリカは平和裡に和親条約を結んだ。全権を務めたのは、磐渓の師林復斎である。このとき磐渓は復斎に和して次のような詩（二九丁）を賦している。

使臣専對擇才能　使臣　専対するに才能を択び
萬里風濤度峻嶒　万里の風濤　峻嶒たるを度《わた》る
七道標旗輝曉旭　七道の標旗は暁旭に輝き
一聲虚砲報晨興　一声の虚砲は晨興を報ず
戍兵未撤士騎虎　戍兵未だ撤せず士虎に騎すも
和議終成人釋氷　和議終に成りて人氷を釈《と》かす
記得蠻酋獻方物　記し得たり　蛮酋方物を献じ
飛輪巧技壓奇肱　飛輪の巧技奇肱を圧するを

「アメリカは日本に対応する使臣として才能あるものを抜擢し、その使臣は万里もの険しい波濤をこえてやってきた。日本の国旗が朝日に照らされ、一発の空砲が夜明けを告げる。戍兵はいまだ引き取らず騎虎の勢いであったが、和議がなったことを知って人々はようやく緊張を解いた。異国の元首からかの国の産物を献じられたが、飛車を作るその技術たるや、中国の伝説に聞く奇肱人にもまさること、特記すべきである」と。「使臣」ペリーに対する評価が「短智狭量之小人」から才子へと大きく変化していることが確認されよう。そして、蒸気船や将軍への献呈品に象徴されるアメリカの科学技術の高さに改めて瞠目するのである。

以上のごとく、磐渓はペリー艦隊が前回のように江戸湾内海に侵入しなかったことからアメリカへの警戒心をやわらげ、その一方で先進技術国としての同国にしだいに関心を強めた。そうしたことから、その後、アメリカについて情報を得ようと、幕府オランダ通詞の森山栄之助（多吉郎）に『合衆国小誌』（一八五〇年刊。オランダ人のカラメールの著）を借り、小関高彦（前出の小関三英の甥）に翻訳させている。[24]

和親条約により下田が開港し、安政三年七月二十一日、総領事としてタウンセンド・ハリスが同地に着任した。ハリスは、翌年十月、江戸に出府するや大統領フランクリン・ピアーズの国書を将軍家定に提出し幕府に通商条約締結を求めた。しかし、幕府はなかなか条約調印に踏み切ろうとしない。いら立ちを募らせたハリスは、安政五年六月、イギリス・フランス連合軍が清国とのアロー戦争に勝利したとの報をうけて、再度江戸に出府、幕府に条約締結を迫る。イギリス香港総督のジョン・バウリングが、アロー戦争の余勢を駆って日本に来航し、通商を強要するようだから、その前にアメリカと有利な条件で通商条約を結ぶべきだというのである。ハリスの強請に押され、同月十九日、幕府はついに修好通商条約を締結した。

以下は条約を取り交わしたハリスが下田に帰任する際、磐渓が賦した詩（三七〜三八丁）の一節である。

不見英夷百萬軍　　見ずや　英夷百万の軍
早將三寸策殊勳　　早《つと》に三寸を将て殊勲を策す
挺身奉使古無例　　身を挺して使を奉ずるは　古に例無し
緩頰定盟今有君　　頰を緩めて盟を定むるは今君に有り

アメリカとの通商条約調印によりイギリスを牽制し得たことは、磐渓にとって上策であり、三寸の舌でイギリスの攻撃を未然に防いだハリスは殊勲者にほかならなかった。以後、幕府はオランダ・ロシア・イギリス・フランスとも通商条約を結ぶことになる。

こえて安政七年（一八六〇）、通商条約批准のため、新見正興を正使とする使節がアメリカに派遣されることとなった。海外へ積極的に使節を派遣すべきことは通商条約締結以前より磐渓が主張していたところである。先の「米利

幹議　二」で示されたペリーへの返書案には「殊に。此国より謝報すべき艦艦之設けもなく。徒に有〻来て無〻往は。豈礼之宜きを得る者ならんや」とあり、儒者として礼を重んじる立場から、使節を派遣したアメリカへの返礼として日本も使節を派遣せねばならないと考えていたのである。旧幕臣田辺太一の回想によれば、条約批准を日本ではなくアメリカで行うことは、外国奉行の岩瀬忠震が、交渉の席上ハリスと協議して決したというが、(25) 磐渓は岩瀬と昵懇の間柄であり、かかる磐渓の考えは岩瀬に影響を与え、彼を介して実現されたのかもしれない。

このようななかで磐渓は、かつて「献芹微衷」において反対していた大船建造を是とするようになり、幕府がそれを解禁したことを歓迎した。安政二年六月朔日、藩主近臣の井上某を介して薩摩藩が建造した軍船を目にした磐渓は、詩（三一丁）において「彼来りて我往けば勢宜しく然るべく　巨艦を創造するは亦是天なり（彼來我往勢宜然　創造巨艦亦是天）」と賦している。軍艦が製造できればこちらから使節を派遣し礼に報いることができるというのである。

またそこには別の意図も存在していた。安政四年八月十日、所司代から老中に昇進し、江戸に東帰した脇坂安宅は、時勢につき磐渓に諮問しているが、これに対して、磐渓は「天開行」と題する詩（三五〜三六丁）でもって応えた。以下はその一節である。

天開鎖國通聰明　　天　鎖国を開きて聰明に通ぜしむ
靈慧妙智從斯生　　霊慧妙智　斯より生ず
日月所照地所載　　日月の照る所　地の載る所
自有火船可横行　　自づから火船横行す可し
奈何此時却欝々　　此時却て欝々たるを奈何せん
窘於蕃吏智亦屈　　蕃吏に窘《くる》しみ智亦屈す

吾恐一旦邊警傳　　吾恐る　一旦辺警伝はり
不免呼神又呼佛　　神を呼び又仏を呼ぶを免れるざるを
何如直駕萬里風　　何如　直ちに万里の風を駕しては
一擧雲鷁凌長空　　一たび挙れば　雲鷁　長空を凌ぐ

磐渓は「鎖国」から「開国」への転換を、わが国を聡明に導くための天の計らいだとする。「開国」すれば自ずと蒸気船が我が国にも頻繁に往来することになろう。だが、それがかえって幕吏を苦しめ、異変が報じられるたびに神仏に祈りをささげるような事態を招くようであってはならない。そこで、磐渓は海外への積極的進出を説く。それによって西欧列強の進んだ文明を実地に摂取すべきだというのである。ここでも科学技術への信頼が彼の議論のもう一方の骨格をなしていた。

批准書交換の使節が渡米するにあたって、磐渓は仙台藩の玉虫左太夫や肥前藩医で自身の門下である川崎道民が使節団に随行できるよう斡旋した。そして、彼らや咸臨丸の艦長として渡米する軍艦奉行の木村喜毅に、帰国後の情報提供を依頼した。出国に際して、磐渓は、木村にはなむけの詩（四二丁）を贈っている。以下はその一節。

嗚乎長風萬里行　　嗚乎　長風万里の行
幷君胸中書萬編　　君の胸中に書万篇を幷ぶ
實往而實歸示我　　実に往き而して実に帰りて我に示せ
天地未曾有雄篇　　天地未曾有の雄篇を

木村は磐渓との約を守り、五月五日の帰国後、磐渓にペリーの「日本紀行」(26)をもたらした。磐渓はこれを仙台藩主伊達慶邦に献上する。仙台藩江戸留守居（公儀使）を務めた橋本九八郎の日記の万延元年八月十九日条に「磐渓罷越、彼里記行原本献上否ニ付品々内話有之事」とあるので、それからほどなく献上されたかと思われる。「日本紀行」を一見するや慶邦は翻訳するよう磐渓に命じた。これをうけて磐渓は佐倉藩の手塚節蔵と弘前藩の工藤岩次という二人の蘭学者に同書を翻訳させている。(27) 翻訳作業は文久二年（一八六二）四月に完了した。

その後、幕府は数度にわたって外交交渉のため条約国に使節を派遣した。文久元年十二月には新潟・兵庫開港延期を求める使節を欧州各国に派遣しているが、これには磐渓の門人川崎道民が再び随行している。川崎へ贈った送別の詩（四六丁）で磐渓は次のように賦している。

此行既爲和親使　　此行　既に和親の使たり
和親寧有仇視人　　和親にして寧ぞ人を仇視すること有らんや
歴聘泰西六王國　　歴聘す　泰西の六王国
碧眼紅毛誰非人　　碧眼紅毛　誰か人に非ざるや

六王国とはこの時点で日本と条約を結んでいたオランダ・ロシア・イギリス・フランス・ポルトガル・プロシア。彼らを「夷狄」としてさげすむでもなく、いたずらに信奉するでもなく、同じ人間として扱う姿勢は、幕府儒官の古賀侗庵の著作『海防憶測』にも見られるところであり、侗庵とごく親しい間柄にあった玄沢も彼のこういった諸外国に対する相対的な見方を激賞した。(28) この点、磐渓も玄沢を介して侗庵の影響を受けていたようである。また注目すべきは、これまで磐渓が「仇視」してやまなかったイギリスが「和親」を結ぶ対象となっていることである。条約を結んだ以上イギリスといえども、仇敵視することなく礼をもって交わらなくてはならない。ここでも儒者らしく礼が彼の思考の根幹をなしている。かくして彼のなかでイギリスへの敵愾心はひとまず凍結されたのであった。

その一方で、磐渓を悩ませたのは、攘夷に固執する朝廷、それを根拠に自己の主張を正当化しようとする尊王攘夷派の志士たちであった。前述のごとく「日本紀行」の翻訳が完了したのは、文久二年四月のことであったが、その序文[29]（原漢文）において磐渓は次のように述べている。

夫れ国一たび開く、復た鎖す可からざる也。智者を待たずして後、之を知る。乃ち其れに因り一たび開かば、旧を棄てて、以て是の図を新たにす。則ち甲寅の事、我転じて以て福と為す可し。転じて福と為さば、豈区々貿易の末を謂はんや。まさに国体を易へ、軍政を改めて、以て大ひに富彊の業を興すこと有らんとする者なり。嗚乎誰か、富彊の業を興す者は。余日に跂望す。

国を開いた以上、もう後戻りはできない。ならばたとえそれが禍であったとしても福とせねばならない。西欧にならって国体・軍政の改革を図ることこそ肝要だという。この訳本は林学斎（復斎の子）をはじめさまざまな人物に貸し出され書写されたようだが[30]、磐渓にとって、この訳本が広く世に行われることは、攘夷派を牽制する意味合いを帯びていた。

文久二年九月、磐渓は家族ともども江戸から仙台に居を移しているが、その後の政局は、彼の期待とは裏腹に推移した。まず、磐渓が先の序文を書いた直後の文久二年八月二十一日に島津久光の行列を横切ったイギリス商人が薩摩藩士によって殺傷されるという生麦事件が発生する。このときの磐渓の憂慮は深かった。生麦事件によってイギリスとの戦争が懸念されるのはもちろんのこと、そうでなくとも、この事件を前にして「有志之者」が座視することはなく、必ずや「乱暴を仕懸ケ候而焼払とか乱入とか申ス事ニ相成可申」と見たのである[31]。この磐渓の懸念は見事的中する。はたして、建設途中の御殿山のイギリス公使館は、同年十二月十二日（一八六三年一月三十一日）、長州藩士の高杉晋作・久坂玄瑞らによって焼き討ちに遭ったのであった。

翌文久三年、仙台藩主伊達慶邦は将軍家茂に先立ち上洛する。だが、このとき磐渓は随員から外され、林子平の墓碑の撰文を命ぜられた。あるいは、攘夷派が跋扈する京都に磐渓を随伴し、その命が狙われるのを危惧してのことかもしれない。次に掲げるのはこのとき彼が賦した七言絶句「此行余不能従。賦此自遣。（此行余従ふ能はず、此を賦して自ら遣る。）」（五〇丁）である。

西上装成忽駐行　　西上装成りて忽ち行を駐められ
攘夷籌策枉縱横　　攘夷の籌策　縦横を枉ぐ
間來恰有撰碑命　　間《このごろ》来りて恰も撰碑の命有り
取酒先酬林子平　　酒を取りて先づ林子平に酬ひん

起句・承句において磐渓は「上洛の旅装を整えたところで突如として随行を免ぜられ、そして攘夷の謀略は諸外国の操縦策を屈服した」という。どうやら、彼はこのたびの上洛を京都から攘夷論を駆逐する絶好の機会ととらえていたようであり、ゆえに随行を免ぜられ、その機会を逸したことに大きな失望を覚えたのである。その後、林子平の墓碑の撰文を命ぜられた磐渓は、子平の事蹟に託し現今の「俗儒」たちを批判する。すなわち、碑文前半の本文で『海国兵談』を著して富国強兵を説いた子平を賞揚し、後半の銘では、彼我の国力差を勘案しない無謀な攘夷論ばかりか、やみくもに外国に盲従する媚外論にも筆誅を加えるのである。

一方、その頃上洛した将軍家茂は、尊攘激派に席巻された朝廷から度重なる攘夷の督促を受けて苦境に立たされていた。そしてついには、攘夷期限を五月十日とすることを約束させられてしまう。この難局を切り抜けるべく幕府が苦肉の策として案出したのが、諸外国との交渉による横浜鎖港であり、これによって戦争に及ぶことなく朝廷の攘夷の意向に沿おうとしたのであった。だが、横浜鎖港についても磐渓は「実説ならハ大変ニ御座候」と危機感を抱いた。なぜなら、「全世界を敵ニ取而相手と相成候様なり行」からである。(32)

それだけに文久三年八月十八日の政変により尊攘派勢力が京都から一掃され、将軍および諸大名が再び朝廷から召されると、「京師会合之評定ハ、開国ノ二字ニ帰スヘシ」「鎖港之談判ハ決不可成、空しく帰帆、其内ニハ内外一同に開国ニ一定すへし」と見て、事態の好転に大いに期待を寄せたのであった(33)。

3　変わらぬロシアへの信頼

二回目のペリー来航以降、磐渓の対外観は大きく展開を遂げた。ではロシアはどうなったのか。彼はイギリスから国土を守るために結ぶべき対象をロシアからアメリカへと変えたのか。条約締結によりロシアは欧米一般のなかに埋没してしまったのか。否、以上に見たような対外観の展開にもかかわらず、また、文久元年（一八六一）の露艦ポサドニック号による対馬占拠事件があったにもかかわらず、ロシアに対する磐渓の信頼は揺らぐことなく、彼にとってロシアは特別な国であり続けた。西洋諸国をいたずらに夷狄視せず、自国と同等に扱った点で磐渓と古賀侗庵とが共通するとは先に述べたところだが、ことロシアについて言えば磐渓は、同国を特別視せず「数多の西洋諸国の一つ」と考えていた侗庵と考えを異にしている(34)。安政六年（一八五九）十月二十八日、仙台藩は幕府から白老・十勝・厚岸・国後・択捉を下賜され、これらの防衛を命ぜられたが、その際、藩主伊達慶邦は磐渓に対して蝦夷地の開拓・防衛につき、諮問している。磐渓は漢詩人らしくこれに詩でもって応えた（四一～四二丁）。以下、その一節。

不必通情待狄鞮　　必ずしも情を通ずるに狄鞮（通訳）を待たず
化夷唯在撫黔黎　　夷を化するは唯だ黔黎（民衆）を撫するに在るのみ
隣交更要十全策　　隣交更に要す　十全の策
隔海青山是魯西　　海を隔てし青山　是魯西

蝦夷地の開拓・防衛上の要点として、アイヌを撫育することとともに挙げられているのは、ロシアとの親交を深めることであった。

文久二年の仙台移住後、磐渓は慶応二年（一八六六）に藩校養賢堂学頭、翌三年に近習に就任、藩主慶邦の側近として、あるいは奉行（家老）の但木土佐のブレーンとして藩政に重きをなした。彼の藩政への進出は藩内にはびこる攘夷論を抑えるうえで与って力があったものと思われる。そして、おそらくその磐渓の献策によるものであろう。仙台藩は藩士を箱館に派遣し、同地に滞在するロシアの宣教師ニコライのもとで学ばせている。以下に掲げるのは、慶応三年、箱館に旅立つ小野寺魯庵に贈った詩（五八丁）である。

聖人之道人情已　　聖人の道　人情に已む
能通人情是中華　　能く人情に通ぜば是中華
欲知夷狄爲禽獸　　知らんと欲す　夷狄の禽獣と為りて
狡黠欺人思乃邪　　狡黠　人を欺き　思ひ乃ち邪なるを
我聞魯西大無匹　　我聞く　魯西大なること匹《たぐひ》無く
九分世界居其一　　世界を九分して其の一に居ると
窮髪之北雖然陋　　窮髪の北　陋と雖も
樸茂成風多沈實　　樸茂風を成して多くは沈実なり
鎖國一放諸蕃來　　鎖国一たび放ちて諸蕃来り
英佛爭先利場開　　英仏先を争ひて利場を開かんとす
魯西獨在蝦夷北　　魯西独り蝦夷の北に在て

百般技藝育英才　　百般の技芸　英才を育つ
到頭國大志亦大　　到頭　国大なれば志亦大にして
欲將博衆施四外　　博衆を将て四外に施さんと欲す

磐渓は日本が「中華」たらんと欲せば、他国の人情に通じることが不可欠だという。そして、ロシアの人情については、「陋」といえども「沈実」と評した。なぜなら、開港と同時に諸外国が争って日本市場に利を得んとしたのに対し、ロシアは国土同様遠大な志をもって教育と撫民に努めたからである。彼のロシアに対する評価は嘉永七年のペリー再来以前となんら変わるところがない。

慶応四年（一八六八）、戊辰戦争が始まると、磐渓は仙台藩が発する各種の文書の起草にあたった。奉行但木土佐の名で出された箱館駐在ロシア領事ビューツォフ宛の信書（漢文）もまた磐渓の筆になるものである(35)。ビューツォフに関する評判（「往々称執事虚懐容人之徳不已」）はニコライのもとで教えを受けた「学生」から当局や磐渓の耳にも達していたようで、信書は、仙台と箱館が一衣帯水の関係にありながら、これまでよしみを通じなかったことを遺憾とし、自分（但木）に代って参政以下諸僚属を使節として派遣するので、以後、御教示いただきたいと要請している。

同年九月、仙台藩が新政府軍に降伏するにともない、それまで薩長との対決を主導してきた磐渓は、謹慎の意をこめて西磐井郡中里村（現岩手県一関市）の大槻宗家に身を寄せたが、やがて仙台に召喚され、ついで新政府の命により東京に護送されると、尋問の末、明治二年（一八六九）四月に投獄を命ぜられた。爾来、明治四年までの二年間を囹圄の裡に過ごすこととなる。この間、明治二年六月二十四日にはロシア兵によって樺太の函泊が占拠される事件が起こり、日露間では国境問題をめぐって対立が続いていたが、それらがどれほど獄中の磐渓の耳に達していたか詳らかにしえない。しかし、親露を持論とする彼にとってロシアとの国境問題が懸案事項であったことは確かであろう。

ゆえに、明治七年一月に榎本武揚が全権大使となってロシアに赴くに際しては、次のような詩（六七～六八丁）を賦して問題解決に期待を寄せた。

専對遠尋隣好盟　専対す　遠く隣好の盟を尋《あたた》むるを
節旄奉使發皇京　節旄　使を奉じて皇京を発す
折衝應有十全策　折衝　応に十全の策有るべし
不獨嵯峨連島爭　独り嵯峨連島を争はず
弟兄四海遍春風　弟兄四海　遍く春風
當日攘夷跡已空　当日攘夷　跡已に空し
一片交情無小大　一片の交情　小大無く
畏天自與樂天同　天を畏れて自ら楽を与にし天を同じうす

磐渓は榎本の遣使により、両国間のあいだに横たわる国境問題が解消され、友好関係が樹立するものと見た。そして、この彼の期待は、明治八年（一八七五）五月七日に樺太・千島交換条約締結というかたちで実現したのであった。だが、彼の頭痛の種は別のところにも存在した。それは仙台藩士にまつわるものである。戊辰戦争で仙台藩が新政府に降伏した後も、藩内には降伏を潔しとしない一派がおり、彼らは寒風沢沖に停泊中の榎本武揚率いる旧幕府艦隊に投じて蝦夷地に渡りなおも交戦を続けた。金成善左衛門・新井常之進（奥邃）もそのようななか一群のなかにあった。彼らは沢辺琢磨を通じて箱館でニコライに接触、ニコライの洗礼のもとハリストス正教に入信する。そして、これを皮切りとして、明治以後、旧仙台藩士のあいだでハリストス正教が広まり、旧仙台藩領はハリストス正教の一大拠点となった。かつて、磐渓は「献芹微衷」においてキリスト教の害悪なるを説き、その禁を解かないよう求めた

（「一開。神州元元之民。再汚異教。而滔天之禍。将復見於今日矣」）。儒者である彼にはキリスト教はどうしても相容れないものだったのである。

事はそれにとどまらなかった。ハリストス正教に入信した旧仙台藩士のなかには、小野荘八郎・笹川定吉・大立目謙吾・佐藤秀六等、自由民権運動に身を投ずる者が現れた。民権運動が求める自主自由の精神はハリストス正教の教義に通底するものだったからである。[36]磐渓が自由民権運動に懐疑的であったことは、明治七年作の「時事偶成」（七〇丁）に「忠臣義僕　跡空と成り　民選紛紜　未だ終はらず（忠臣義僕跡成空　民選紛紜未終）」と見られるところから明らかである。

磐渓の親露論はそれが仙台藩に普及するなかで旧藩士たちを彼の思惑と異なるところに導いてしまったのである。

おわりに——宮島誠一郎との比較——

以上、仙台藩儒大槻磐渓の対外観の展開過程を考察した。親露嫌英を基本線とする磐渓の対外観は父玄沢、および玄沢を取り巻く学問的人脈からの影響のもと育まれたものであった。その人脈には松平定信・古賀侗庵などのほか、工藤兵助・林子平も含まれ、仙台藩の学統が玄沢をへて磐渓にも脈々と受け継がれていたことがわかる。

磐渓の対外観は、礼・信義といった儒教的な価値観とともに、蘭学者である父の影響や砲術修行の経験から、科学技術至上主義をその根底にもっており、ペリー来航、欧米諸国との和親・通商条約締結を経て、まさに右の二つ要素を梃子として展開を遂げる。

磐渓は当初、日本の「国法」を知りながら、江戸湾内海に進出したことを無礼としてアメリカを敵視したが、再来時、アメリカが横浜村を交渉の場とする幕府側の妥協案に応じ、それ以上内海に艦隊を進めなかったことから、同国への警戒心を緩和させた。さらに、アメリカの進んだ科学技術を目の当たりにしたことで、同国は磐渓のなかで学ぶべき対象、あるいはイギリスへの防波堤と化していく。それについで、五ヶ国とのあいだで通商条約が締結されると、条約締結国であったイギリスは礼をもって接すべき相手となり、同国への敵愾心は磐渓にあって凍結されたのである。

こうした展開のなかで変化を見せなかったのは、ロシアへの特別な信頼感であった。磐渓の対外観は、玄沢やその周辺の人物の影響下にありつつも、この点で際立っていた。江戸生まれとはいえ、仙台藩に籍を置く彼は、他の列強よりもロシアを強く意識せざるをえず、書物等から得た知識をもとにロシアを提携すべき相手と見定め、ロシアとの提携を国防の根軸としたのであった。このような彼の親露論は、仙台藩政に影響を及ぼすが、それが浸透していくなかで、磐渓の意図とは裏腹に、仙台藩士をハリストス正教、そして自由民権運動へと導いていったのであった。

磐渓に限らず、当時の多くの奥羽諸藩の武士層にとって、ロシアは特別な存在であった。だが、皆が皆、磐渓のようにロシアとの提携を是としたわけではない。ここで比較対象として登場させるのは、米沢藩の宮島誠一郎である[37]。宮島は米沢藩の中級武士（五十騎組）の家に生まれた。生年は天保九年（一八三八）で磐渓より四十歳近く若いが、磐渓同様、漢学を土壌として思想を培養したものの一人である。彼は幕末期、米沢藩の周旋方として活躍し、維新後は、戊辰戦争の「朝敵」藩出身ながら、新政府に出仕し左院三等議官等諸職を歴任した。その傍ら東アジアの融和を模索した人物としても知られる。

彼の対外観の根幹をなすのは、磐渓とは対照的に嫌露である。彼のそういったロシア観はやはり父や米沢藩の先人からの影響があって生まれたものであった。後年の回想によれば、宮島は幼い頃、父からロシアの脅威につき「訓戒」をうけている[38]。また、藩校興譲館で宮島が教えをうけた窪田梨渓は、幕儒古賀茶渓について学び、茶渓がプチャーチンとの応接を命じられ長崎に下ったときには、これに従っているが、そのときの彼の日記には「異人共甚巧黠なれ共、詰り素心を顕ハし候。必竟ハ日本の御為隣交の義と申候得共、みな己を利する事也」(39)とあり、ロシアに警戒の念を抱いていたことがうかがわれる。

戊辰戦争のさなか、宮島は密かに上京し、奥羽列藩の会津謝罪歎願書を太政官に提出するという大任を果たすが、その際、木戸準一郎（孝允）・小松帯刀・後藤象二郎の三参与にあてた添状のなかで「殊奥羽者北門鎖鑰ニ御座候処、鄂羅斯、漸其虚ヲ窺ヒ幷呑之姿相見得候。万一窮濫之民、其謀ヲ通シ候時ハ、奥羽者　皇国之有ニ非ス、皇国ハ朝廷之有ニ非ス」(40)と記して、ロシアの脅威を強調し会津征討の非を訴える。

それゆえ、前述の明治二年六月二十四日のロシア兵による樺太函泊占拠は、宮島に大きな衝撃を与えた。(41)その直後、新政府が蝦夷地開拓にあたって全国に志願者を募った際、彼は米沢藩の参政に対して出願するよう進言している。意見書には「鄂羅跋扈北門之鎖鑰ハ難免、万一駸々乎蚕食内地江入込候時ハ予め覚悟も可有之、就而者吃度油断無之手配ハ肝要与奉存候」(42)とあり、蝦夷地開拓をロシアから同地を守るための急務と考えていたことがわかる。

ついで、明治五年、ロシアとのあいだに国境問題が浮上すると、この件につき正院から諮問をうけた左院大議生の宮島は、「万国の公義」に従ってカラフト島内に境界線を設けるか、雑居の権利を放棄するか、いずれかを選択すべきと回答する。(43)そこには、ロシア人が樺太アイヌや同地に滞在する日本人と通謀するのではないかという恐れが存在していた。

宮島の東アジア連携構想は、ロシアへの対抗処置という意味合いを含んでいる。宮島にとって東アジア連携の基軸となるべきは日清両国であり、ゆえに清国との対立を回避しようと努めた。明治七年に政府が台湾出兵を断行したとき宮島（当時三等議官）は左院の同僚とともに二度にわたってこれに反対する意見書を正院に提出しているが、一度目の意見書（四月八日付）の提出の際、参議の大久保利通に「清国ノ争端ヲ開キ不測ノ禍害ヲ来ス、却テ征韓ヨリモ甚シキモノアラン」と述べている。[44]台湾問題によって清国との対立が惹起することを恐れたのである。この台湾出兵について、磐渓は明治八年の漢詩「時事偶成依前韻（時事偶成前韻に依る）」のなかで「新爵の藩王 首里の宮 台湾の義挙余風を仰ぐ（新爵藩王首里宮　臺灣義擧仰餘風）」と賦しており、ここでも両者の態度が対照的であることがわかる。

明治十年に初代清国公使として何如璋が赴任すると、宮島は何をはじめ公使館員と交わりを結び、以後清国公使館と政府要人との橋渡し役を身をもって任じた。宮島は何とロシアの脅威を共有していた。明治十一年十二月一日の筆談では、ロシアが朝鮮に進出せんとしている現状に鑑み、その対策につき話し合い、結果、朝鮮に英仏との通商を勧め、朝鮮国内に英仏を入らしめることでロシアを牽制せんと決している。[45]

だが、ロシアの防波堤として期待した英仏両国やアメリカは朝鮮情勢に積極的にかかわろうとしなかった。ここに宮島は清国に朝鮮内政への積極的介入を求めるに至る。[46]こういった宮島の思惑とは裏腹に日清両国は朝鮮問題をめぐって対立を深め、それが明治二十七年の日清戦争に帰結することはもはや周知の事実であろう。このとき宮島は「清国モ馬鹿ナリ。日本モ馬鹿ナリ。鷸鷸（蚌カ）漁夫ノ利ニナルナリ」と歎いている。[47]日清の対立はロシアを利するだけだというのである。

翌二十八年、清国との戦争に勝利した日本は、賠償として遼東半島を得るものの、ロシア・ドイツ・フランスの干渉によりこれを放棄せざるをえなかった。三国の干渉で決定が覆されたことは宮島にとっても苦々しいことには違いなかったが、その一方で彼は「二十八年馬関媾和之条約を決行し而償金を奇麗にする計の事ニて他江手を出さぬ様ニせるハ今日保家の一妙手段なるべし」[48]と述べているように、清国から領土を得ることには反対の立場であった。領土割譲は清国を弱体化させ、ロシアに進出の機会を与えることになるからである。貴族院議員であった宮島は、ロシアに対抗すべく、増税により軍備を拡張することを主張し、増税に反対する衆議院と対立した(49)。

国の強弱を決するのはあくまで軍備であって、国土の大小は関係がないというのが宮島の考えであった。そういった姿勢はごく若いころから見られ、たとえば文久二年に米沢藩の奉行（家老）千坂高明に提出した意見書で「武備充実、万攻之勢を以国を守り、彼（西洋列強）か逆威を拉キ候ハヽ、元より国ニ小大無之候得ハ、自然神威ニ畏伏仕(50)」と述べている。このあたりを磐渓と比較すると、軍備の増強をもって国土を守らんとするところこそ共通するものの、国の大小を強弱と切り離して考えるところは大いに異なっている。

一〇年の時を隔てて日本が日露戦争に勝利したことで、宮島のこの論はその正当性が証明されるかたちとなった。だが、彼は「勝国ニ相成ルト妬心者出ツ」といって、日本が戦勝に浮足立つことを警戒した。ロシアを負かしたとはいえ、現在の日本はヨーロッパで「貧国」と目されているイタリアにも及ばないと認識していたのである。そして、国柄（肥沃な土地、主要産業・養蚕）も、歩んだ歴史（イタリア統一と明治維新）もよく似ていることから、植民地をほとんど持たぬ小国イタリアをまずは範とすべきだと主張する(51)。それゆえ、日露戦後、加熱する列強による清国の領土分割に追随することには否定的であった。

同じ東北の藩の武士であってもロシアの位置づけはかくも大きく異なり、それにともない対外観の展開の仕方にも多様性が生ずる。そういった対外観のさまざまなありようを個別事例を通じて探りながら、近代の東北を日本のみならず国際的環境のなかに位置づけることもまた私にとって今後の大きな課題である。

註

（1）藤田覚「鎖国祖法観の成立過程」（渡辺昭夫編『近世日本の民衆文化と政治』河出書房新社、一九九二年）、同『近世後期政治史と外交関係』（東京大学出版会、二〇〇五年）。

（2）金井圓「嘉永五（一八五二）年の和蘭別段風説書について」（『日蘭学会会誌』一三―二、一九八九年）、フォス美弥子編訳『幕末出島未公開文書―ドンケル・クルチウス覚え書』（新人物往来社、一九九二年）、西澤美穂子「ペリー来航前後の日蘭交渉―オランダ商館長クルチウスの活動を中心に」（『専修史学』三〇、一九九九年）。

（3）芳即正「島津斉彬の海外情報源」（『鹿児島県史料　旧記雑録後編2　斉彬公史料2』月報2、一九八一年）、青木美智男「ペリー来貢予告をめぐる幕府の対応について」（『日本福祉大学経済論集』二、一九九一年）、沼倉延幸「関白鷹司政通とペリー来航予告情報」（『青山史学』一三、一九九二年）、岩下哲典『幕末日本の情報活動―「開国」の情報史』（雄山閣出版、二〇〇〇年、増補版、二〇〇八年）、岩下哲典『予告されていたペリー来航と幕末情報戦争』（洋泉社新書y、二〇〇六年）等。

（4）磐渓の対外観を取り上げた先行研究としては、鵜飼幸子「大槻磐渓と開国論」（『仙台市博物館年報』六、一九七八年）、梅澤秀夫「朱子学者大槻磐渓の西洋観」（『清泉女子大学紀要』三四、一九八六年）、工藤宜『江戸文人のスクラップブック』（新潮社、一九八九年）、大島英介『大槻磐渓の世界―昨夢詩情のこころ』（宝文堂出版、二〇〇四年）等がある。

（5）大正十三年二月十一日に磐渓が従五位に叙されたときの言で、三者は「先臣は仙台儒臣にて一生を送り、国家に対し直接にさしたる功績も無之に如何なる恩典かと退て熟慮致候処、開国論の首唱其一因にもやと存候」と述べている（『磐渓先制』〈大槻茂雄刊、一九二五年〉の『献芹微衷』四九丁）。

（6）大槻如電口授・大槻文彦補言『磐渓先生事略』（大槻茂雄刊、一九〇八年）、九頁。

（7）前掲梅澤論文、三九頁。

（8）前掲梅澤論文、三五頁。

（9）松本英治『近世後期の対外政策と軍事・情報』（吉川弘文館、二〇一六年）の第三部第一章「大槻玄沢と幕府の対外政策」。

（10）前掲『献芹微衷』所収。

（11）吉田常吉・佐藤誠三郎校注『幕末政治論集（日本思想大系五六）』（岩波書店、一九七六年）、九～一八頁。

（12）吉田厚子「大槻玄沢『環海異聞』と北方問題」（『日蘭学会会誌』一四―二、一九九〇年）、四八頁。

(13) 平川新『開国への道（全集日本の歴史一二）』（小学館、二〇〇八年）、五九頁。
(14) 山添博史「江戸時代中期に胚胎した日本型「近代的」国際秩序観―寛永期から幕末にかけての対ロシア政策を通じて」（『国際政治』一三九、二〇〇四年）、一七頁。
(15) 三谷博『ペリー来航』（吉川弘文館、二〇〇三年）、三一頁。
(16) 山添前掲論文、一六、一七頁。
(17) このあたりについては、岩下哲典『江戸のナポレオン伝説―西洋英雄伝はどう読まれたか』（中公新書、一九九九年）を参照のこと。
(18) 「文鳳堂雑纂　上書部三十三」（国立公文書館「内閣文庫」二一七―三六）。
(19) 前掲『献芹微衷』所収。
(20) 同右所収。
(21) いずれも前掲『献芹微衷』所収。
(22) 「金海奇観」は早稲田大学図書館所蔵。覆製は二〇一四年に雄松堂出版から刊行。「金海奇観」については、嶋村元宏「ペリー来航に関わる情報収集活動とその伝播について―画像資料を中心に」（『神奈川県立博物館研究報告　人文科学』四一、一九九四年）、原装影印版（雄松堂書店、二〇一四年）の解説・岩下哲典「大槻磐渓編「金海奇観」と一九世紀の日本　―「金海奇観」とその世界」を参照のこと。
(23) 十三日付大槻磐渓宛岩瀬忠震書翰（早稲田大学図書館所蔵「南大曹旧蔵名家書翰集」）。
(24) 安政元年の作「偶感」（三〇丁）の注記。
(25) 田辺太一著、坂田精一訳・校注『幕末外交談』一（平凡社、一九九六年）、一四三頁。
(26) 「橋本九八郎日記」一三（東京大学史料編纂所「維新史料引継本」Ⅰほ三一六―一〇）。
(27) 手塚節蔵・工藤岩次訳、磐渓校の「彼理日本紀行」は三井文庫に、仙台藩に提出したものは宮城県図書館に原本が収蔵されており、それらの書誌的な考察は、幸田成友「ペリー日本紀行の最初の日本訳」（三田史学会『史学』二七―四、一九五四年）においてなされている。幸田氏によれば、手塚節蔵は佐倉藩の蘭学者で幕府の蕃書調所教授手伝助役を務めた手塚律蔵（のちの瀬脇寿人）の弟子で、後に律蔵の養子となり、律蔵に代わって仙台藩に仕えていたところを、磐渓に見出されて三女雪を娶されたという。

なお拙蔵（保太郎、尚志）は律蔵に代わって蕃所調所に出仕し、幕臣に取り立てられ、維新後は陸軍にあって中将にまで昇進した。

(28) 奈良勝司『明治維新と世界認識体系―幕末の徳川政権　信義と征夷のあいだ』（有志舎、二〇一〇年）、三一～三三頁。

(29) 序文は註(27)幸田論文を参照した。

(30) （文久三）年五月十一日付木村喜毅宛大槻磐渓書翰（柴田光彦監修「【史料紹介】幕臣木村喜毅あて書簡―「旧雨手簡」から」（『横浜開港資料館紀要』一一、一九九三年）。

(31) 文久二年閏八月五日付菊池渓琴宛大槻磐渓書翰（東京大学史料編纂所所蔵「菊池家文書」一五一七）。

(32) 註(30)と同じ。

(33) 東北大学附属図書館所蔵「大槻磐渓書翰集」（延四―一九六三）所収。この書翰は日付宛先ともに不明だが、なかで磐渓は、文久三年十二月十四日付の箕作秋坪書翰を抜粋し、それに朱筆で意見を加えている。

(34) 前掲奈良書、七三頁。

(35) 東京大学史料編纂所が写真を所蔵する「但木成行尺牘」（台紙付写真八一一―一〇三八六）には、それが磐渓の撰文・筆である旨、注記されている。

(36) 中村健之介監修『ニコライの全日記』一（教文館、二〇〇七年）の中村「「ロシア帰国時の日記」の註解」、三六五頁。

(37) 宮島誠一郎の対外観については拙稿「宮島誠一郎の東アジア外交構想―冊封・朝貢体制と条約体制のはざまで」（佐藤元英・武山眞行・服部龍二編著『日本外交のアーカイブズ学的研究』中央大学出版部、二〇一三年）を参照のこと。以下の日清戦争までの記述はほぼこれによる。

(38) 明治三十六年十二月二十四日付樺山資紀宛宮島誠一郎書翰（「明治卅六卅七卅八　日露大戦肝要書　樺山東郷書翰」の「乙号華山伯栗香応答」（早稲田大学図書館所蔵「宮島誠一郎文書」Ｂ八四―二））。

(39) 窪田茂遂著『長崎日記』（米沢市史編さん委員会、一九八四年）、安政六年十二月十四日条。

(40) 「戊辰日記」七之冊（前掲早大「宮島誠一郎文書」Ａ一八―七）八月十日条。

(41) 「明治二年己巳日記　乙之部　共四冊巳㈣　従七月朔日　八月九月十月十一月十二月」（前掲早大「宮島誠一郎文書」Ａ二七―一）七月六日条。

(42) 明治二年八月二十三日付米沢執政宛宮島誠一郎書翰（同右、八月二十三日条）。

(43)　明治五年正月付江藤新平・後藤象二郎宛宮島誠一郎意見書（前掲「明治卅六卅七卅八　日露大戦肝要書　樺山東郷書翰」の「甲号　樺太事件」〈前掲早大「宮島誠一郎文書」Ｂ八四―一〉）。
(44)　「球案起草」（前掲早大「宮島誠一郎文書」Ｂ三八）、明治七年二月条。
(45)　「栗香大人ト支人トノ問答録」一（前掲早大「宮島誠一郎文書」Ｃ七―一）。
(46)　「密　明治二十一年一月二十九日」（前掲早大「宮島誠一郎文書」Ｃ二八―二）。
(47)　「日清時局」（国立国会図書館憲政資料室所蔵「宮島誠一郎関係文書」一〇六三―一七）。
(48)　「記憶　丙号」（前掲早大「宮島誠一郎文書」Ｂ八〇）。
(49)　明治三十一年十一月十六日付黒田清隆宛宮島誠一郎意見書（前掲憲政資料室「宮島誠一郎関係文書」一五六―七）。
(50)　文久二年十二月付千坂高明宛宮島熊蔵（誠一郎）意見書（「愚見」〈前掲憲政資料室「宮島誠一郎関係文書」一〇六四―一〇〉）。
(51)　「明治三十年丁酉八月　伊香保鈔録」（前掲早大「宮島誠一郎文書」Ｂ七〇）。

第二章　ジャポノロジーことはじめ

――パリ外国宣教会の日本学とその背景――

ル・ルー　ブレンダン

はじめに

十三世紀末にマルコ・ポーロによって古フランス語で著された『東方見聞録』以降、日本は「黄金の国ジパング」としてヨーロッパ人の意識に現れた。一七年間モンゴル帝国の第五代皇帝（大ハーン）フビライに仕えたヴェネツィア共和国の商人マルコ・ポーロは、自身が日本を訪れたのではなく、中国で耳にしたさまざまな噂に基づいて伝説的な日本像を伝えたが、彼の『東方見聞録』が刊行後いちはやくいくつかの言語に訳されヨーロッパに普及したことによって、その日本像は広く定着していった。ヨーロッパ諸言語における日本の呼称自体の由来も言うまでもなくその書物にある。(1)

しかしヨーロッパにおける日本に対する意識が大きく変わるのは、十六世紀半ば以降のことである。一五四三年にヨーロッパ人として初めてポルトガル人数名が種子島に上陸し、一五四九年からナバラ王国出身のフランシスコ・ザビエル（一五〇六―一五五二）をはじめカトリック教の宣教師が来日し、キリスト教の布教という使命を果たすために日本語を学習し、その風俗・歴史・神話等を収集し始めた。さらにそれらの情報は十五世紀後半に発展した印刷技術によってヨーロッパへと普及していった。その代表的な産物として一六〇三―〇四年に長崎でイエズス会によって発行された著名な『日葡辞書』（*Vocabulario da Lingoa de Iapam com Adeclaração em Portugues*）が挙げられ、当初から宣教師の育成には言語学習のための道具が必要不可欠だったことを示唆している。辞書の他には、日本へ持ち運ばれた印刷機を使ってイエズス会によって刊行された「キリシタン版」と分類されている書物では、最初の日本語文法書として知られている『日本大文典』（*Arte da lingoa de Iapam*, 1604-08）も宣教師の育成のみならず日本語に関する知識の普及に重要な役割を果たした。以上のことを踏まえてまとめて言えば、日欧関係、特に文化的・知識的な面での発展には最初から宣教師が根本的に不可欠な役割を果たしたと言っても過言ではないのである。

ところが一六一〇年代になると新しく誕生した徳川幕府は国内外におけるさまざまな理由によりキリスト教を禁じる政策をとり、一六三〇年代までにカトリック教が国教であったスペイン・ポルトガル船の来航禁止、日本人の海外渡航・帰国禁止、オランダ・中国船の入港を長崎に限定することなどのいわゆる「鎖国令」を発布し、日欧関係に大きな打撃を与えた。それ以降、ヨーロッパにおいて日本語や日本の文化を知り学習する環境がかなり限定されるようになったと言っても過言ではない。しかし日本に関する情報は完全になくなったわけではなく、徳川幕府によってヨーロッパの国として唯一貿易・交流を許されたオランダを通じて流入した。その情報交換の仲介役をなしたのは、必ずしもオランダ籍とは限らない、出島のオランダ商館に何らかの役を務めた商人、医師、外交官などであったが、その中に幕府によって敵視されていた（カトリック教の）宣教師の姿は当然ながら現れなかった。

しかし日本における「キリスト教の世紀」［KOUAMÉ, 2007］と呼ばれた時代（およそ一五四九～一六五〇年）(2)の宣教師による蓄積もあり、ヨーロッパにおいて日本とキリスト教との関係がいきなり完全に切れたとは全く言えないのである。本章ではそのようなキリスト教（カトリック教）と日本、そして日本学＝ジャポノロジー（japonologie）の関係を追究したいと考える。一八三一年にフランスのパリ外国宣教会（Missions Étrangères de Paris、以下ＭＥＰと略す）がローマ教皇によって朝鮮・日本・琉球王国のカトリック教の宣教の独占権を与えられ[3]、フランス王はシャルル八世（一四七〇—一四九八）の時代から「教会の長男」と呼ばれていた背景もあり、本章ではフランスと日本（学）の関係をキリスト教というキーワードを媒介として考えたい。まずいわゆる「鎖国」時代における状況を回顧し、そのあとフランスのカトリック教の宣教師が来日し始めた一八四〇年代半ばからの日本宣教の第二の時代における活動について論じたい。

一　一八五八年までの日本関係図書について

1　データベースについて

まず日仏関係の正式な出発点とも言える一八五八年の日仏修好通商条約の締結[4]までフランス語で刊行された日本関係図書を統計的に見て、そのなかにおけるキリスト教（関係）の占める割合を調べて確認してみよう。データベースを調べる際は年代の限度をどうするかという問題が常に出てくるが、今回の場合は下限が一八五八年と比較的理解しやすい。それに対して上限に関してはそれほど簡単に決めることができないが、今回は徳川幕府が「鎖国」政策を本格的に始めた時期を含めるために一六二〇年とした。当然ながらその限度年について議論する余地があるが、約二四〇年間の長いスパンで見ると統計的に十分に相応しいものであると考えられる。

一六二〇年から一八五八年までの間にフランス語で刊行されたすべての日本関係図書を完全に把握するのはほぼ不可能であることをまずお断りしなければならない。約四〇〇年から一五〇年前に刊行された出版物がすべて保存されているとは考えにくいし、フランス語で書かれたにしてもすべてがフランスで出版されたとも限らないので、どこかで妥協せざるを得ないのである。以上のことを前提としたうえで、ここでは便宜上フランス語の書籍を最も所蔵しているフランス国立図書館のデータベースに頼り調べてみることにした。書名に「日本」(Japon)が含まれている書物(単行本)が二五九件[5]、さらに書物の情報のどこかに「日本」が含まれているものが四四件、合計三〇三件[6]がヒットした。約二四〇年の間でたったの三〇三件、つまり九ヶ月半に一冊が刊行されたに過ぎないという見方ができようが、逆に言えば日本を訪問する西洋人が非常に限られ、情報も制限された時代にそれほど日本に関する興味・関心があったという解釈もできるのではないかと考えられる。

2　日本関係図書の統計

日本となんらかの関係をもつそれらの書籍を七つのカテゴリーに分類することにした。少ない順で(日本語)言語学(七件=約二%)、貿易(一二件=約四%)、科学(一三件=約四%)、芸術(二八件=約九%)、旅行記・探検記(六三件=約二一%)、歴史・風習(六九件=約二三%)、そしてキリスト教(一一一件=約三七%)である。

言語学関係の書籍は言うまでもなく日本語の文法書や辞書類が主であるが、後述するフランスにおける日本学の先駆者の一人であるレオン・ド・ロニー(Léon de Rosny, 1837–1914)によるカタカナ一覧表、そしてフランス革命期に出された、公立東洋言語学校の創立に関する文書も含まれている。

貿易関係の書籍は主に日本との貿易を独占していたオランダ東インド会社の活動報告書である。科学関係の書籍には日本の植物に関するものが最も多いが、日本独特のネコ科の動物の描写や疫学・治療に関する書物も見られる。

芸術関係の書籍が二八件のみで比較的少ないが、「鎖国」時代に日本に対する興味が絶えず続いたことを証明する興味深い例が含まれている。というのは、日本とりわけ日本における殉教者を題材にした演劇が多く、また日本が舞台の小説もいくつか出版されているのである。それらをきちんと分析する必要があるが、おそらく日本を正確に描写するというよりは日本に対する何らかの既存のイメージ（うわさ話や偏見に基づくもの）を伝えるものであるのではないかと推測できる。

旅行記・探検記はその名の通り、オランダ商館長を務めたフランス生まれのカロン（François Caron, 1600?–1673、六件）、オランダ商館医として来日したスウェーデンのツンベルク（Carl Peter Thunberg, 1743–1828、八件）、同じくオランダ商館医として来日したシーボルト（Philipp Franz von Siebold, 1796–1866、一件）のように、日本を訪れることができた人物による日本の描写がそのカテゴリーの主たる書物である。もちろんここにはマルコ・ポーロの『東方見聞録』のように日本を訪れることはなかったが日本を描写した人物による書物も含まれている。

フランス国立図書館所蔵日本関係図書の約四分の一を占める歴史・風習のカテゴリーにはイエズス会士やケンペル（Engelbert Kaempfer, 1651–1716）のように日本に実際滞在してその歴史や風習を伝えた者もいれば、シャルルヴォア（Pierre-François-Xavier de Charlevoix, 1682–1761）やブルトン・ドゥ・ラ・マルティニェール（Jean Baptiste Joseph Breton de La Martinière, 1777–1852）のように旅行者などによる間接的な情報に基づいて日本の歴史・風習を描いた者もいる。

3　キリスト教関係図書について

最後に日本関係図書において三七％と最も多くの書籍を含むキリスト教というカテゴリーを細かく分析することとしよう。十六世紀後半ににわかに繁栄したカトリック教会にとって日本は「約束の地」のような存在となった[7]。日本に行けば必ず多くの日本人をキリスト教に改宗させることができると信じ、その使命を果たすべく宣教師が溢れた。フランス国立図書館は一六二〇年代からそれらの宣教師による書簡に基づいた書物を所蔵しているが、日本における布教の繁栄ぶりを描写するものはもっと早い段階に出版されている[8]。ところがそのような宣教師の書簡に基づく書物はキリスト教関係図書のわずか七％（八件）を占めるにすぎず、最も少ないカテゴリーである。次に多い書物はイエズス会の組織、価値観や布教活動等を紹介する『イエズス会士の実践的美徳』（*Morale pratique des Jésuites*）というもので一六八二年から一七一六年までの間一三回も刊行された（約一二％）。その次は『聖フランシスコ・ザビエルのための九日間の祈り』（*Neuvaine à l'honneur de Saint François Xavier, de la Compagnie de Jésus, Apôtre des Indes & du Japon*）で一七五〇年から一八五七年までの間一八回もフランス各地、およびケベックにて刊行され（約一六％）、さらに『聖フランシスコ・ザビエルの生涯』（*La Vie de S. François Xavier, de la Compagnie de Jésus, apostre des Indes et du Japon*）という書物が一六八二年から一八五八年までの間二〇回もフランス各地で刊行され（約一八％）、カトリック教徒にとっての聖フランシスコ・ザビエルの重要さを物語っている。それとほぼ同じく多いのは日本における教会の歴史に関する書籍（二〇件、約一八％）で、一六二〇年代から一八五〇年代まで定期的に執筆・刊行された。

ところがフランス国立図書館が最も多く所蔵しているキリスト教関係図書は、実は殉教（者）に関するもの（二三件、二一％）[9]で、カトリック教会にとってその一連の事件が一方では大きな衝撃、他方では宣教師の使命感を強める、ある意味の好機でもあったということがその数字から読み取れる。フランス国立図書館所蔵殉教（者）関係の書物の出版年を確認してみると、二つの時期に集中して刊行されていることが分かる。第一期は徳川幕府によるキリスト教の迫害＝殉教が起きてすぐの時期で、一六二四年から一六七九年までの五五年の間、延べ一九件（一二の書物）が確認できる。第二期は十九世紀に入ってからで、一八三九年から一八五四年の一五年の間、残りの延べ四件（四つの書物）が確認できる。なぜその時期に日本における殉教に対する興味が再び湧いてきたのかについては、いくつかの理由が考えられ、後述するＭＥＰの宣教師の活動と多少関係もあると言えよう。宣教師や日本人改宗者の殉教はカトリック教会にとって伝説的なエピソードとなり、十九世紀における宣教師の「約束の地」日本への再来を大きく促したのである。

その背景として、一八三一年にローマ教皇が朝鮮を使徒座代理区(10)とするにあたり、その管轄をＭＥＰに委託したことが非常に重要である。ＭＥＰの宣教師の当初の目的は朝鮮に入ることであったが、一八三九年に三人の宣教師が朝鮮王朝によって死刑に処されると、朝鮮密入国の計画は中断され［MARNAS, 1897, p. 153；BLUM, 1976, p. 42］、朝鮮使徒座代理区に含まれていた琉球王国を踏み台に日本への関心が次第に急増した。それはフランスの七月王政（一八三〇―一八四八年）の下で、極東におけるフランスの活動が少しずつ目覚めていくようになった時期と重なっているのである。ＭＥＰは言うまでもなくキリスト教の布教を最も重要な任務としていたが、フランスの影響を世界へ広めるための機関として、フランス政府から予算を与えられていたことも忘れてはならない［YAN, 2005, p. 2, p. 8］。

さらにもう一つの背景として、一八二二年にリヨンで創立された「信仰布教事業団」（Œuvre de la Propagation de la Foi, OPF）の存在なしにフランスのカトリック教の宣教師の活躍を考えることはできない。ＯＰＦは世界へのカトリック布教を援助するためにリヨンで創立された民間団体で、参加者が毎週一スーという少額の寄付金を寄付するこ

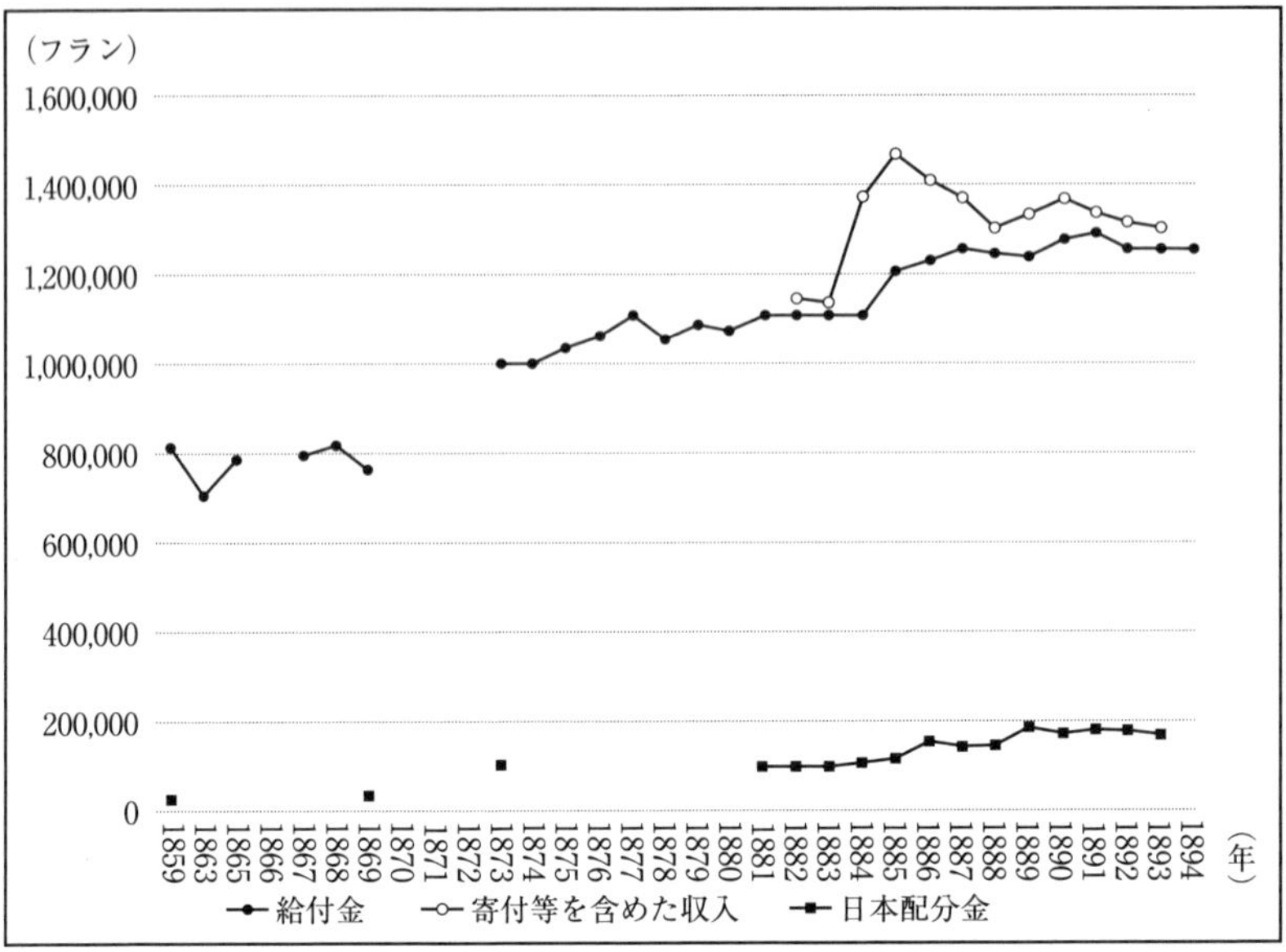

図1　MEPの総収入とOPFによる給付金の割合

と、さらに一〇人の新しい参加者を募ることで組織とその寄付金が次第に拡大していった。フランス全国の教会に寄付箱が置かれるようになるほどの規模になり、「信仰布教年報」（*Annales de la propagation de la foi*）という雑誌を刊行し、アジア等の宣教状況をフランスのカトリック教徒に対して宣伝した。そのようなOPFによって給付された寄付金なしにはアジアやオセアニア等におけるMEPの大規模な活動はありえなかったと言っても過言ではない。今のところ収集できた統計をまとめて確認すると、時期が多少遅くなるが一八八二年から一八九三年までの間のMEPの総収入におけるOPFによる給付金の割合は平均で九二％も占めているのである[11]（図1）。

　このように、カトリック教の布教の気運が盛り上がる中で、日本における殉教（者）への関心も次第に増したと考えられる。実際その変動の象徴として、日本最初のキリスト教殉教者である、一五九七年に長崎で処刑された「二十六聖人」が一八六二年に列聖されたことが挙げられる。日本再布教への道が開かれた一八四〇年代以降、実際に殉教する覚悟で来日を目指したＭＥＰの宣教師もいたのである。たとえば一八五五年二月に琉球本島に来航したメルメ・カション（Eugène-Emmanuel Mermet-Cachon, 1828-1889）の日本からの書簡を紹介する新聞紙L'UNIVERSには、メルメ・カションは「殉教することを覚悟している」[12]と明記されている。また、メルメ・カションは一八五八年九月三日付のリボワ（Napoléon-François Libois, 1805-1872、当時ＭＥＰの香港代理人＝procureur）宛の書簡に、そのようなことを意識して「日本は殉教者の地である」（« le Japon est la terre des martyrs. »）と説明している。さらに、自分たちをフランシスコ・ザビエルの後継者と考えていたＭＥＰの宣教師の書簡に「殉教（者）」という表現は比較的よく現れる記述である。たとえば一八五五年八月二十七日付、一八六二年十月二十日付、一八六五年二月十六日付のジラール（Prudence Girard, 1821-1867）よりの書簡、また一八六四年二月十三日付、一八六四年十一月九日付のプティジャン（Bernard Petitjean, 1829-1884）よりの書簡[13]に、日本における殉教者の重要さが記されている。

殉教者を覚悟のうえ、宣教師としての強い使命感を抱き東アジア、そして日本へと赴いたＭＥＰの宣教師たちの活動は実際どのようなものであったのかを分析する前に、データベースにおける日本関係図書・キリスト教関係図書についてさらに重要と考える指摘を加えておこう。日本関係図書のうちキリスト教関係図書が三七％というもっとも高い割合を占めていると前に記したが、もっと細かく分析すればその割合は四六％にまでのぼるとも言える。なぜなら、約二％（七件）を占める（日本語）言語学のカテゴリーには、ロドリゲス（João Rodrigues, 1562-1633）というイエズス会士が著した日本語文法書が二件（約二八％）、約九％（二八件）を占める芸術のカテゴリーには、イエズス会が運営する学校での日本史関係の悲劇が五件、日本殉教者に関する悲劇（うち三件は上演場＝イエズス会が運営する学校）が五件（あわせて約三六％）、約二三％（六九件）を占める歴史・風習のカテゴリーにはキリスト教の宗教者である宣教師・司祭によって執筆された書物が一六件（二三％）含まれているからである。そう考えると、やはりキリスト教・宣教師と日本に関する情報・知識との関係が非常に強いことが明らかである。そして日本への再布教が本格的になる開国時期にはその関係がさらに密接になっていくのである。

二　ジャポノロジーにおける宣教師の役割

1　フランスジャポノロジーの確立

第一節で見たように、いわゆる「鎖国」時代にフランスにおいて日本に関する情報、知識、書籍がまったくなかったわけではない。しかし日本語を学習しようとするとなると、話は別である。フランス国立図書館にすべての日本関係図書が保管されているとは思えないということを再びお断りするが、それにしても日本語学習のための図書は、管見のところロドリゲスによる文法書（二件）、和仏英辞典（二件）、そしてカタカナ一覧表（一件）と日本で刊行された日本語（漢語）の辞書に関する解説（一件）という状況で、極めて乏しいと言える。一言でまとめれば、日本語学習に役立てるような書物は極めて珍しかったと言っても過言ではない［佐藤、一九七二、二一―二三頁］。そのような状況において、当然ではあるが一八五〇年代までフランスに日本語を研究する者はいなかったと考えられる。ところがペリーが率いる米艦隊の二度の来航によって日本が「開国」され、一八五八年に日仏修好通商条約が締結されると状況が変わり、一八六三年にパリにある帝国東洋語学校（École impériale des langues orientales vivantes）において日本語講座が新設されるようになる。その時に問題となったのは、その日本語講座の担当教授の採用であったが、日本語の専門家がいないはずの状況の中で二人の候補者が現れた。

一人目はレオン・パジェス（Léon Pagès, 1814-1886）という人物である。一八四七年から一八五一年まで外交官として北京のフランス公使館で勤務したパジェスは、聖フランシスコ・ザビエルと日本におけるキリスト教の布教史に興味を持ち日本研究の道を歩み始め、一八五五年に『聖フランシスコ・ザビエル書簡』（*Lettres de saint François Xavier*）の翻訳を出版した。以後、一八五九年に『日本関係図書目録』（*Bibliographie Japonaise*）、一八六一年に最後のオランダ商館長ドンケル・クルティウス（Janus Henricus Donker Curtius, 1813-1879）の『日本文法試論』（*Essai de grammaire japonaise*）のフランス語訳、一八六二年に『日本二十六聖人殉教記』（*Histoire des vingt-six martyrs japonais dont la canonisation doit avoir lieu à Rome le jour de la Pentecôte 1862*）、一八六二年から一八六八年のあいだに『日葡辞典』（一六〇三年長崎刊）とそのスペイン語版の『日西辞典』（一六三〇年マニラ刊）を訳した『日仏辞典』（*Dictionnaire japonais-français*）など、数多くの日本関係図書を刊行した。

もう一人の「日本研究の先駆者」［佐藤、一九七二］で帝国東洋語学校日本語講座の教授候補者はレオン・ド・ロニーという人物である。コレージュ・ド・フランスにおいてジュリアン（Stanislas Julien, 1799-1873）のもとで中国語研究に没頭していたロニーは、何らかの興味関心によって独学で日本語を研究し始めた。語学の天才とも言える彼は一七歳という若さで日本語に関する最初の著作である『日本語研究に必要な主要な知識の概要』（*Résumé des principales connaissances nécessaires pour l'étude de la langue japonaise*, 1854）を著し、それ以降数多くの書物を世に残した。(14)(15)興味深いことに、一八六二年に文久遣欧使節（竹内下野守保徳正使）の通訳官を務めた福沢諭吉など、実際に日本人と交流することができた。パジェスとは違って実際に日本人と交流し自分の日本語力を試すことができたおかげなのか、結局日本語講座担当教授に任命されたのは二〇歳も年下のこのロニーであった。

この二人の「日本研究の先駆者」の重要な共通点として、中国研究から日本研究へと転換していったこと、教員もおらず教科書もほぼ存在しない環境で独学で日本語を学習したこと、そして来日の経験がないことが挙げられる。ところが、もう一つの重要な共通点も実は存在する。それは、フランスにおけるジャポノロジー（日本研究）にとって重要な位置を占めるこの二人の人物が日本に関する情報をどのようにして入手できたのかという問題に関わる点である。

2　宣教師の台頭

ロニーが新設された帝国東洋語学校での日本語講座担当教授として一八六三年に採用される二〇年も前から、フランス人は実地に日本語に接する機会を有していた。それは薩摩藩を介して日本の実質的な支配下に置かれていた琉球王国での一八四四年四月二十八日の出来事である。その日、ＭＥＰの宣教師フォルカード（Théodore Forcade, 1816-1885）が琉球に渡り、フランス海軍の圧力のもと、琉球王府に滞在を半強制的に認めさせたのである。その日を境におよそ二〇〇年ぶりにカトリック神父による「日本」との直接の接触が行われた。その背景にすでに述べたように、一八三一年に朝鮮使徒座代理区の設置とその直後の朝鮮におけるキリスト教徒に対する迫害があったことは間違いなく、その結果朝鮮使徒座代理区に含まれていた琉球王国が日本進出への踏み台として位置付けられるようになった。ＭＥＰの宣教師の琉球王国での滞在を「日本」との直接の接触とすることについて、異論を唱える声が上がるだろう。清国と日本との間に位置し両国の二重支配下にあった琉球王国はフランス海軍に絶好の場所と見られていたが、フォルカードをはじめとするMEPの宣教師が琉球を「日本」の一部と認識していたに違いない。香港に戻ったフォルカードは、「教科書も教師もないまま二年間も苦労して学習した琉球の言語は」「ただ単に日本語だと完全に信じていた」(16)のであり、一八五五年二月に琉球に渡ったメルメ・カションもこう主張している。琉球の人々は「日本人ではないことを我々に納得してもらうことを諦めている」。さらに、「我々を騙すのにこの民族が余計に努力しているのは私の意見では、その日本に対する完全たる服属を表すもう一つの明らかな証拠なのである。[17]」事実上の二重支配より、宣教師は布教の再開を期待していた日本との関係を重んじ、つまり日本による支配を重視したと解釈できるのである。

一八四〇年代に入って現れ始めた琉球への宣教師の派遣計画は実はセシーユ海軍准将（Jean-Baptiste Thomas Médée Cécille, 1787–1873）により発案されたもので、彼はマカオにおけるパリ外国宣教会代理人であったリボワに対して一人の宣教師を琉球に派遣する案を出した。その狙いはどちらかというとキリスト教の布教というより明らかに言語（日本語）の習得と通訳の育成であった［MARNAS, 1897, p. 94 ; BLUM, 1976, p. 5］。実際、阿片戦争後にセシーユ海軍准将の艦隊の庇護のもと清朝と交渉を行ったド・ラグルネ（Marie Melchior Joseph Théodore de Lagrené, 1800–1862）特命全権大使は一八四四年十月にフランスと清朝との間に黄埔（Huangpu）条約を締結したが[18]、その際の通訳は一八四二年までパリ外国宣教会に所属していたカルリー（Joseph-Gaëtan-Pierre-Maxime-Marie Callery, 1810–1862）という人物であったのである。ここで通訳としての宣教師とフランス海軍・外交官とのつながりが既に窺える。しかし中国語を操ることのできる宣教師が当時何人かいたのに対して、日本語を話せる者は未だ一人もいないという状況であった［BLUM, 1976, p. 6 ; BEILLEVAIRE, 1999, p. 6］[19]。

そもそもなぜ宣教師は通訳の育成の対象となったのだろうか。言語に対する宣教師の特徴・特権は何だろうか。簡単にまとめてみれば宣教師には言語学習の面で言うと主に二つの特徴があると言える。まず、宣教師の目的、強く言えば使命は言うまでもなくキリスト教の布教、異教徒の改宗であり、その目的・使命を果たすために異教徒に福音等を唱え説得しなければならず、そのための唯一の道具・武器は相手の言葉であるので、その言葉を勉強して自由に使えるようにしなければならなかったのである。「言葉が話せなければ、宣教師の仕事は無駄である。布教というのは話の技法なのである。教義を説明し、(中略) それを実践に移さなければならないのである」[20] [VILLERBU, 2007, p. 22]。フュレ (Louis Furet, 1816–1900)[21] 一八五五年二月二十六日から同年五月七日まで、そして一八五六年十月二十六日から一八六二年十月十二日まで琉球に滞在したが、最終的に帰国せざるを得なかったのは、一つに、自分でその神の教えを伝えるのに十分な日本語能力を得ることができなかったからだと考えられ、宣教師にとっての言語学習の重要さを窺うことができる。要するに宣教師には宣教地の言語・風習等を研究・習得する必要があったのである。

そして第二に、宣教師には時間的にも経済的にも言語を学習する余裕があった。布教という目的・使命 (本業とも言える) を果たすための重要な準備である言語の学習は宣教師の「育成過程」(副業) として考えられ、MEPはその準備を惜しまず、きちんと行ったのである。特に琉球、そして一八五八年の日仏修好通商条約の締結以降日本本土に滞在できた宣教師の場合は、キリスト教の布教は事実上無理だったので、日本語学習 (そしてフランス語教授) や日本に関する研究が彼らの主な活動になったのである。このようにMEPの宣教師は大学のようなオフィシャルな教育施設とは別のルートで、しかも現地で日本語を学習する機会と環境に恵まれ、著しい成果を出した者も少なくなかった。最後に付け加えておくと、一般人がなかなか教育を受けることのなかった十九世紀半ばのフランスでは[22] [PLESSIS, 1973, p. 133–135]、神学校に通う宣教師がきちんと教育された者であったということももう一つの興味深い特徴と言えよう[23]。

3 宣教師の学習・研究成果——通訳——

(1) 琉球と戦艦における通訳活動

当初から日本語学習と日本研究を重要な任務とし、その後それを唯一の活動とせざるを得なくなったMEPの宣教師は一八四〇~五〇年代の琉球滞在を経て、一八五八年以降日本本土のすべての開港地に居留することとなった（表1）。宣教師の日本語学習の最初の重要な成果の一つは、清国における状況と同様に通訳としての活動であった。実際、セシーユ海軍准将による、日本語を学習するために琉球へ宣教師を派遣するという計画の真の狙いは、近い将来に日本が開国したときにその当局と交渉するための通訳の育成であった［MARNAS, 1897, p. 95］。つまり琉球で日本語を覚えた宣教師を日本本土へ連れて行ってその知識・技能を利用するということであった。そのため、フォルカードが「王国通訳」[24]という肩書きを授けられ琉球に滞在したのである［MARNAS, 1897, p. 100］。しかしその通訳としての活動が非常に短かったのも事実である。[25]

一八四八年八月末から一八五五年二月上旬のあいだ琉球に滞在するMEP宣教師はいなかったが、一八五四―五五年に日米・日露・日英和親条約が結ばれ日本の開国が本格化すると、フランス海軍（＝フランス政府）もMEPもその波に乗ろうとした。一方では、一八五四年はクリミア戦争が始まる年でもあり、フランス海軍の戦艦が戦争に参加することとなり、東アジアの海で敵国ロシアの戦艦を追跡し始めた。そのような状況で、一八五五年二月からジラールとメルメ・カションとともに琉球に滞在し始めたフュレは、日本語能力がまだ十分とはとても言えないにも拘らず、ラゲール海軍准将（Adolphe Laguerre, 1792–1862）の命令に従い、同年五月に通訳として海軍大佐シモネ・ド・メゾンヌーヴ（Simonet de Maisonneuve, ?–?）が率いる軍艦に乗り組み、ロシア船を追跡するために北方へと赴くこととなった。[26]その遠征のもう一つの目的は、開港したばかりの箱館を見学することでもあったが、他のフランスの軍艦と合流するためまず長崎方面へ向かった。そこでは誰も上陸ができず、戦艦は箱館の方へ出帆したが結局フュレは香港に戻らざるを得なくなった。[27]

しかし翌一八五六年四月に、箱館に行く機会が再び訪れた。もう一度ロシア船を追跡するという目的であったが、

表1　日本関係宣教師の滞在地

宣教師名(仏)	宣教師名(日)	年代(明治元年まで)		主な滞在地
		始	終	
Libois	リボワ	1837	1847	マカオ
		1847	1866	香港
Forcade	フォルカード	1843.8	1844	マカオ
		1844.4.28	1846.7.17	琉球
		1846	1847	長崎湾，朝鮮海岸，寧波，マニラ，香港，安南
		1847.6.28	1848.5.17	イギリス，フランス，ローマ
		1848.9.12	1851	香港
Leturdu	リュトゥルドゥ	1845	1846	マカオ
		1846.5.1	1848.8.27	琉球
		1848	1850	香港
		1850	1861.7.15	広東(没)
Adnet	アドネ	1846.9.15	1848.7.1	琉球(没)
Girard	ジラール	1848	1855.2.9	香港，広東
		1855.2.26	1858.10.26	琉球
		1858	1859	香港，上海
		1859.9.6	1862	江戸
		1862	1863	香港，シンガポール，パリ，ローマ
		1863.7.10	1867.12.9	横浜，長崎(没)
Mounicou	ムニク	1848.9.12	1856.4.6	香港
		1856	1856	箱館(5月20～25日)，韃靼，樺太，対馬，朝鮮，上海
		1856.10.26	1860.10.27	琉球
		1860.11.5	1868	横浜
Furet	フュレ	1853.10.25	1855.2.9	香港
		1855.2.26	1855.5.7	琉球
		1855	1856.4.6	長崎湾，上海，香港
		1856	1856	箱館(1856年5月20～25日)，韃靼，樺太，対馬，朝鮮，上海
		1856.10.26	1862.10.12	琉球
		1862.10.22	1864	横浜，長崎
		1864.12.2	1866.2	フランス
		1866.4.1	1866	香港
		1866.5.7	1868	長崎，横浜，横須賀
Mermet (Cachon)	メルメ(カション)	1855	1855.2.9	香港
		1855.2.26	1856.10.27	琉球
		1856	1857	香港，上海
		1858.9.25	1858.10.26	江戸
		1858	1859	上海，香港
		1859.11.25	1863.6	箱館
		1863.8	1864.11.19	フランス
		1864.1	1864.4	香港，上海
		1864.4.26	1866.10.17	横浜，江戸
Rousseille	ルセイユ	1856.1.23	1860	香港

Petitjean	プティジャン	1860 1860.10.26 1862.10.22 1863. 8 1866.10 1866 1866.12. 2	1860 1862.10.12 1863 1866.10 1866 1866 1868	香港 琉球 横浜 長崎 香港，広東 江戸，横浜 長崎
Laucaigne	ロケーニュ	1863 1863 1864.11	1863 1864.11 1868	上海 横浜 長崎
Armbruster	アームブルステール	1865 1866	1866 1868	長崎？ 箱館？
Cousin	クーザン	1866. 5 . 7	1868	長崎
Marin	マーラン	1866. 5	1868	横浜
Poirier	ポワリェ	1866	1868	長崎？

MEP 資料，Marnas 等に基づいて筆者作成.

病気のため箱館に上陸させられた数人の船員を迎えに行くという理由もあった。このときは、フュレとともに、一八四八年九月から香港に滞在し中国語と日本語を勉強していたムニク（Pierre Mounicou, 1825-1871）が通訳という肩書きで二隻の軍艦に乗船し、箱館へ出帆した［MARNAS, 1897, p. 274；BLUM, 1976, p. 18］。箱館で通訳として活動できたかどうかについては情報が少ないが、とにかく日本人と直接に会話をすることができたようである［BLUM, 1976, p. 17］。また、箱館を離れて朝鮮海岸を航行したムニクは、朝鮮人が軍艦に乗船した際や、自分が朝鮮海岸の村々に上陸した際に、幾度も通訳として活躍できたことが窺える。(28) ここではもちろん日本語ではなく、香港で八年間も学習してきた中国語を使って通訳していたことと推測できる。ムニクは「中国語はその人々と話し合う唯一の手段である」(29)と証言しているのである。ちなみにフランスの軍艦には中国人の通訳もいて、彼にも通訳する機会があったようである［BLUM, 1976, pp. 36, 37, 38, 44, 45, 49］。その後琉球に滞在したフュレとムニクは、一八五九年の春に、もう一度通訳を務める機会があった。それは、琉球王国と条約を結びに来たオランダの使節に通訳がいなかったため、宣教師の援助が求められた時であった［MARNAS, 1897, p. 420；BLUM, 1976, p. 60］。

（2）　日仏修好通商条約における通訳活動

一方では、宣教師の通訳としての最初の真の成功と言えるのは、メルメ・カションによる活動であった。一八五五年二月からジラールとフュレとともに琉球に滞在し始めたメルメ・カションは一八五六年十月末に香港に呼び戻された。その理由は、近いうちに始められるだろうと思われていた日本との交渉の際に、日本語をある程度マスターするようになったメルメ・カションをフランス使節の通訳として利用することができると考えられていたのである。(30)フランスは、東アジアで勢力を拡大しつつあった他の西洋列強（イギリス、アメリカ、ロシア、そしてオランダ）と比べて日本に対して明白な外交政策を未だに実行できず、右の四つの西洋列強と違って一八五八年までは日本と条約の交渉を全く行っていなかった。しかし一八五六年に始まった第二次阿片戦争が一八五八年の天津条約(31)が結ばれることによって終結し、そのような状況になると、ナポレオン三世政府によって東アジアへ派遣されたグロ特命全権大使（Jean Baptiste Louis, Baron Gros, 1793–1870）が日本に外交交渉の場を移すことができるようになった。そこから、香港で日本人の漂流民の協力を得て「日本語の生徒から先生になり、香港総督の書記官に授業をする」(32)ことができるほど日本語が上達していたメルメ・カションの出番になった。

フランスの使節が日本で条約を交渉する計画はすでに一八五七年に立てられ、メルメ・カションはそのための通訳を務めるはずであった。しかし、一八五五年十一月二十四日に締結された「琉仏修好条約」の調印者でその計画を実行するはずであったゲラン海軍准将（Nicolas-François Guérin, 1796–1877）がフランスに召還されたため、メルメは香港にさらに滞在せざるを得なかった。(33)とにかくメルメが日本との条約の交渉に通訳として参加することが少なくともこの時期から決まっていたようで、一八五八年四月の時点で「グロ男爵とともに日本に行くはずのメルメ氏はいつここ［香港］を出発するのかがまだ分からない」(34)というようにリボワがＭＥＰ会長にその状況を報告した。清国での状況がまだはっきりしないまま日本への使節の派遣が先送りされたが、天津条約の締結後グロ男爵は七月十三日に上海で待機していたメルメを訪れ、通訳の役割についてこう話したという。

« Eh bien, dit le baron, vous sentez-vous assez fort pour servir d' interprète dans un traité, un traité est une grosse affaire. Il faut se disputer longuement. D'ailleurs savez-vous le Chinois. Car je sais qu'une copie de tous les actes avec l'Etranger est ecrite (sic) en chinois. » - « Excellence je ne sais pas assez le Chinois pour le lire facilement, à plus forte raison pour composer. Quand (sic) au Japonnais (sic) je le parle assez facilement et lis les livres du Japon comme les livres de notre langue. »[35]

（和訳）「それでは、条約締結において通訳を務めるにたるほどの毅然さが自分にあるとお思いですか、条約［交渉］というのは、大きな問題ですよ。長々と議論しなければいけないのですね。ところで中国語がお分かりですか。というのは、日本で外国との間に交わされる全ての公文書に対して中国語で書かれた写しがついてくるのを知っているのですよ。」「閣下、中国語は、簡単に読めるわけでもなく、なおさら文章が書けるほど知っているわけではありません。しかし日本語に関しましては、割りと容易に話せますし、日本の本を我々の言葉で書かれた本と同じように読めます。」

この史料からメルメ・カションが日本語が非常によく話すことができ、さらに本も簡単に読めることをグロ男爵に主張したことが分かる。メルメ・カションは一八五八年九月六日に上海を出帆した三艘のフランス帝国海軍の軍艦に、グロ男爵が率いる使節の「新しい通訳」[36]として乗船した［MOGES, 1860, p. 282］。その使節は「グロ男爵閣下、秘書のコンタード子爵、補佐役《attachés》の方々と使節の通訳である小生によって構成された」[37]ものであった。フランスの使節は九月十四日に下田に到着し、新設された外国奉行との困難な交渉を経て、十月九日（安政五年九月三日）に日仏修好通商条約を締結した。その交渉は他の西洋列強の場合とは違って主に日本語で行われ[38]、メルメ・カションは「太陽の帝国

［日本］で（中略）言語学者としてとてつもない評判」を得て「大きな男爵《グロ》と多くの人々に感服された」[39]と友人の宣教師ルセイユ（Jean Joseph Rousseille, 1832-1900）に伝えた。時代が下るが一八六四年五月にメルメ・カションは第二次駐日フランス全権公使レオン・ロッシュ（Léon Roches, 1809-1901）に採用されフランス公使館で翻訳・通訳を担当することとなり[40]、さらに一八六六年七～九月に通訳として幕府とイタリア政府との交渉に参加した[41]。一八六四年の時点でロッシュという外交官がフランスにいる日本研究の専門家ではなく日本での滞在歴の長い宣教師を通訳として選んだのは、やはりその言語面での実践的な能力と知識を高く評価したからに他ならないと考えられる。

日本開国期にフランス外交界とＭＥＰ宣教師との関係は非常に密接だったことが、もう一つの事例から読み取れる。一八五八年の日仏修好通商条約によってフランス公使が江戸に駐在することを許され、公使館に日本語ができる通訳を置く必要が生じたが、その任務は改めて宣教師に要求されたのである。一八五七年六月十五日にＭＥＰ日本宣教団長（Supérieur de la mission du Japon）に任命されたジラールは、一八五八年十月二十六日に琉球を出発し、リボワと相談するために香港へ赴いた。そこで最初の駐日フランス総領事（Consul général、一八六一年に全権公使Ministre plénipotentiaire）に任命されたデュシェーン・ド・ベルクール（Gustave Duchesne de Bellecourt, 1817-1881）が通訳として宣教師を必要としているという書簡が届いた［MARNAS, 1897, p. 336］。総領事の特権として、江戸に駐在することのみならずさらに全国を旅行することも許可されていたので、ジラールは宣教師としてその特権を有利に利用できると考えた。その結果フランス総領事の通訳を自ら務めることを決めたのである。ジラールは一八五九年九月六日に江戸に到着し、フランス総領事付き通訳として多忙な日々を過ごすこととなった[42]。

上記のように、一八四〇～五〇年代の日本開国前後に琉球そして日本本土に滞在したＭＥＰ宣教師はほぼ全員、なんらかの形でフランスの海軍や外交官に通訳として奉仕したことが分かる。それは日本語が話せるフランス人が他にいなかったからだけでなく、宣教師の日本語能力の水準の高さによる結果でもあったと言っても過言ではない。ところが使命であったキリスト教の布教を許されず、日本語を学習することを必要不可欠とされていた宣教師は通訳とは違う形でもフランスの日本研究に大いに貢献した。

4　宣教師の学習・研究成果——書物——

繰り返しになるが、宣教師という特別な身分の特徴・特権として、宣教地の言語と文化を学ぶ時間的・経済的な余裕がある程度与えられていたことが挙げられる。日本において布教することを許されなかった開国期の宣教師は、たとえて言えば一定の研究費を享受できる研究者に化せざるを得なかったとも言えよう。その研究成果は、上記のように通訳活動という目に見えない形で現れたが、目に見える産物である出版物としても世に出たのである。フランス国立図書館とMEP資料館のデータベースに基づいて著者が作成した表2から、一八四〇年代から一八六〇年代前半まで琉球・日本本土に滞在した宣教師の大多数が書物を残していることが読み取れる。書物そのものを書いたのではなく個人の書簡が刊行された宣教師もおり、宣教師によって量的・質的な違いもあるものの、一八四九年から一八七〇年までの二〇年間を通じて五人の宣教師によって一六冊もの出版物が残されているという事実は非常に興味深いものである。(43) 一九一七年にMEP宣教師のパピノ（Jacques Edmond Papinot, 1860-1942）がまとめた『日本における外国宣教会の宣教師、そして日本人司祭によって出版された図書目録』（*Liste des ouvrages publiés par les missionnaires des Missions étrangères au Japon et par les prêtres japonais*）を確認してみると、統計が多少ずれ、一八四〇年代と一八五〇年代には一冊も現れず、一八六〇年代にはたったの三冊という結果になっている。(44) ちなみに一九一七年の時点でMEP宣教師（と日本人司祭）によって刊行され右の図書目録に記載された書物はなんと三二八冊にものぼり、宣教師の

出版社	体裁	内容・備考	和訳
Paris Revue orientale et américaine			
Paris J. Rouvier	In-8° 28 p. Carte	松前海峡(1856年6月5日付の書簡)／東韃靼バラクータ湾(1855年7月12日付の書簡)／樺太西海岸ジョンキエール湾，対馬東海岸サカ湾(1856年7月26日付の書簡)／バラクータ湾略図／ジョンキエール湾の住人の数語(サカリェン又は樺太)	
Paris Annales de philosophie chrétienne	16 p.	パリ外国宣教会司祭フュレ神父による初めてのフランス語訳	
Paris Revue orientale et américaine	6 p.	右雑誌(『東洋およびアメリカ誌』)編集長レオン・ド・ロニー氏宛の書簡	
Paris Revue orientale et américaine	p. 234-235		
Paris Maisonneuve	1 vol. IV-120 p. in-12	ルーチュー［琉球］大島(日本海)(香港より1855年10月12日付の書簡)／ルーチューの文人(那覇より1858年6月1日付の書簡)／ルーチューでの遠足(那覇にて1858年6月25日付の書簡)／松前海峡(1856年6月5日付の書簡)／東韃靼バラクータ湾(1855年7月12日付の書簡)／樺太西海岸ジョンキエール湾，対馬東海岸サカ湾(1856年7月27日付の書簡)／日本哲学の教科書／ジョンキエール湾の住人(サカリェン又は樺太)の語彙集／箱館アイノの語彙集／ヤック族の語彙集／ブロートン湾の朝鮮語彙集／ルーチュー語：日曜の祈り(発音に沿って)	△琉球
Paris Revue orientale et américaine	5p.	那覇にて1861年9月12日の書簡	
Paris Églises d'Asie	1 vol. V-248 p. ill. ; 24 cm	Furetの書簡集	
Hongkong	22 cm	琉球に関する1849年1月27日付の書簡	
Lyon Annales de la Propagation de la Foi		大リェウキェウ那覇港にて1855年2月25日付の書簡	
Paris (?) Annales de la Propagation de la Foi	9 p.	ルーチュー那覇にて1856年10月26日の書簡	

表2　幕末期に於けるパリ外国宣教会所属宣教師による日本関係出版物

著者	他著者	題　　　目	年
Furet, Louis		Sur la grande île Lou-tchou 「ルーチュー［琉球］大島について」	1854
		Lettres à M. Léon de Rosny sur l'archipel japonais et la Tartarie orientale 「レオン・ド・ロニー氏に宛てた，日本列島と東韃靼に関する書簡」	1857
	Bonetty, A de Rosny, Léon	Manuel de philosophie japonaise (Sin-kagami-gousa) 「日本哲学の教科書(新鏡草)」	1858
		Les Iles Lou-tchou: un château-fort, le marché de Nafa 「ルーチュー諸島，要塞，那覇の市場」	1859
		Dialectes japonais-loutchouans 「日本-ルーチューの方言」	1860
	Cortambert, E.	Lettres à M. Léon de Rosny sur l'archipel japonais et la Tartarie orientale 「レオン・ド・ロニー氏に宛てた，日本列島と東韃靼に関する書簡」	1860
		Iles Lou-Tchou. La femme loutchouane. - L'origine du Japon 「ルーチュー諸島　ルーチューの女性　日本の起源」	1862
	Beillevaire, Patrick	Un missionnaire aux îles Ryûkyû et au Japon à la veille de la restauration de Meiji 「明治維新の前夜に琉球諸島と日本に滞在した宣教師」	1999
Le Turdu, Pierre		A Messieurs les membres du Conseil central de Lyon 「リヨン中央委員会の方々へ」	1849
Mermet (de) Cachon, Eugène-Emmanuel		Lettre de M. Mermet, missionnaire apostolique au Japon, à MM. les Directeurs du Séminaire des Missions-Etrangères à Paris 「駐日本宣教師メルメ氏によるパリ外国宣教会神学校校長宛の書簡」	1855
		Lettre de M. Mermet, missionnaire apostolique, de la Congrégation des Missions-Etrangères, à M. Albrand, supérieur du séminaire de la même congrégation, à Paris' 「パリ外国宣教会宣教師メルメ氏によるパリ外国宣教会神学校校長アルブラン宛の書簡」	1857

Paris' Mesnel	20 p. in-8	その人種／元々韃靼(＝タタール)人である／性格の相違／その宗教／その住居／調度／家具／食べ物／原史的な料理／衣服／女性の衣服／刺青／刺青の意義／刺青の起源／女性の醜さ／琉球人における刺青の起源／一夫多妻制／アイヌ女性の評判／それに関する逸話／どうやって結婚が決まるか／宣誓／結婚の儀式／妻の誠実に対する試練／母性愛／子供の誕生／母の妊娠が確認される／その際の祝辞と願い事／学校と文学の欠如／伝統／霊感を受けた詩人／それに関する逸話／アイヌの起源／それに関する日本人の意見／アイヌの言語／葬儀／泣かせる道具／裁判の証書／ブスという魚／この魚の危険さ／狩猟／熊狩り／漁業／どうやってそれに備えるか／イェゾ(＝蝦夷)島は魚が多い／コボウ鮑／オトシェ／毛皮／舞踊／熊の生けにえと神格化／熊の誕生／その教育／熊に対する演説／乳母の歎き／祭壇	拙稿
Milano Tipografia del pio instituto di Patsonato	in-8 pp. xii-48	駐日フランス公使館附通訳官メルメ・ド・カションによる上垣守国の日本語作品の仏訳から，イジドーロ・デローロによる伊訳／ロンバルディア農業協会によって出版	原本
Paris Didot	In-8° VIII-440 p.	第1巻(AからEまで)	
Saint-Marcellin (Isère) J. Vagnon	48 p. in-8	イジドール・デローロによる日本での蚕の養成に関する私見／上垣守国の日本語文からメルメ・ド・カションによる仏訳／仏語版からイジドール・デローロによる伊訳／イタリア語からペクールによる仏訳 そもそもメルメによる翻訳かどうかは疑問	原本
Paris B. Duprat	30 p. in-8	第1巻，第2巻，第3巻(ヤマト・ユアレ・ヒコ天皇もしくはテン・ウオ・シン・ム［神武天皇か］	
Hongkong	p. 10-22, 68-79, 132-143, 197-208, 268-279	*Bulletin de la Société des Missions-Étrangères de Paris*(『パリ外国宣教会会報』より)	
Tokyo Asiatic Society of Japan	103 p. 21 cm	*The Transactions of the Asiatic Society of Japan* (3rd ser., v. 13) 上記の英訳	
Romae Typis S. C. de Propaganda Fide	750 p. in-4°	1595年天草にてイエズス会によって出版された羅葡日辞典の再編	

Mermet (de) Cachon, Eugène-Emmanuel		Les Aïnos : origine, langue, moeurs, religion 「アイノ　起源，言語，風習，宗教」	1863
	Ouëkaki, Morikouni Dell' Oro, Isidoro	Il modo di allevare i bachi da seta al Giappone 「日本における蚕の養成」	1865
	Pagès, Léon	Dictionnaire français-anglais-japonais 「仏英日辞書」	1866
	Ouekaki, Morikouni（上垣守国）Dell' Oro, Isidoro Pécoul, L.-N.	De l'éducation des vers à soie au Japon 「日本における蚕の養成」	1866
Mounicou, Pierre	Pagès, Léon	Mythologie japonaise 「日本の神話」	1863
		Autour de l'impénétrable Japon : Journal du P. Mounicou (1856-1864) 「近寄れぬ日本の周辺へ　ムニク神父の日記（1856～1864）」	1927
	Blum, Paul C.	Father Mounicou's Bakumatsu diary 「ムニク神父の日記」	1976
Petitjean, Bernard		Lexicon latino-japonicum 「羅日辞典」	1870

フランス国立図書館，MEP 資料館等の情報に基づいて筆者作成.

Vocabulaire aïno

de Hakodadé

Ciel.	*Rikta.*
Etoile.	*Notch.*
Nuage.	*Nich.*
Tonnerre.	*Kanna-Kamoui.*
Vent.	*Ira.*
Pluie.	*Apto.*
Neige.	*Oubach.*
Hiver.	*Mata.*
Feu	*Ountchi.*
Eau	*Wakka.*
Océan	*Rour.*
Mer	*Atouï.*
Ile	*Chiri*
Montagne	*Kimoro.*
Rivière	*Pet.*
Cours d'eau	*Ouchi.*
Homme	*Chicham, gourr.*
Tête	*Chapa.*
Joues	*Noutakam.*

112　VOCABULAIRES.

OEil	*Chik.*
Nez	*Itou.*
Bouche.	*Tchara.*
Dents.	*Ima.*
Epaule.	*Tapka.*
Poitrine.	*Chambi.*
Main	*Tek.*
Pied.	*Tsikirr.*
Chair.	*Kam.*
Sang	*Kem.*
Cœur	*Chambi.*
Ame.	*Ram.*
Bon	*Pirka.*
Maison	*Koutcha.*
Papier.	*Kambi.*
Arc.	*Gou.*
Ours.	*Ogouyouk.*
Chat.	*Nigo.*
Chien.	*Chita.*
Plante	*Mouni.*
Pierre.	*Chouma.*
Or.	*Koukani.*
Argent.	*Chrogani.*
Cuivre.	*Fourigani.*

図2　フュレによるアイヌ語単語集（1860年）

活動の旺盛さを物語る。

宣教師が著した日本関係書物はさまざまな分野に及んでいる。日本語学習が死活問題なので言語学に関する書物が当然確認できるが、興味深いことに宣教師の興味関心は日本語にとどまらなかった。フュレは「日本・琉球の諸方言」（Dialectes japonais-lou-tchouans, 1860）と「琉球語―日曜日の祈り（発音に沿って）」（Langue Lou-tchouane - Oraison dominicale (suivant la prononciation), 1860）を著し琉球諸島の言葉についての研究成果を公表した。同じくフュレは一八五六年四月から数ヶ月フランス海軍の戦艦に乗り組んで航海に出た短い経験を活かし、「ジョンキエール湾（サハリンもしくは樺太島）の住民の言語からいくつかの単語」（Quelques mots de la langue des habitants de la baie de Joncquières (île Sakalien ou Karafto), 1857）、「箱館アイヌ語単語集」（Vocabulaire aïno de Hakodadé, 1860、図2）、「ヤク族の単語集」（Vocabulaire de la tribu des Yak, 1860）、さらに

「ブロートン湾の朝鮮語単語集」（Vocabulaire coréen de la baie de Brougton, 1860）を執筆し、日本の北方地域や朝鮮半島に住む諸民族の言語にも関心を寄せていたことがわかる。一方メルメ・カションも『アイノ―起源・言語・風習・宗教―』（*Les Aïnos : origine, langue, mœurs, religion*, 1863）においてアイヌ民族の言語について説明を加えいくつかの単語を紹介している。このような出版物から宣教師の民俗学者としての顔も窺い知ることができる。また、その編集作業は長い時を要するため、すぐに出版されたわけではないが、メルメ・カションとプティジャンはそれぞれ『仏英和辞典』（*Dictionnaire français-anglais-japonais*, 1866、未完）と『羅和辞典』（*Lexicon latino-japonicum*, 1870）という辞書を出版し、フランスにおける日本語学習に大いに貢献したと言える。

琉球に滞在したり、日本の北方地域などを訪れる機会に恵まれたり、さらに一八五八年以降日本のいたるところに滞在したりすることができた宣教師は、自らの経験に基づいて訪れた地域を紹介し、その特徴を説明し、ヨーロッパ人にとってまだほぼ未知の世界であった江戸湾やサハリン島の地図まで作成した（図3・図4）。さらにそのような旅行記・探検記から発展したのはそれぞれの地域の住民の習慣・風習を描写する、ある意味初歩的な民俗学・民族学的な著作である。最も完成度が高く代表的な作品は上記のメルメ・カションによる『アイノ―起源・言語・風習・宗教―』であるが、もっと断片的なものとしてフュレによる「琉球の文人」（Les lettrés de Lou-Tchou、一八五二年執筆、一八六〇年刊行）や「琉球の女性」（La femme loutchouane, 1862）も挙げられる。ついでに、残念ながら出版はされなかったが同じぐらい完成度の高いものとしてメルメ・カションの「日本のヒエラルヒーに関する研究」（Etude sur la hiérarchie japonaise、一八六二―一八六三年頃）も特記すべき研究成果であり、宣教師の研究者としての側面がよく現れている。[45] さらにそのような風習に含まれている特別なカテゴリーとも言える神話や宗教に関する書物も存在し、ここでは宣教師として戦うべき領域への関心が読み取れる。最も完成度が高いのはムニクによる『日本の神話』（*My-*

thologie japonaise, 1863）で、フランス語で初めて『日本書紀』(46)の最初の三巻に沿って「天地開闢」から「神武天皇」までの日本の神話を詳しく述べているものである。同時期にフュレは「日本の起源」（L'origine du Japon、1862）という短いものを著したが、日本の神話に基づくものではなく、日本が人類の起源であることを主張する題名のない本の内容を簡単に紹介することにとどまっている。また日本の哲学に関する書物も見られ、フュレは一八五八年に「フランス語で初めて訳された」「日本哲学教科書」という副題名のついた「新鏡草」（Manuel de philosophie japonaise

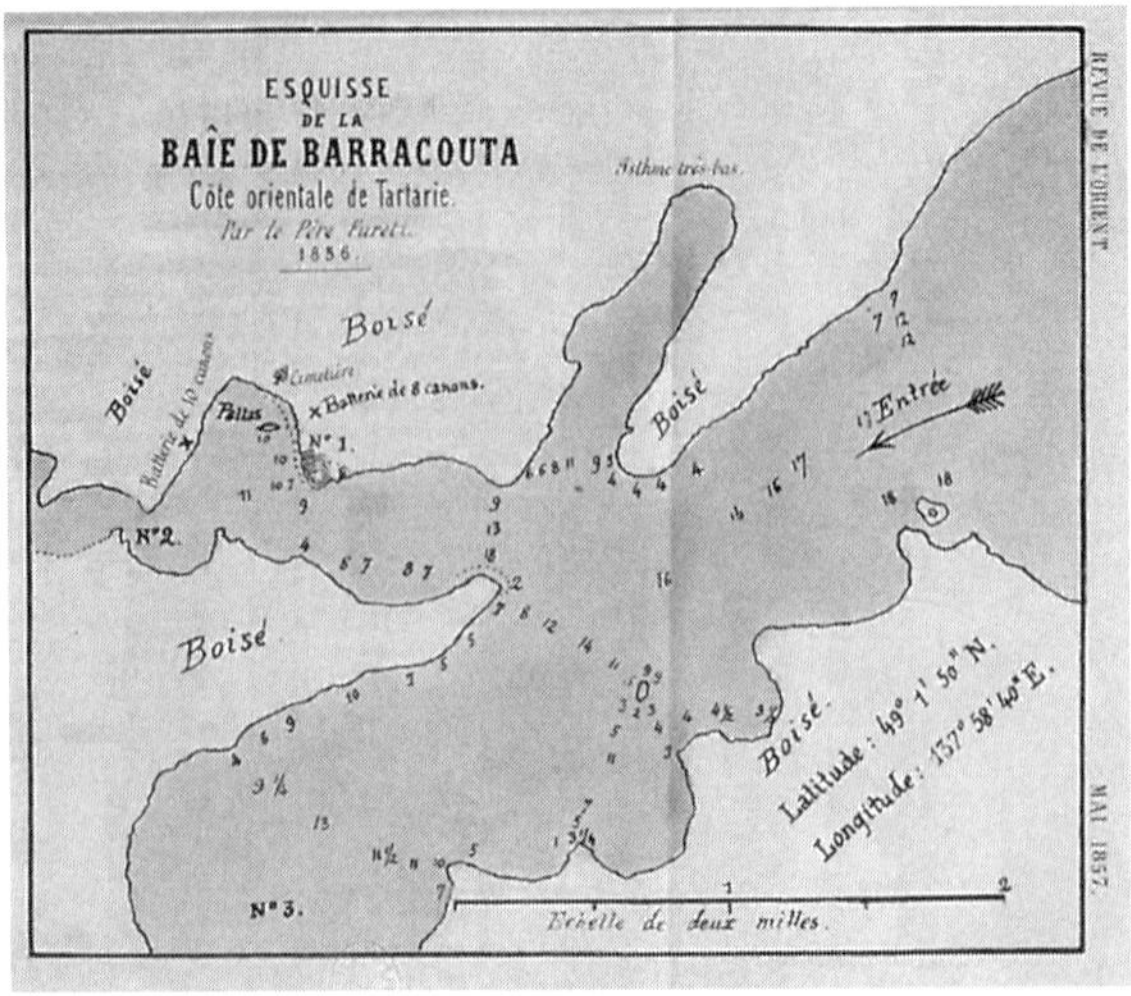

図3　フュレによるシベリア海岸のバラクータ湾の略図（1856年）

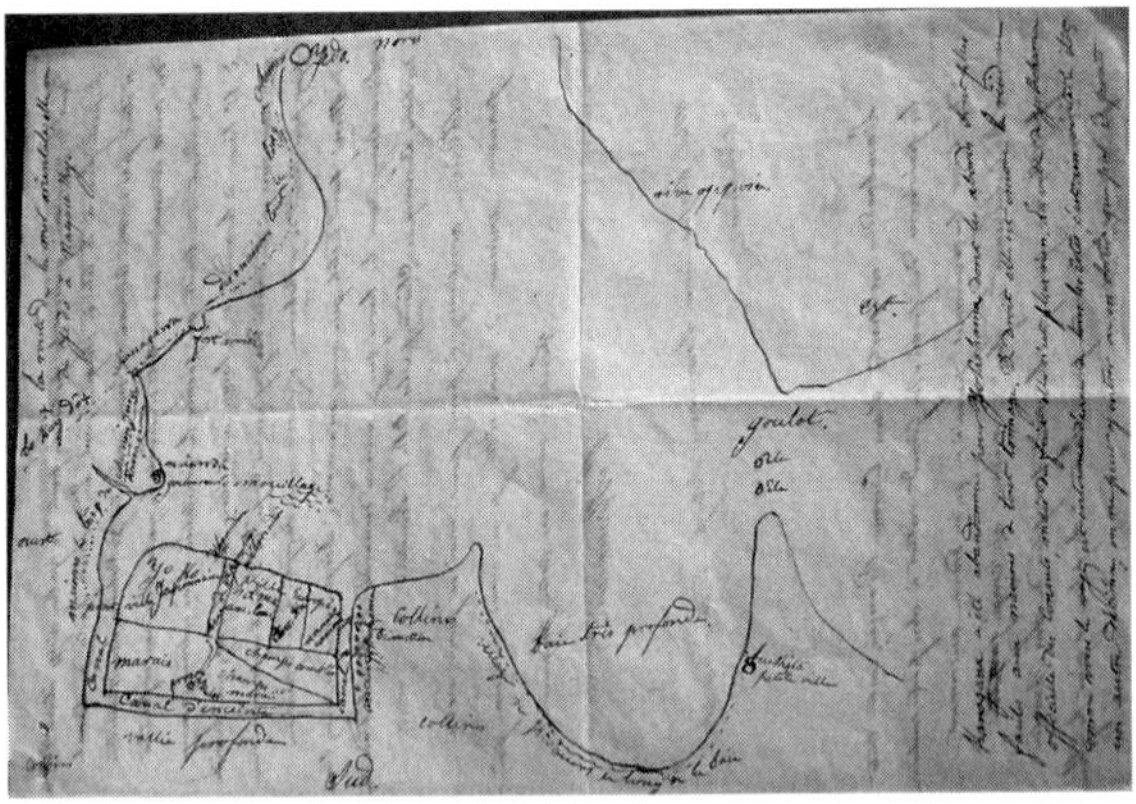

図4　ムニクによる直筆の横浜と江戸湾の略図
（1862年2月1日，横浜より）

（*Sin-kagami-gousa*））を著した。最後になるが、上垣守国によって執筆された「養蚕秘録」（一八〇三年）のイタリア語版（とのちにフランス語版）として「日本における蚕の育て方」（*Il modo di allevare i bachi da seta al Giappone*, 1865；*De l'éducation des vers à soie au Japon*, 1866）という書籍も見られ、メルメ・カションによる翻訳とされている場合が多いが疑問がまだ残り詳細は不明である。

要するに使命であるキリスト教の布教を許されなかった宣教師は日本語を学習してかなりのレベルに達し、その知識と現地に実際にいるという特権を利用して日本という未知の世界をさまざまな側面から研究し、それらの成果をヨーロッパへと発信しようとしたのである。必ずしも書物という形ではないにせよ、メルメ・カションのようにフランスの新聞紙に記事を載せる形もあり得たが(47)、とにかく日本に滞在する経験に恵まれたMEP宣教師によって開拓された分野が多いと言っても過言ではない。

おわりに――真の「日本学の先駆者」としてのMEP宣教師――

表2をもう一度見ていただくと気付くところだが、フランスにおける「日本研究の先駆者」と評価されているパジェスとロニーの名前がかなりの件数で現れている。どういうことかというと、実は日本を訪れることのできなかった二人の研究者と、現地に滞在していたMEP宣教師との間に、密接な関係ができていたのである。もっと言えば宣教師は日本に関する最新の情報をフランスへ発信していたとも言えよう。研究者でもあり、通訳や外交官でもあり、新聞記者・特派員でもあったのである。最後に例をいくつか挙げてみよう。

ムニクによって著された「日本の神話」はもともと『東洋・アルジェリアと植民地誌』（*Revue de l'Orient, de l'Al-*

gérie et des Colonies*、第一五巻）という雑誌の一八六三年一～六月号に収められた。最初の部分はフランスにおける「日本学の先駆者」パジェスによる紹介で、そのあとムニクの書簡による執筆の意義・経緯に関する説明、そして本題といった構造になっている。フュレの書物のすべてはロニーと関係があり、一部はロニーに宛てた書簡が刊行されたもので、もう一部はロニーが創刊者であった「東洋とアメリカ雑誌」（*Revue orientale et américaine*）誌上に発表されたものなのである。またメルメ・カションが完成できなかった『仏英和辞典』の第一巻もやはり「日本研究の先駆者」と関係があり、パジェスが日本語の部分を「編集した」となっている。ところが、日本語の文献を基にした研究というより目録、翻訳書、編纂書といった形をとっているものばかりを残したパジェスは、「どのようにして日本語の基礎を学ぶことができたのかは不明であり」、「日本語に関する知識はかなり限られたものであった」というように批判されている人物でもある［BEILLEVAIRE, 2008］。メルメ・カションは、辞書のさらなる「校正を行わないと、かなり未完成な作品になってしま」い、「善良なパジェス氏はきっとできる限りのことをやっている」が「言語［日本語］の充分な知識がなければ、何ができるのでしょうかね(48)」というように、パジェスの日本語能力を明らかに疑っていたのである(49)。

当然ながら、すべての宣教師がパジェスやロニーより日本語能力が高かったのかどうかについて論じたいわけではないが、重要なのは日本現地で入手できた一次情報、整っていた学習環境、発展していた日本人との交流ネットワークといった特別な立場に置かれた宣教師がそれらの情報・知識をまとめて発信することによってフランスにおける日本学＝ジャポノロジーに最も貢献したことであると考える。一九一七年に編集された上記のパピノの図書目録を考えると、一八七三年の宗教の自由化により数が明らかに増えたＭＥＰ宣教師と日本・日本語・日本学との関係についてこれからさらに研究する余地があるとも言える。

註

（1）フランス語の「Japon」、英語の「Japan」、イタリア語の「Giappone」など、マルコ・ポーロによって伝えられた「ジパング」、つまり「日本国」の中国語読み（拼音：riběnguó）を基にしている。

（2）その時代の変動はたとえば一九〇四年にパリ外国宣教会（Missions Etrangères de Paris）の宣教師ステーシェン（Michel Steichen, 1857-1929）によって著され東京で刊行された *Les Daimyôs chrétiens ou un siècle d'histoire (1549-1650)*（「キリスト教大名または一世紀の歴史（一五四九―一六五〇）」）に描写されている。

（3）先行研究においてはそうされているが、管見の限り朝鮮以外の委託を裏付ける一次資料はない。

（4）上記の通り、フランスの宣教師はそれより早い一八四四年に来日しているが、それは日本と清国の二重支配を受けていると認識されていた琉球王国での出来事で、徳川幕府が無理矢理にその滞在を許可させられた経緯がある。

（5）書名に「日本」が含まれているものでも日本関係書籍ではなく中国や日本製の陶器を売るためのオークションを紹介するパンフレット十数件は検索結果から外した。

（6）同じ書物が数回刊行されたものに関してその刊行数と同様の件数でカウントした。

（7）興味深いことに、十九世紀半ばに聖フランシスコ・ザビエルの足跡を追うべく改めて日本へ赴いたＭＥＰの宣教師もその表現を意識して使っていた。たとえばメルメ・カション著、L'UNIVERS紙、N° 237 一八五九年八月三十日：« Lettres sur le Japon [...] Shang-Haï, le 10 décembre 1858. ... Je venais de visiter ce que j'avais toujours appelé ma Terre Promise. »（「日本に関する便り：上海にて、一八五八年十二月十日。私がずっと「約束の地」と呼んできた地域を訪れたばかりであった。」筆者和訳、以下も同様。）

（8）たとえばキリスト教の布教史でもあるルイス・フロイス（Luís Fróis, 1532-1597）の『日本史』（*Historia de Iapam*）はすでに一五八三年から一五九七年までの間に執筆されている。

（9）キリスト教関係図書の合計が一〇〇％になるにはいずれのカテゴリーにも属さない「その他」（九件、約八％）を追加する必要がある。

（10）「使徒座代理区は特別な事情により、いまだ教区として設立されるには至っていないため、その司牧は使徒座代理区長に委ねられており、使徒座代理区長は教皇の名によって、これを統治しなければならない」［宮崎、二〇一六］。

（11）拙報告「統計から見たパリ外国宣教会の宣教活動――ＯＰＭ資料のデータを中心に――」、キリスト教史学会二〇一七年度大会、二〇一七年九月十五日（未刊）。

（12）L'UNIVERS紙、N°237、一八五九年八月三十日：« Il s'attend au martyre ; mais il espère que son sang ouvrira les trésors de la miséricorde divine sur ce malheureux peuple. »

（13）いずれもＭＥＰ資料館所蔵、パリ。

（14）「一五三〇年、フランソワ一世が人文的教養振興のためにパリに創設した高等教育機関。講義は公開で、聴講は自由であるが、修了証書は授与しない。」（『デジタル大辞泉』）

（15）この書籍の題名に « japonaise » という単語が現れているのに、フランス国立図書館データベースの検索にヒットせず、第一節で扱った日本関係図書一覧表にはこの書籍が含まれていない。おそらくヒットしなかった他の書物も存在するだろうから、これからさらなる調査が必要と考える。

（16）一八四九年九月一八日付、フォルカードよりの書簡：« [...] la langue de Lieou-Kieou, pour laquelle, sans maîtres, sans livres, je m'étais pendant 2 ans donné tant de mal, [...] l'étude de la langue, que je croyais purement et simplement Japonaise. »

（17）一八五五年三月二一日付、メルメ・カションよりの書簡：« Ils desespèrent [sic] de pouvoir jamais nous persuader; qu'ils ne sont pas japonais. [...] Aussi les efforts exagérés de ce peuples [sic] pour nous donner le change est à mon avis une preuve très forte ajoutée à bien d'autres, de son absolue dépendance du Japon. »

（18）黄埔条約の主な内容として、イギリスと同様に五つの開港での貿易の自由、さらに中国におけるキリスト教の黙認と宣教師の活動の自由が挙げられる［YAN, 2005, p. 3］。

（19）ベイユヴェールによると、宣教師だけでなく、西洋人を全体的に見ても日本語が話せる人が当時ほとんどいなかったという。

（20）« Sans parler la langue, le travail missionnaire est inefficace, car la mission est un art de la parole. Il faut expliquer le dogme, [...] et le mettre en pratique [...] »

（21）フュレは一八六二年十月に日本本土に渡り、横浜に少し滞在したのち一八六三年一月に長崎に赴き、一八六四年十二月に一時帰国し、一八六六年五月に再び長崎に滞在した後一八六七年六月に横浜と横須賀に滞在し、一八六九年に帰国した。

（22）五歳から一四歳までの就学率は、一八五一年に男性が五五％で女性が四八％、一八六六年に男性が七〇％で女性が六六％になっている。また一八五六年に書くことのできない夫が三一％で妻が四七％、一八六六年に夫が二六％で妻が三九％という統計もある。

（23） 物理学、自然科学などに通暁していたフュレは特にそうである。パリ外国宣教会の宣教師の教育内容について、[RAGOT-DELCOURT, 2006] を参照。

（24） 後に琉球に滞在したルテュルドゥ（Pierre Marie Leturdu, 1821-1861）とアドネ（Mathieu Adnet, 1813-1848）も正式な肩書きとして同じく「王国通訳」が与えられていたようである。Marnas、一九九頁：« nous y avions un titre officiel, celui d'interprètes du Roi de France »（「フランス国王の通訳官という正式な肩書きを持っていました。」）、一八四八年十一月二十―二十七日付ルテュルドゥよりパリ外国宣教会会長宛の書簡。

（25） フォルカードの日本語学習とその活動に関して、拙稿 « Les missionnaires des MEP face à la langue japonaise- 1 – Premier séjour aux îles Ryû-Kyû（1844-1848）» を参照。

（26） 一八五五年九月八日付フュレよりボネ大佐宛の書簡：« Monsieur Libois m'engageait à profiter de la bonne volonté de l'amiral Laguerre qui avait donné l'ordre de prendre un missionnaire à Nafa pour le conduire au Japon : 1° comme interprète, quoiqu'il sût bien que je ne devais pas encore savoir suffisamment parler（c'était, comme il l'a dit à M. Libois, pour motiver ma présence sur la *Sybille*）; 2° pour favoriser notre pieuse mission au Japon. »（「リボワ氏はラゲール海軍大将の善意を利用するように勧めてくれました。ラゲール海軍准将は一人の宣教師を那覇から日本へ連れて行くことを決めていたのです。その理由は、一、通訳として利用するためでしたが、私はまだ十分に日本語が話せたわけでもないということを知っての決定事項でした（ラゲール海軍准将がリボワ氏に伝えたように、ただ私がシビール号に乗り組むことができる言い訳に過ぎなかったのです。）二、日本での我々の聖なる使命［＝宣教活動］を助長するためでした。」）

（27） フュレはその時の気持ちをこう述べている：« (...) après avoir vu de loin Nagasaki et contemplé pendant huit jours ses montagnes, où tant de chrétiens rendirent témoignage à Jésus-Christ, il fallut me résigner à retourner à Hong-Kong. »（「遠くから長崎を見て、大勢のキリスト教徒がイエズス・キリストに敬意を表したその山々を八日間眺めてから、香港へ戻ることを甘受せざるを得ませんでした。」）、一八五六年七月二十五日付信仰布教事業団（Œuvre de la Propagation de la Foi）の団体長達宛の書簡 [MARNAS, 1897, p. 271]。

（28） « Je donnai réponse au Commandant, qui en parla à l'Amiral. »、ムニクの日記、一八五六年七月十六日。« Après le dîner de l'équipage, Mr Aubert est envoyé en mission extraordinaire auprès du chef du village. J'étais son interprète pour demander des bœufs, des poules, etc. »、ムニクの日記、一八五六年七月二十九日（朝鮮の南海岸と済州島《チェジュド》の間にある巨文島《コムンド》において）。« Le lieutenant tenait à voir une exécution. Il me fit demander si on ne punirait pas le coupable. »、ムニクの日記、一八五六年八月二十二日（仁川《インチョン》の南）。

（29）« [...] je ne peux avoir aucune explication : il ignore le chinois, notre unique ressource pour communiquer avec ce peuple. »、ムニクの日記、一八五六年八月十五日。

（30）一八五六年十一月十三日付アルブラン会長宛：« (...) le Père Girard ne sait pas le Japonnais (sic) proprement dit, il n'a encore rien écrit et ne sait pas lire...... Force donc de céder aux désirs du Père Libois qui veut avoir qqu'un (sic) tout préparé pour profiter des occasions de HonKong (sic) au Japon. »（「ジラール神父は日本語そのものは知りませんし、まだ何も［日本語で］書いたことがありませんし、読むこともできません……。なので、香港から日本へ［渡る］機会に乗じることができる、準備ができた人が欲しいというリボワ神父の要求に屈するしかないのです。」）

（31）清朝とフランスとの天津条約は六月二十七日に結ばれたが、ロシアは一八五八年六月十三日に、アメリカは六月十八日に、そしてイギリスは六月二十六日にそれぞれ同様の条約を締結した。

（32）一八五七年九月九日付リボワ神父宛：« Vous savez peut être déjà que d'Elève en Japonnais (sic) je suis passé maitre (sic). Je donne des leçons au secretaire (sic) intime du gouverneur de H. Kong. »

（33）一八五七年九月九日付パリ外国宣教会会長宛：« Les hostilités qui éclatèrent l'année dernière entre les Anglais et les Chinois de Canton, le rapel (sic) de l'Amiral Guérin, que je devais accompagner comme interprète pour le traité qu'il paraissait avoir mission de conclure avec le Japon, m'ont enlevé pour le moment toute espérance prochaine de me fixer dans notre chère Mission. »

（34）一八五八年四月十二日付リボワよりパリ外国宣教会会長宛：« (...) Mr Mermet qui doit aller au Japon avec Mr le Baron Gros, ne sait encore quand il partira d'ici. (...) »

（35）一八五八年七月二十七日付リボワ宛の書簡。

（36）« M. l'abbé Mermet, notre nouvel interprète »

（37）一八五八年十二月十日付宛先不明の書簡：« L'ambassade se composait de Son Excellence le baron Gros, M. le Vicomte de Contades secrétaire, Messieurs les attachés, et votre serviteur interprète de l'ambassade. »（この書簡は一八五九年八月三十一三十一日付のリュニヴェール紙（*L'Univers*）に掲載された。）

(38) 日仏条約の交渉について、拙稿「「安政五ヶ国条約」を問うて―開港条約の再検討へ」を参照。

(39) 一八五八年十月十八日付ルセイユ神父宛：« (...) je me suis acquis une réputation colossale dans l'Empire du Soleil (...) Décidement (sic) je me suis acquis une réputation fabuleuse Comme linguiste (...) Le Gros baron m'admire et bien d'autres (...) »

(40) メルメ・カションとロッシュとの関係について、拙稿「メルメ・カションと日本（その三）―メルメとロッシュの関係について」を参照。

(41) 日伊条約におけるメルメ・カションの活動について、拙稿「通訳・外交官としての宣教師メルメ・カション―日伊条約の交渉を事例に」を参照。

(42) 一八五九年九月十二日付パリ外国宣教会会長宛：« Ma qualité d'interprète fait que je suis tiraillé de tous côtés (...) »（和訳：「通訳官という地位によって私はあちこちに引っ張られています。」）

(43) 一八五六年から一八六四年まで執筆されたが一九二七年に出版されたムニクの日記、一九七六年に出版された同日記の英語訳、そして一九九九年に編集されたフュレの書簡集を統計から外した。

(44) 二〇〇八年に出版された「パリ外国宣教会図書目録」（*Bibliographie des Missions Etrangères : civilisations, religions et langues de l'Asie*）においては数字がさらに少なく、一八四〇年代に〇冊、一八五〇年代に五冊、一八六〇年代に四冊しか確認できない。

(45) メルメ・カションの「日本のヒエラルヒーに関する研究」については、拙稿「フランス人宣教師メルメ・カションの「日本のヒエラルヒーに関する研究」（« Étude sur la hiérarchie japonaise »）の試訳」と「フランス人宣教師メルメ・カションの「日本のヒエラルヒーに関する研究」について」を参照。

(46) 本文にある出来事の順番や神々の呼称からは、ムニクは『古事記』ではなく『日本書紀』に沿っていることが窺える。

(47) 拙稿「仏人宣教師メルメ・カションによる「日本に関する便り」第一シリーズ」を参照。

(48) 一八六四年九月十九日付ルセイユ神父宛：« [...] Mais si on ne corrige pas, ce sera une œuvre bien imparfaite. Sans doute l'excellent Mr Pages fait ce qu'il peut ! Mais que peut-on faire, sans la connaissance suffisante de la langue. [...] »

(49) パジェスとメルメ・カションの関係について、拙稿「仏人宣教師メルメ・カションの『仏英和辞典』について」を参照。

参考文献

芦田圭子「レオン・ド・ロニーと文久遣欧使節との交流をめぐって」(『仏蘭西学研究』二五、一九九五年)
佐藤文樹「レオン・ド・ロニー―フランスにおける日本研究の先駆者」(『上智大学仏語・仏文学論集』七、一九七二年)
富田仁『メルメ・カション―幕末　フランス怪僧伝』(有隣堂、一九八〇年)
富田仁『横浜フランス物語』(白水社、一九九一年)
富田仁・西堀昭『日本とフランス―出会いと交流』(三修社、一九八〇年)
西堀昭『日仏文化交流史の研究』(駿河台出版社、一九八一年)
宮崎善信「カトリックの日本再布教前史について―朝鮮教区設立からフォルカードの来球までを中心に」、日本仏学史学会第四七六回定例研究発表会、二〇一六年一〇月
ル・ルー　ブレンダン「「安政五ヶ国条約」を問うて―開港条約の再検討へ」(大石学編『一九世紀の政権交代と社会変動―社会・外交・国家』東京堂出版、二〇〇九年)
ル・ルー　ブレンダン「幕末期に来日した二人の仏人宣教師の日本語ローマ字表記について」(『学校教育学研究論集』二一、二〇一〇年)
ル・ルー　ブレンダン「通訳・外交官としての宣教師メルメ・カション―日伊条約の交渉を事例に」(荒武賢一郎・池田智恵編『関西大学文化交渉学教育研究拠点　次世代国際学術フォーラムシリーズ』第三輯、二〇一一年)
ル・ルー　ブレンダン「フランス人宣教師メルメ・カションの「日本のヒエラルヒーに関する研究」(« Étude sur la hiérarchie japonaise »)の試訳」(『言語文化研究』(松山大学総合研究所)三一―一、二〇一一年)
ル・ルー　ブレンダン「メルメ・カションと日本(その三)―メルメとロッシュの関係について」(『仏蘭西学研究』三八、二〇一二年)
ル・ルー　ブレンダン「仏人宣教師メルメ・カションの『仏英和辞典』について」(『帝京大学外国語外国文化』七、二〇一四年)
ル・ルー　ブレンダン「フランス人宣教師メルメ・カションの「日本のヒエラルヒーに関する研究」について」(『帝京大学外国語外国文化』八、二〇一五年)
ル・ルー　ブレンダン「仏人宣教師メルメ・カションによる「日本に関する便り」第一シリーズ」(『帝京大学外国語外国文学論集』、二三、二〇一七年)

BEILLEVAIRE (Patrick), « L'intérêt savant pour les Ryûkyû dans l'Europe des XVIIIe et XIXe siècles », *Japon Pluriel : Actes du Colloque de la Société Française des Etudes Japonaises*, P. Picquier, 1995（「十八―十九世紀ヨーロッパにおける琉球への学問的関心」）.

BEILLEVAIRE (Patrick), *Un missionnaire aux îles Ryûkyû et au Japon à la veille de la Restauration de Meiji – Louis Furet（1816–1900）*, Eglises d' Asie, 1999（「明治維新直前における琉球と日本での宣教師―ルイ・フュレ（一八一六―一九〇〇）」）.

BEILLEVAIRE (Patrick), « La participation de la Société des Missions étrangères de Paris à l'ouverture intellectuelle du Japon », *Histoire et missions chrétiennes*, n° 7, septembre 2008（「日本の知的開花におけるパリ外国宣教会の役割」）.

BLUM (Paul C.), "Father Mounicou's Bakumatsu diary", *The Transactions of the Asiatic Society of Japan* (3rd ser., v. 13), Asiatic Society of Japan, 1976.

KOUAMÉ (Nathalie), « Japon : le « siècle chrétien ». Son historiographie et ses lieux de mémoire », *Histoire et missions chrétiennes*, vol. 4, no. 4, 2007（「日本―「キリスト教の世紀」―その歴史学と記憶の場」）.

LE ROUX (Brendan), « Les missionnaires des MEP face à la langue japonaise– 1 – Premier séjour aux îles Ryū-Kyū（1844–1848）», 『帝京大学外国語外国文学論集』二二、二〇一六年（「パリ外国宣教会の宣教師と日本語―琉球諸島における最初の滞在期間（一八四四―一八四八）」）.

MARNAS (Francisque), *La "religion de Jésus"（Yaso ja-kyo）ressuscitée au Japon dans la seconde moitié du XIXe siècle*, Paris : Delhomme et Briguet, 1897（和訳：久野桂一郎訳『日本キリスト教復活史』みすず書房、一九八五年）.

MOGES (Marquis de), *Souvenirs d'une Ambassade en Chine et au Japon*, Hachette, 1860（和訳：市川慎一・榊原直文編訳『フランス人の幕末維新』有隣堂、一九九六年）.

MOUSSAY (Gérard) dir., *Bibliographie des Missions Etrangères : civilisations, religions et langues de l'Asie*, Les Indes savantes, 2008（「外国宣教会関係図書：アジアの文明、宗教と言語」）.

PAPINOT (Jacques Edmond), *Liste des ouvrages publiés par les missionnaires des Missions étrangères au Japon et par les prêtres japonais*, Lafolye frères (Vannes), 1917（「日本における外国宣教会の宣教師、そして日本人司祭によって出版された図書目録」）.

PLESSIS (Alain), *De la fête impériale au mur des fédérés, 1852–1871*, Editions du Seuil, 1973（「帝国祭からコミューン兵士の塀へ、一八五二―一八七一年」）.

POLAK (Christian), *Soie et Lumières – L'âge d'or des échanges franco-japonais*（『絹と光―知られざる日仏交流一〇〇年の歴史』）, Hachette Fujingaho, 2001.

RAGOT-DELCOURT (Véronique), « Se préparer au métier de missionnaire : La formation dispensée aux missions étrangères au XIXe siècle », *Revue d'histoire de l'Eglise de France*, vol. 92, no228, 2006（「宣教師という職への準備―十九世紀のパリ外国宣教会での教育課程」）.

VILLERBU (Tangi), « Une histoire culturelle du missionnaire : Julien Moulin, du diocèse de Rennes au Nord-Ouest canadien, 1830-1878 », *Annales de Bretagne et des Pays de l'Ouest*, n° 114-3, 2007（「宣教師の文化史―レンヌ司教区からカナダ北西へ、一八三〇―一八七八」）.

YAN (Yan), « Le rôle des missionnaires étrangers dans les relations diplomatiques franco-chinoises », *Bulletin de l'Institut Pierre Renouvin*, n° 22, 2005（「仏中外交関係における外国人宣教師の役割」）.

第三章　初代駐日イタリア公使夫人の明治二年日本内地紀行
――未公刊手稿とスケッチアルバムの分析から――

ベルテッリ・ジュリオ・アントニオ

はじめに

一八六六年（慶応二）八月二十五日[1]は、イタリア王国が多くの機会を見逃してから、ようやく日本との修好通商条約を締結した日である。この条約の内容は以前日本が他の欧米諸国と締結したものとほぼ同じであるといえる[2]。

イタリアが日本との条約を必要としていた主な理由として、蚕種（さんたね）[3]貿易があげられる。一八五〇年代以降、南仏やイタリアの養蚕地域は「微粒子病」（又はペブリン）という蚕の病気に襲われた。この不治の病気[4]に罹った蚕は生産力が著しく（五〇～八〇％）低下する[5]ため、イタリア北部の経済を支えていた絹産業は未曽有の危機に陥った。

この危機を乗り越えるために有効だった唯一の解決策は、未感染の地域に赴き、良質で無病の蚕種を入手することだった。このようにして、「蚕種商人[6]」という新たな職業が生まれたのである。蚕種商人は西欧をはじめ、東欧、中東、ペルシア、バングラデシュ、中国など世界各地を命がけで駆け回りはじめた。そして一八五九年（安政六）に日本が開港されてから、日本の蚕種が他国のものと比べて、極めて良質であるという事実が欧州中に広まった。また、日本は島国であって、蚕種の生産地域における外国人の立ち入りは条約によって禁じられているため、微粒子病が感染する可能性が低かった。つまり、欧州、特にイタリアの養蚕業を救うための鍵は日本にあったのである。

こうして、イタリア人蚕種商人が初めて集団で日本を訪れたのは一八六四年（元治元）のことであると見られる。片道およそ二ヶ月の旅を経て、日本にまで足を運んでいたが、その頃は日伊修好通商条約がまだ締結されていなかったうえに、蚕種の輸出が幕府に禁じられていたため、彼らは密輸を強いられており、他国の商人の仲介でしか蚕種の購入ができないという極めて不利な立場に立たざるを得なかった。したがって、日伊修好通商条約の締結、そしてイタリア商人の活動と利益を指揮・擁護できる駐日公使・領事の派遣は必要不可欠なことだった。

徳川幕府の蚕種輸出禁止令の廃止（一八六五年）、条約の締結（一八六六年）や駐日イタリア外交官の派遣（一八六七年）によって、蚕種商人らの日本における行動範囲が広まり、彼らの任務は容易になったものの、すべての問題が解決されたわけではなかった。

実際のところ、蚕種の生産地は、外交官を除く外国人が条約によって立入が禁止される内部の地域にあったのである。この状況は日本の養蚕地域における微粒子病の感染を防ぐという利点があったが、別の意味で蚕種商人たちにとっては不利であった。なぜならば、イタリア養蚕業界の運命を抱えていた彼らは、最良品質の日本産蚕種を最低価格で買い占めるために、まず、自らその生きた品物の生産環境（特に保存状態・梱包方法）を注意深く観察する必要があったからである。さらに、横浜の市場における産卵台紙の「買い時」を正しく測るために、毎年、蚕種の生産量に関する詳細で信頼できる情報を取得する必要があった。

図1 V. S. ド・ラ・トゥール

図2 マティルド

これらの問題を解決するには、駐日イタリア公使・領事の派遣が大変重要となってくる。彼らは日本政府と交渉することによって、蚕種商人らの便宜を図る役割を担っていた。特に、蚕種商人らが日本蚕種の生産環境・生産量に関する詳しい情報を把握できるように、公使らは日本内陸部の養蚕地域を訪れるための特別許可を獲得しなければならない。

こうして、日伊修好通商条約が締結された一年後、一八六七年(慶応三)初夏に、駐日本・中国イタリア公使に任命されたヴィットリオ・サリエ・ド・ラ・トゥール伯爵(Conte Vittorio Sallier de La Tour, 1827–1894 図1)は、フランス人妻マティルド・ルイナール・ド・ブリモン(Mathilde Ruinart de Brimont, 1838–1911 図2)とともに横浜に到着した。

イタリア外務大臣の手元にあった一八六〇年代の日本に関する情報が極めて少なく、断片的なものだったため、駐日外交官が日本でとるべき外交姿勢についての指示は次の三点に過ぎなかった。第一に、蚕種商人たちの活動を促進し、擁護すること、第二に、イタリア臣民の信仰の自由を保障すること、第三に、日本での他国の利害、および日本の内政に干渉しないことであった。この三点以外に関するすべての判断と決断は外交官自身の洞察力に任せられていたため、外交官らはある程度自由に行動できる身であった。

戊辰戦争が終焉を迎え、明治政府が権力基盤を築きつつあった一八六九年（明治二）に、イタリア公使はその年の蚕種仕入れ[11]期に備えて貴重な情報を得るために、養蚕視察旅行を計画したのである。当初は反対していた明治政府との交渉が成功し、公使は六月八日から二十八日まで、二十日間にわたる武州および上州[12]における視察旅行を実行することに至ったのである（図3）。

〔行程〕横浜，神奈川，東京（日本橋，板橋），蕨，上尾，鴻巣，熊谷，妻沼，平塚，島村，本庄，駒形，前橋，渋川，伊香保，高崎，山名，藤岡，鬼石，金沢，日野沢，大野原，大宮，名栗，原市場，飯能，二本木，拝島，八王子，橋本，木曽，原町田，鶴間，川井，保土ヶ谷，横浜

※地名は同行したサヴィオの業務日誌に基づく（特定できない地名は除く）

図3　視察旅行の行程

（『読売新聞』2017年8月12日朝刊掲載の図を元に作成）

一行には駐日イタリア公使ヴィットリオ・サリエ・ド・ラ・トゥール伯爵、その妻のマティルド、書記官のフランチェスコ・ガルヴァーニャ（Francesco Galvagna, 1839–1902）、領事館や公使館で勤め、後に蚕種商人になったイタリア人の若者ピエトロ・サヴィオ（Pietro Savio, 1838–1904）、通訳の中山譲治（1839–1911）、そしてフェルディナンド・メアッツァ（Ferdinando Meazza, 1838–1913）、エルネスト・プラート（Ernesto Prato, ?–1909）とエルネスト・ピアッティ（Ernesto Piatti, 1835–1872）という三人の経験豊富な蚕種商人たちが参加したのである。横浜（弁天）のイタリア公使館の前で撮影されたとみられる視察団員の貴重なグループ写真[13]が遺されている（図4）。その中心に、馬に乗っ

ているマティルドの姿が際立つ。その手前で箱に座っているのは蚕種商人ピアッティで、地面に足を伸ばしているのは書記官ガルヴァーニャであると考えられる。その左にみえる洋服を着た日本人は通弁の中山譲治、写真の向かって右側の外国人は、上からスーツ姿で門の近くに立つのがメアッツァ、馬の近くに荷物に足を載せている黒髭に顔を隠されている者が駐日イタリア公使で、同じ荷物に手前に座っているのはプラートで、右端に立って、笠をかぶっているのはサヴィオであるとみられる。

図4　視察旅行の一行（1869年6月28日に伊公使館前で撮影したとみられる）

この旅行に関する公式な一次資料は二点遺されており、両方とも当時刊行された印刷物である。第一に、イタリア公使による一八六九年にイタリア外務省の『領事会報』に掲載された「日本内地における養蚕視察旅行について」(14)という短い報告書がある。第二に、より広く周知されているピエトロ・サヴィオの『日本の内地及び養蚕地域における初のイタリア視察旅行』(15)という一八七〇年に初めて刊行された一〇八頁からなる単行本がある。

この二件の記録は外国人が足を踏み入れたことのない日本の養蚕地域を綿密に描写する傍ら、イタリア人読者（主に蚕種商人や養蚕家）が求める、一行が旅行中に得た専門的・技術的な知識と情報を公式な形で報告しているものである。

これらの記録に収録された情報を踏まえたうえで、本章では、一行の一員だったイタリア公使夫人マティルドが遺したこの旅行に関する未刊の一次資料（旅行記とスケッチ・アルバム）に注目する。この旅行記の手稿と鉛筆で書かれたスケッチ・アルバムはイタリア・トリノ県に在住するド・ラ・トゥール家の末裔が自宅で保管している私文書である。

本章では、まず、マティルドの人物像に触れてから、史料の様子と状態について論じ、その内容の要点を何点か挙げ、その内容を分析する。この分析を踏まえて、第一に、マティルドは何のためにこの旅行記とスケッチを遺したのか、第二に、日本の内地を旅するヨーロッパ人女性であるマティルドのまなざしは一体何に惹かれ、どこにとどまっていたのか、そして第三に、これらの私文書はどのような特徴を持ち、なぜ歴史的価値の高いものなのかを明らかにする。

一　公使夫人マティルドについて

マティルドは一八三八年にフランスのパリに生まれ、日本へ出航する直前に、一八六七年（慶応三）二月に、二十八歳で、十歳年上だったヴィットリオ・サリエ・ド・ラ・トゥール伯爵と結婚した。旅行記以外、マティルドは日本までの旅や一八六七年の横浜に関するさまざまな記録(16)も遺しており、その中から、パリの洗練された貴婦人だった彼女が横浜でどのような生活をしていたかなどについての貴重な情報が得られる。ド・ラ・トゥール夫妻が一八六七年六月九日に横浜に到着した日について、マティルドは義理の母への書簡において次のように書く。

六月九日、昼の一時半に私たちは炎天下のなか下船しました。波止場は埃っぽくて、私たちを迎える人もいなくて、自力で、誰もいない道に面していた唯一のさびれた、みすぼらしいホテルへ赴きました。バルコニーへ行ったら、平屋の建物、そして商品の積んだ荷車を引きながら、調子のついた、単調な叫びで気合を入れる半裸の日本人男性しか見えませんでした。部屋は狭くて、侘しくて、お母様がご想像される通り、わっと泣き出してしまいました。これはヴィクトル[17]を傷つけ、苦しませたかもしれませんが、どうしようもありませんでした。翌日は少しマシになりました。[18]

しかし、横浜に着いた頃のショックと淋しい気持ちはしばらくしてから吹き飛び、公使とマティルドは横浜居留地のイタリア人たちに歓迎され、新しい環境になじみ始めた。イタリア公使は衛兵も、経験のある通弁も雇っていなかった。さらに、横浜港にイタリア軍艦がまだ停泊しておらず[19]、ゼロから公使館を設け、自力で崩壊寸前の幕府、そして明治政府に接触しなければならなかった。また、これと同時に、イタリア商人の活動を指揮・擁護するという至難の任務を果たさなければならなかった。[20]この極めて苦しい立場で、多忙に圧迫される彼を積極的に支えるマティルドは彼の強い味方であり、彼女の存在とサポートは彼にとって欠かせないものとなった。

来日してからおよそ一年後の、一八六八年（明治元）六月十六日、折しも戊辰戦争が続く中、マティルドは横浜で娘のジャンナ・フランチェスカ（Gianna Francesca Sallier de La Tour, 1868–1887）を生んだ。[21]また、マティルドは絵を描いたり、音楽に通じたりするなど多面的な才能の持ち主で、横浜でパーティーや演劇を開催することもしばしばあった。さらに、乗馬が趣味で、領事館に勤めるサヴィオなどとともに東海道で乗馬遠足を楽しんでいた。日本から帰国後、一八七〇年代にフランス人作家アルテュール・ド・ゴビノー（Arthur de Gobineau, 1816–1882）の親友となり、数年にわたって交流した記録が遺っている。ただし、一八八七年に見舞われた娘の死去は夫・ヴィットリオとの破局のきっかけとなった。そして一九一一年に七十二歳で他界した。

マティルドはさまざまな記録によれば、極めて魅力的で勇敢な女性だったとみられる。彼女の人柄についてより深く知るために、一例として、二〇一三年にイタリアで刊行されたピエトロ・サヴィオの回想録(22)（私文書）に現れる、マティルドに関する記述を挙げよう。

ド・ブリモンという名字で、パリのサン・ジェルマン区で生まれたド・ラ・トゥール伯爵夫人はその大都会の貴族階級に属していた。まだ若くて、豊満で、洗練された容姿を有していた。並外れた才能の持ち主で、多くの外国語を話し、巧妙に絵を描き、音楽を完璧に身に着けていた。彼女の平然とした態度、そして勇気は異性にも負けなかった。それどころか、ある局面では、彼女は男性よりも勇敢であるところを見せたことがある。(23)

さらに、サヴィオの回想録にマティルドの勇気を物語るエピソードがある。イタリア公使を含む外交団が兵庫開港のために横浜を後にし、関西に出張している一八六八年二月と三月の間の嵐の夜のことである。ちょうど日本で戊辰戦争が勃発する頃、横浜で、外国人居留地を狙った「浪人(24)」たちによる襲撃が切迫しているとの噂が広まった。サヴィオは恐怖に駆られた居留地に在留する外国人たちによって身を守るために急に深夜にたたき起こされた。この時、サヴィオはマティルドが寝ている公使館へと駆け付け、彼女に状況を説明した。

一分ほど考えた後に、彼女は動揺もせずに「私のリボルバー銃をお取りください。弾丸を装填して、私のベッドの隣の机の上においてください。それから、フランス公使館へ行って、二人の番兵を借りた後、私のドアの前に立たせてください。そのあとはどうぞ、あなたの行かなければならないところにお行きなさい。神様があなたを守ることを願います」と言ってきた。僕は、銃把《じゅうは》が象牙でできている彼女のリボルバー銃を装填し、なにか起ったらきっと伝えること、そして万一浪人たちが街中に入った場合、僕が早速公使館に戻り、微力ながら助太刀することを約束した。(25)

結局、横浜の居留地にそのような襲撃は実行されなかったが、右の文からはマティルドの冷静な反応と決然とした態度が浮き彫りになる。

サヴィオは回想録でまたマティルドについて次のように書く。

> 日本にはまだ平和が戻っていなかったため、護衛隊は飾りだけではなくて、実際に必要だった。特に、首都に通ずる東海道を走らなければならない時はそうだった。その辺は、まだ不満を抱き、ヨーロッパ人を敵視する暴徒が行き来しているからだ。しかし、恐れを知らない名騎士であり、若々しい活気あふれるド・ラ・トゥール伯爵夫人は東海道の危険をものともせず、僕が毎日共にしていた馬での遠足をする時は、むしろその治安の悪い道を好んでいた。公使は、実際のところ、その辺に行かないように命じていたが、馬に乗ってしまったら、夫人についていかざるを得なかった。〔中略〕良心の呵責《かしやく》がない間、僕は横で伯爵夫人について行っていたが、禁じられた地域に入ってしまうと、僕が馬を止めて、再び彼女に注意喚起すると、彼女は鞍の右の革ケースに入っていた象牙の銃把のある金色のリボルバー銃を見せて、僕に（銃を）持っているかどうかを尋ねていた。「はい」と答えたら、彼女はギャロップで走り出してしまうので、僕はついて行くしかなかった。

これらのエピソードから、サヴィオは、マティルド伯爵夫人の勇気に魅了され、深く尊敬していたことが垣間見える。彼女の決然とした性格と振る舞いはサヴィオ以外にも、他の男性の心を動かすことがあった。たとえば、戊辰戦争中に盛岡藩に武器を運ぶために日本北部を旅し、ジュール・ブリュネや榎本武揚とも接触したイタリア商人ジャーコモ・ファルファラ（Giacomo Farfara）も、マティルドに宛てたその旅行記および書簡において、彼女の魅力の虜になっていることを隠しきれない[26]。

二　マティルドの内地旅行記とスケッチアルバム――史料について――

ここで、マティルドが遺した旅行記の手稿、そしてスケッチアルバムが書かれた理由を知るために、そしてより鮮明にその歴史的価値を浮き彫りにするために、その様子と保存状態を概観する。

現在、トリノ県在住のド・ラ・トゥール伯爵の末裔が所蔵するさまざまな日本関係史料の中で、マティルドの内地旅行記とスケッチアルバムは特に興味深い。これらの未公刊史料は両方とも一八六九年六月に行われた武州・上州における視察旅行を中心としたものである。

旅行記の手稿はマティルドの母語であるフランス語[27]で書かれており、一一三頁[28]にもおよぶものである（図5）。原稿の冒頭に一八七〇年（明治三）七月と書かれているため、旅行の後に清書された可能性が高い。ただし、手稿のなかには、ところどころに空白の部分が遺されている。マティルドが空白に残したスペースにはたいてい日本語の用語や地名が入る。これらの短い空白部分を除けば、他に欠損はなく、文は完結している。

実際のところ、旅行記はトリノ在住の親友ヴィルジニー・デラ・ローヴェレ[29]（Virginie Della Rovere, ?–1871）宛ての書簡である。この史料は原本、そして書簡控え帳という二つの形でサリエ・ド・ラ・トゥール家の書庫に遺っている。

一方で、原本（三二〇×二二〇×一〇ミリ）は五冊（各二四ページ）の冊子に分かれており、現在は他の史料とともに、「MATILDE DE LA TOUR - GIAPPONE E CINA」（「マティルド・ド・ラ・トゥール―日本と中国」）と記され、黒い布で補強された緑のマーブル模様の厚紙のファイルに保管されている。各冊子は左上に「Missione Straordinaria in CHINA」（「中国における特派使節」）という文字を浮き立たせた二つ折り（表裏に各四面）のイタリア公使館の所定用紙六枚からなっている。各冊子のページは背の真ん中あたりにイタリア国旗の三色で染められた細い紐で留められているが、冊子と冊子は留められておらず、ルーズである。利用された紙は最良質のもので、劣化はしていない。また、マティルドの筆跡ははっきりしており、比較的読みやすいものである。もちろん、省略された単語や、現代フランス語と記述法（アクセントの付け方、綴りなど）が異なる単語が多く現れる。

　他方で、書簡控え帳として保存された原本の写しのページはイタリア国旗の三色で染められた紐で左側二か所で結ばれて一冊とされ、黄金の模様が入った赤い厚紙二枚（二九五×二〇〇×一〇ミリというサイズの、繋がっていない表紙と裏表紙）に挟まって保管されている。ただし、この書簡控え帳の保存状態は良好とは言えない。その紙は極めて薄く、

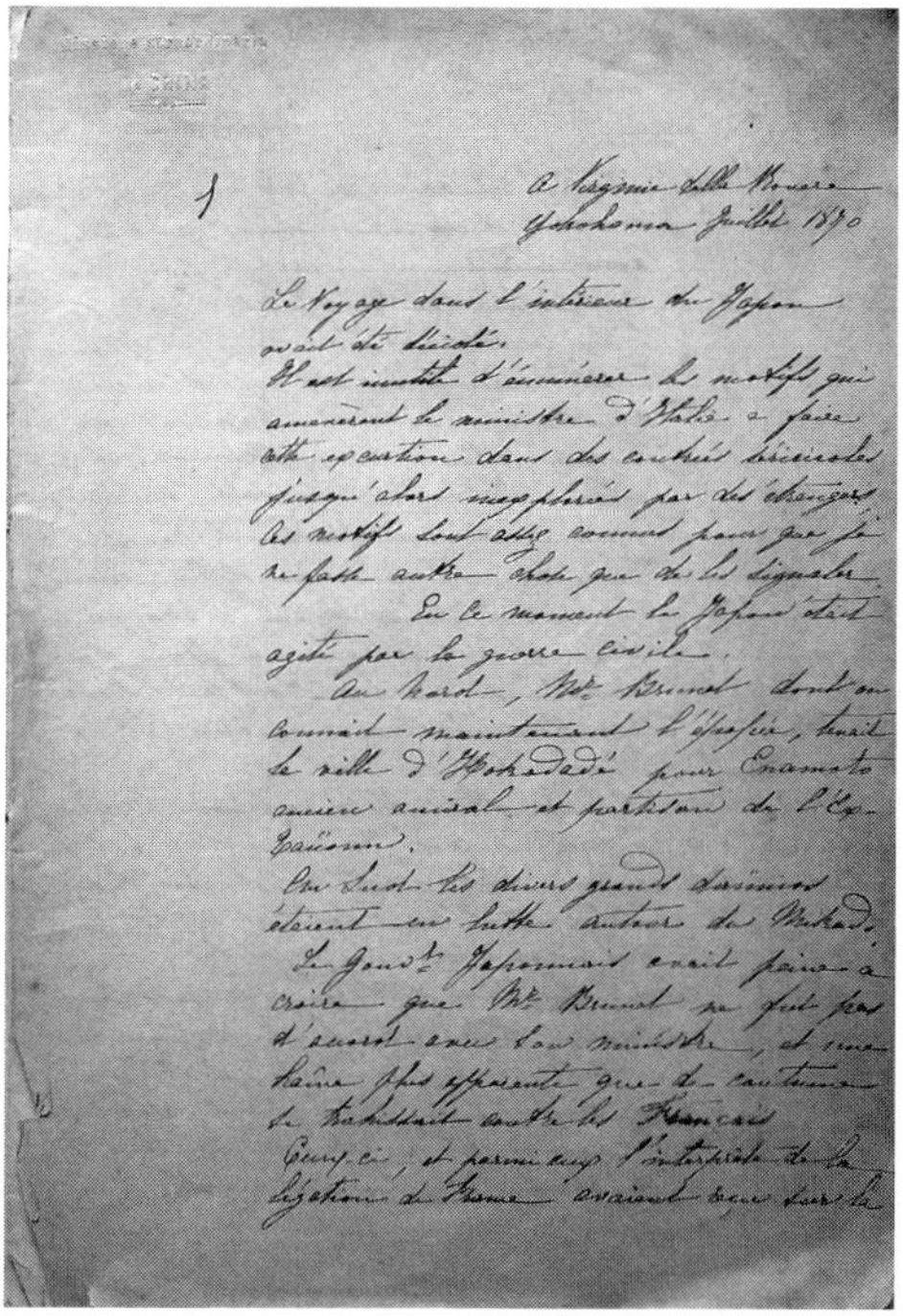

1

Yokohama Juillet 1870

Le Voyage dans l'intérieur du Japon avait été décidé.

Il est inutile d'énumérer les motifs qui amenèrent le ministre d'Italie à faire cette excursion dans des contrées jusqu'alors inexplorées par des étrangers.

Ces motifs sont assez connus pour que je ne fasse autre chose que de les signaler.

En ce moment le Japon était agité par la guerre civile.

Au Nord, Mr Brunet dont on connaît maintenant l'épopée, tenait la ville d'Hakodadé pour Enamoto ancien amiral et partisan de l'Ex-Taïcoun.

Au Sud les divers grands daïmios étaient en lutte autour du Mikado.

Le Gouvt Japonais avait peine à croire que Mr Brunet ne fût pas d'accord avec son ministre, et une haine plus apparente que de coutume se trahissait contre les Français.

Ceux-ci, et parmi eux l'interprète de la Légation de France avaient

図５　マティルドの手稿（原本）の１頁目

ところどころにあるシミや水の跡により、湿気で文字が霞んでしまっていて読み難いところがある。なお、本章の第三節で挙げる旅行記の内容に関しては、複写ではなく、原本に基づいて筆者が翻訳したものである。

　また、一八六九年六月の内地旅行に際して、マティルドは鉛筆で数々のデッサンを小さなスケッチアルバム（九〇×一八〇×八ミリ）に描いた。アルバムは薄茶色の布に覆われた厚紙の裏表表紙で綴じられている。表紙にインクで書かれた「intérieur」（「内地」）という文字と鉛筆で

薄く書かれた「69.」という文字が見られる（図6）。アルバムの複数のページが抜けており、おそらく新品だったころにハサミなどでまとめて切られたとみられる。綴じが緩く、保存状態は好ましいとは言えないが、中のデッサンにダメージはない。

アルバムの内容に関して、完成され、パステルで色まで塗られたデッサンもあれば、単なる素描にとどまるものも

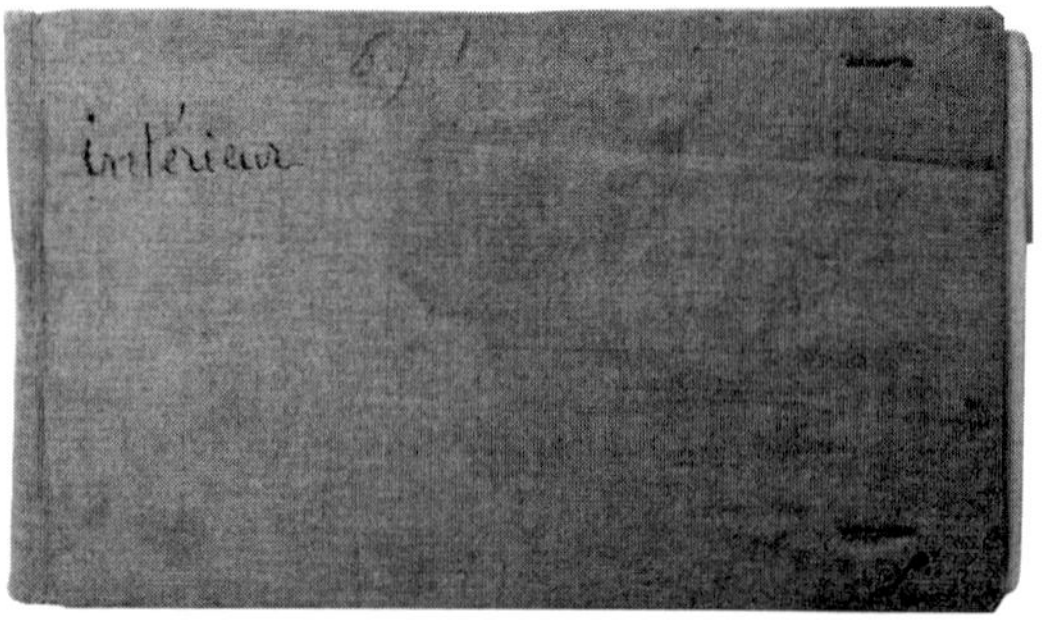

図6　マティルドのスケッチアルバムの表紙

表　アルバムのスケッチ
（＊印は2ページにわたる絵，＋印はカラーの施されたもの）

0．表紙	22. 植物の葉
1．植物（shimissen）紫色	23. 森の中①
2．植物（サゴヤシ）	24. 利根川・鬼石付近＊＋
3．利根川渡る①＊	25. 大宮・日本家屋と鳥居
4．二階建ての日本家屋＊	26. 一行の休憩
5．養蚕場の中・人々	27. 森の中②［?］
6．日本人男女	28. 日本庭園・上名栗
7．模様［?］，日本人	29. 西洋人男性の肖像など
8．日本人男性	30. 樹木と植物
9．模様，装飾［?］	31. 植物と花
10. 日本家屋（小）	32. 茅葺屋根の日本家屋＊
11. 西洋人男性（メアッツァ）	33. 茅葺屋根の家屋・拝島？
12. 日本庭園に灯篭＋	34. 座位の侍
13. 利根川渡る②＊［6.13］	35. 座位の侍・日本女性
14. 日本人・子を担ぐ母等	36. 座位の侍2人
15. 座った日本人・少年達	37. 座位の男性・子を担ぐ母
16. 棒［?］を持った男性	38. 日本人男女と子供
17. 前橋大名副大臣の肖像	39. 座位女性の素描
18. 旅行団の副官（遠藤）の肖像	40. 女性・洋服を着た兵隊？
19. 座繰りで糸を巻く前橋の女性	41. 植物の素描（小）
20. 灯篭	42. 船の素描（小）
21. 西洋人男性の顔の素描	43. Kusakaki 島；70年4月

ある。描かれたものは旅行中に見た景色、建物、庭園、植物、人々（男性、女性や子供）、そして視察団の一行の者や出会った主要人物の肖像など、多種多様であるため、極めて興味深い史料である。スケッチやデッサンを含むページは全部で四三面だが、空白のページもある。各デッサンや素描に番号を付し、その内容の簡単な描写を入れたものを表として掲げたが、本章の第三、四節では、その中から最も興味深く、旅行記との関連性が密接であるものを取り上げる。

スケッチアルバムに現れるデッサンや素描と旅行記に含まれる描写の対象はしばしば一致し、旅行記においてデッサンに関する記述が現れることもあるため、この二点の史料は一セットとして扱うべきであると考えられる。ちなみに、アルバムの最後の一三ページにおいて、鉛筆で書き殴られたフランス語による表記が見られる。日付がついており、地名およびその日に見たものについて簡潔に書かれている。おそらく、マティルドが訪問した場所の地名など（当時のヨーロッパ人にとって、日本語の地名、人名や道具の名前は極めて暗記・表記し難いものだった）を忘れない目的で書かれたものであろう。ここに表れる表記は、横浜に帰ってから時間をかけて書いた旅行記の作成に際して利用された可能性が高いと考えられる。

三　マティルドの未公刊旅行記の内容について

ここで、マティルドの旅行記に入り、いくつか特徴的な内容をとりあげる。旅行記の冒頭に、イタリア公使が一八六九年に神奈川県知事だった寺島宗則（一八三二―一八九三）と行った交渉についての記述がある。

あらゆる方向から〝イタリア公使は内地へ旅行するなんて、無謀だ！　今は横浜を後にする時期ではない。ここでは我々は少なくとも安全であり、身を守ることができる〟と言われていました。噂のとおり、フランス公使館は、きっとイタリア公使が過剰な責任に怯えてその計画の実現を断念することを望んでいたに違いなく、そのためこのような声を広めたのでしょう。しかしヴィクトルを知っている人は、彼が自国の利害を大切にし、何があっても挫けないということを知っていますね。日本でも彼の動じない姿勢が見られるのは初めてではありませんでした。新潟の件はその証拠です。〔神奈川の〕知事である寺島〔宗則〕に旅行について尋問されました。予想通り、彼は公使の計画を断念させるように尽力しました。しかし条約は公使に日本のどこにでも赴く権利を与えていて、彼〔ヴィクトル〕がその権利を享受する意志を強く表明したため、寺島は主張する論拠をなくして、旅行を計画するための措置を講じました。これらの措置が万全だったおかげで、我々が望んでいたあらゆる安全方策と支援を得ることができました。(30)

このイタリア公使と寺島宗則との会見および交渉に関しては日本側史料でもイタリア側史料でもまだ確認されていないので、詳細は不明である。マティルドの記録で詳しいことは述べられていないが、イタリア公使による交渉が成功したことと、交渉の相手が当時神奈川県知事の寺島宗則であるという貴重な事実が明らかになる。したがって、この事実は新たな史料の発見への糸口となる可能性がある。また、この段落からマティルドが夫ヴィットリオの活動、そして日本政府や在日欧米諸国の外交官に対する断固とした、動じない姿勢を称賛し、彼を温かくサポートしていることが明らかになる。旅行記全体、そしてその他のマティルドによる史料において、イタリア公使とその活動についての記述が多々現れるため、マティルドの史料を読めば、公文書に表れない彼の本心を伺うことができることもある。

旅行記の本文にはしばしば景色の描写が見られる（図7）。また、日本の景色はヨーロッパのものと比較されることがある。ここで、日本の景色特有の「美」に関する段落を挙げよう。

図7　スケッチ24　利根川・鬼石付近

もちろん、日本の美はどのほかの国にも劣りません。我々を感嘆させる「恐ろしき美」を持っていないものの、それに勝るかもしれない「美しき美」を持っています。シンプロンやモン・スニなどのアルプスの主な峠に見られるあの裸の岩、あの恐ろしい混沌とあの荒野はここではどこにも見られません。ここの肥えた、豊かな土壌は、あらゆる形で、そしてあらゆる方向に広まる草木に尽きることのない生命力を与えています。

また、マティルドはしばしば旅先で出会う日本人およびその外見と服装を描写する。着物などの繊細さに感嘆することもあれば、当時の欧米人女性にとって不思議極まりない姿に驚くこともある。皮肉に満ちた表現もこの旅行記の特徴の一つである。

行列は雨のため、防水服を着用していました。礼服はむき出しになった脚の上に巻かれ、足にはかかとの高い木靴を履いていました。二人の男性が箒をもって、道を掃除し、すべての障害物を退けるようなしぐさで先へ走っていました。彼らは体の半分まで下がる長い藁のマントと大きな藁帽子を身に着けていました。物珍しい景色でした。まるで嵐の跡に身を乾かす濡れたダチョウのように見えていました。

旅行中、イタリア公使の一行には中世時代にタイムスリップしたことを感じるような瞬間が何度も訪れる。その時も、マティルドは驚愕を隠せず、感嘆の表現を用いる。たとえば、鴻巣を後にする時に、マティルドは次のように書く。

我々が出発することは皆知っていて、村人たちは我々が村を出るのを待っていました。黒色で、鉄で補強された大きな門の扉を開けた時に、アリの大群のような人込みが二つの方向に動きました。好奇心に駆られて一歩前に進みながら、恐怖に襲われて一歩後ろに退いていました。すると、我々が「スタニエロ！」（下にいろ！）と叫んだ瞬間に、群衆が一斉に屈みました。なんて信じられない光景！　我々は封建制の隆盛期に投げこまれたようです。日本は中世時代のヨーロッパのようで、我々はその国の藩主のようにその内地を旅している。

当然ながら、旅行中に出会った多くの日本人たち、とりわけ内地の一般庶民は外国人を見たことがなかった。右の引用でも強調されるように、外国人の一行を目の当たりにした一般庶民の心は無邪気な好奇心と隠し切れない恐怖を混ぜ合わせた複雑な気持ちに満ちていたのである。そして、群衆はパニックに陥ることもあるとマティルドは語る。

今までこんなに大きな群衆が我々を追いかけたことがありませんでした。道に反乱が起こっていると言ってもいいほどで、彼らはこの好奇心と同程度の恐怖心にとらわれていました。我々の一行のだれかが少し動いたり、横に一歩踏めば、彼らはパニック状態に陥っていました！　子供たちが逃げようとしてお互いを倒したり、女性たちはお互いを突き飛ばしたりして、男性たちもあまり勇敢な態度を見せたりすることがありませんでした。我々は（彼らにとって）いつ調教師を騙して、群衆に襲いかかってもおかしくない猛獣のような存在だったと言えます。この村の人々は外国人を見た経験がないだけでなく、その噂も聞いたことすらないと思います。

旅行中に、一行は相当危険で冒険のような局面に遭遇することがあった。もっとも代表的な場面として、マティルドが語る利根川の横断のエピソードを挙げよう。

一三日―朝七時に出発しました。天気は非常に良く、我々もよく休めてすっきりしました。あと三回川を渡らなければならなかったのです。利根川だったのか、その支流の一つだったたか、日本人たちはいつも「トネガワアリ

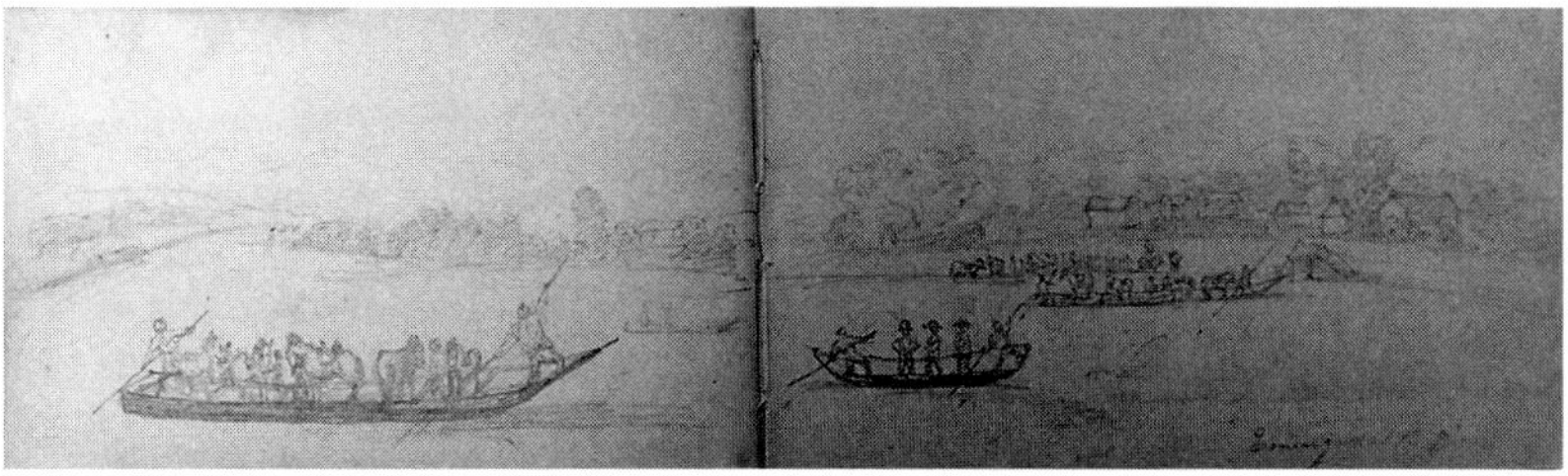

図8　スケッチ13　利根川渡る

マス」(31)と言っていたから、我々にとって、これが分かりにくかったです。川の第一支流は橋で渡りました。幸いにも、我々はその前に馬から降りるという慎重な決断を取りました。だって、川の真ん中につくと、私がヴィクトルの腕にしがみついて、「地震だ！」と叫ぶぐらい強い揺れを感じたからなのです。結局はただの橋の揺れでしたが、地震と同じくらい嫌なものでした。一度向こう側に渡ったら、我々の馬が川を渡るのを見ると、可哀そうな動物たちは引っ張られた綱に乗っているかのように揺れ動いていました。この川を越えることより趣きのある経験はありませんでした。〔中略〕第三支流の川の流れは極端に激しかったです。時速十九マイルだっただろうと推算されます。渡し船の船頭たちは所定の場所にいて、川の両岸はざわざわしていました。馬から降りて、渡し船を操縦する男たちを信用して、それに乗りました。この人たちは大きな勇気となかなか見られない腕を見せてくれました。四人だけで、長い竹棒を手に持って、苦労して一マイルの三分の一ほど激流を遡って、川の真ん中に着くと、渡し船を激流に任せて、シャベルの形をしたオールでそれを回転させていました。一瞬で我々が向こう側の川岸に押し流され、渡し船は、魔法の竜巻がそこまで運んでくれたかのように、下船のために定められた場所にありました。馬と付添人の横断は同じ作業で行われました。本当に鳥肌がたつほどでした。この景色の雰囲気を正しく再現して欲しいので、その素描（図8）を書きました。

このように、旅行記の本文にはスケッチに関する記述も時折現れることが注目に値する。

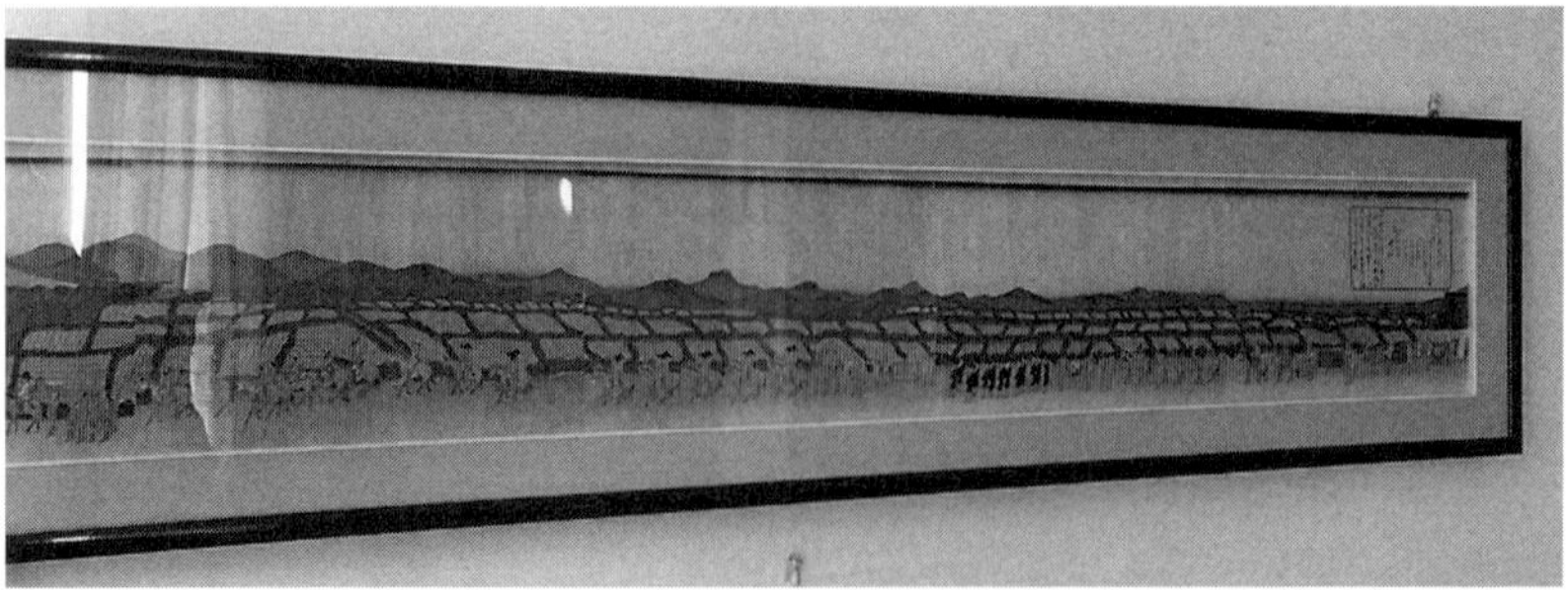

図９　一行を描いた錦絵の全体図（サリエ・ド・ラ・トゥール家の所蔵）

やはり、スケッチアルバムは旅行記を補完する役割があるという事が明らかになる。また、右の引用文からもわかるように、一行はまるで大名の行列のように旅をしていた。一行の行列を鮮やかに描いたものとして、一つの大型の錦絵が遺されている（図９〜11）。この錦絵は一行が前橋を訪れる前、六月十三日に前橋藩が藩境である駒形まで武装した兵隊を出迎えた時を描いたものである(32)。

この日の出来事に関する記述はもちろん、マティルドの旅行記にも含まれている。一行は利根川を渡ってから、藩境の駒形という村に到着する。

十時半に我々はクマガタ〔駒形〕に到着しました。それは小さな村で、我々はそこで昼食を採るために止まらなければなりません。これは前橋の大名国(33)（この表現は一般的に認められているかはわかりませんが）の境です。我々を歓迎するために用意された家の前に兵隊が、イタリア公使の出迎えに来ていました。この藩領にいる間に我々を護衛するために兵隊は戦闘態勢を整えていました。軍隊は公使に敬礼を示して、彼〔公使〕の方はささげ銃をし、脱帽しました。こちらは手で軍事敬礼をし、むこうは祖国の風習に従って、お辞儀をしました。他の人々は膝をこすりながら「へええ(34)」と言っていました。全体的にみると、素晴らしいことでした。前橋藩主の家来は家の中で我々を歓迎しました。彼は式部官のような者で、この藩の領土にいる間に、我々をもてなす任務がありま す。その名前は発音しにくいので、我々がさっそく彼を「藩のブレーメン(35)」と名付けました。

ちなみにこのグリム兄弟のおとぎ話(36)にちなんで「ブレーメン」と名付けられた人物は若い役人の遠藤《えんどう》鎬平《しょうへい》（一八四六—?）であることが確認された。(37)さらに、マティルドのスケッチブックにその肖像デッサン（図12）が見られる。

視察団を温かく歓迎する者もいれば、一行に対して、あからさまに反感と不信を見せる者もいた。一例として、二本木付近の寺院で出逢った年老いた僧侶があげられる。

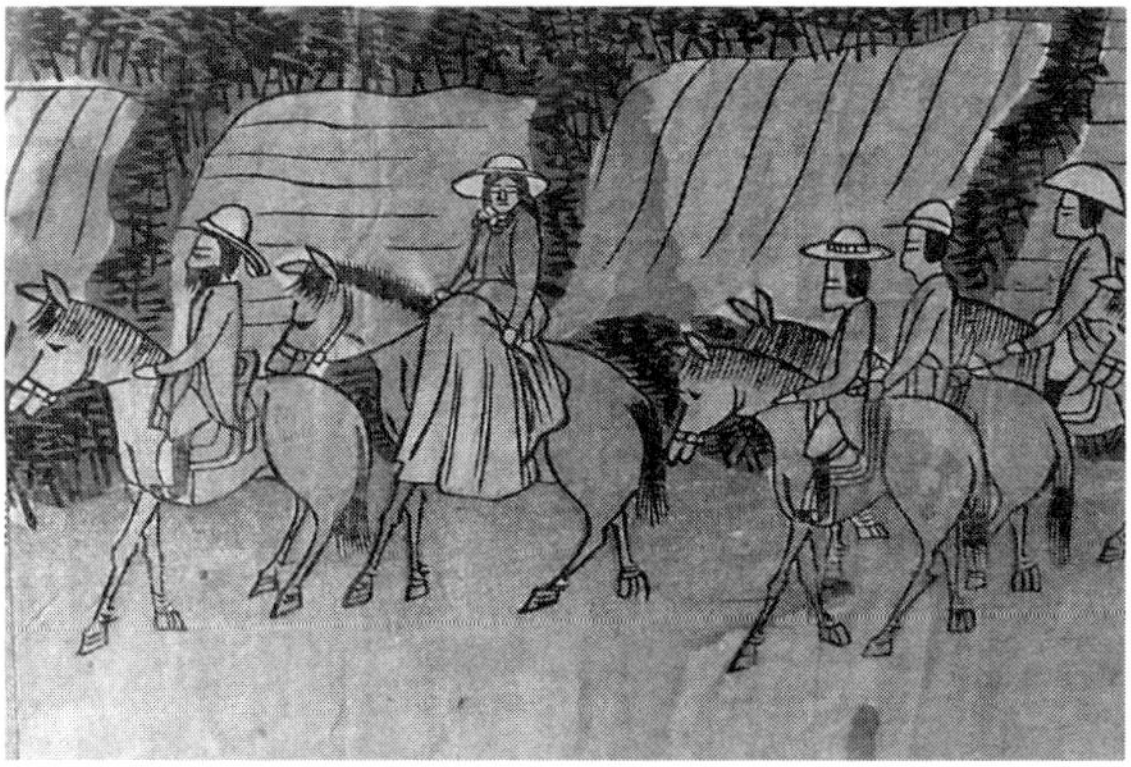

図10　錦絵の細部
（伊公使の一行．左から２人目がマティルド，笠をかぶったのはサヴィオ）

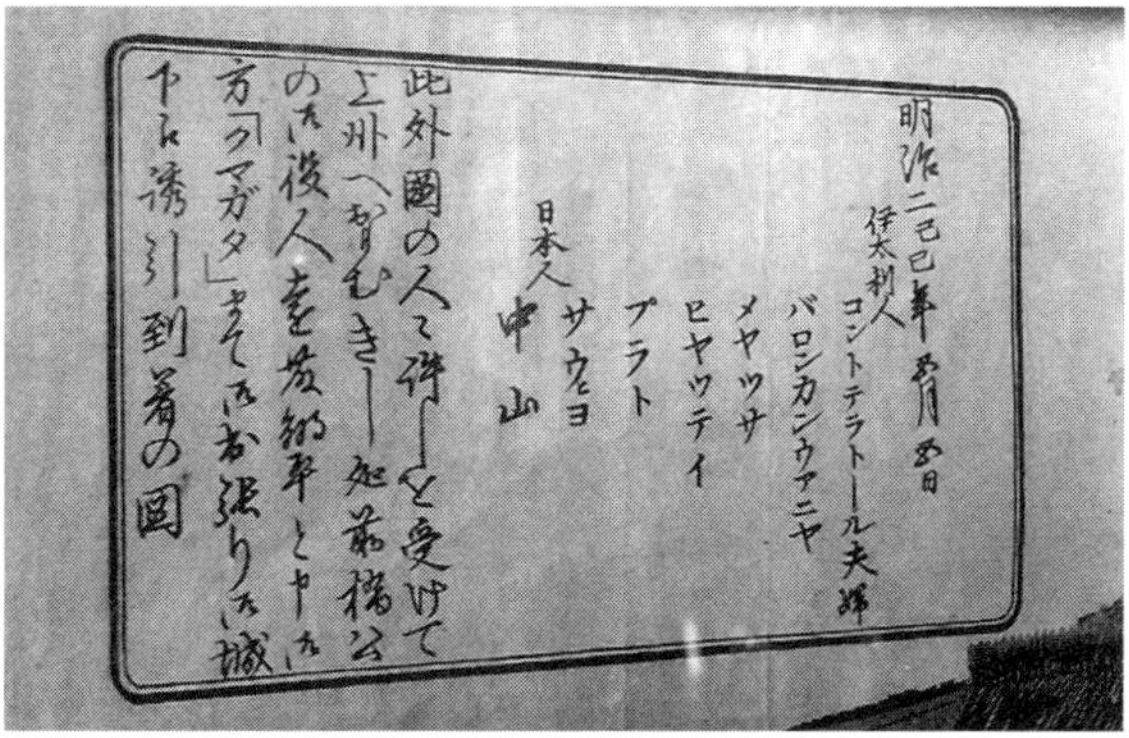

図11　錦絵の右上に示された一行メンバーの名前
および視察旅行の趣旨

図12　スケッチ18
旅行団の副官（遠藤）の肖像

修道院長でそのお寺に仕える年老いた僧侶は我々を当惑させることにかなり尽力していました。真っ白な服を着て、キセルを吸うために、建物の小さなくぼみ部分にしゃがみ込み、険しい顔つきと蔑《さげす》みの目で我々を睨んでいました。あらゆる国と宗教では、聖職者は進歩を好まない。我々が日本で直面したいくつかの困難は、非常に活動的で、外国人やキリスト教に対する嫌悪を常に人々に吹き込む聖職者の党によるものでした。しかし、夕方になると、その年老いた坊主の表情は少し柔らかくなって、我々にシガーを一本ねだる勇気まで出しました。我々が何本ものシガーとリキュールを数杯彼にすすめたのです。私が間違っているのかもしれませんが、彼は「唐人に死を！」と言いづらくなったのではないかと思います。

その日の夜に、朝四時になると、その年老いた僧侶が「非常にグレゴリオ聖歌に似た讃美歌[(38)]」を詠いはじめ、それが三五分ほど続く。その時、眠れなかったマティルドが旅行記に楽譜を書き（図13）、その旋律や歌詞を再現しようとしていることは特記すべきである。

ちなみに、同じ寺院に滞在している間、マティルドは本格的な日本料理を味わえる機会があった。同時代に日本を訪れる多くの外国人男性より、日本料理に興味を示しながら、その繊細な味を満喫できたことがわかる。

漆でできた小さな机の上に、赤い漆の茶碗で用意された非常においしい食事でした。内容はパンの代わりとなる味付けされていない茹でた米、大豆のソース〔醤油〕入りの茹で魚、そして野菜、豆、茸、南瓜、醤油漬けのもやしからなる小さな盛り合わせでした。考えただけでよだれが出てきて、また食べたいです！　しかし何よりもこの料理をおいしくさせる調味料はおそらく、森の中の長い馬の遠乗りだったと思います。そんな時に思い出したら、なお一層食べたくなってきます！

最後に、公式な報告書では言及されないが、この視察旅行の途中で、さまざまなトラブルや小さな事故が発生する。たとえば、マティルドは特に書記官ガルヴァーニャを困らせた出来事について鮮やかに語る。

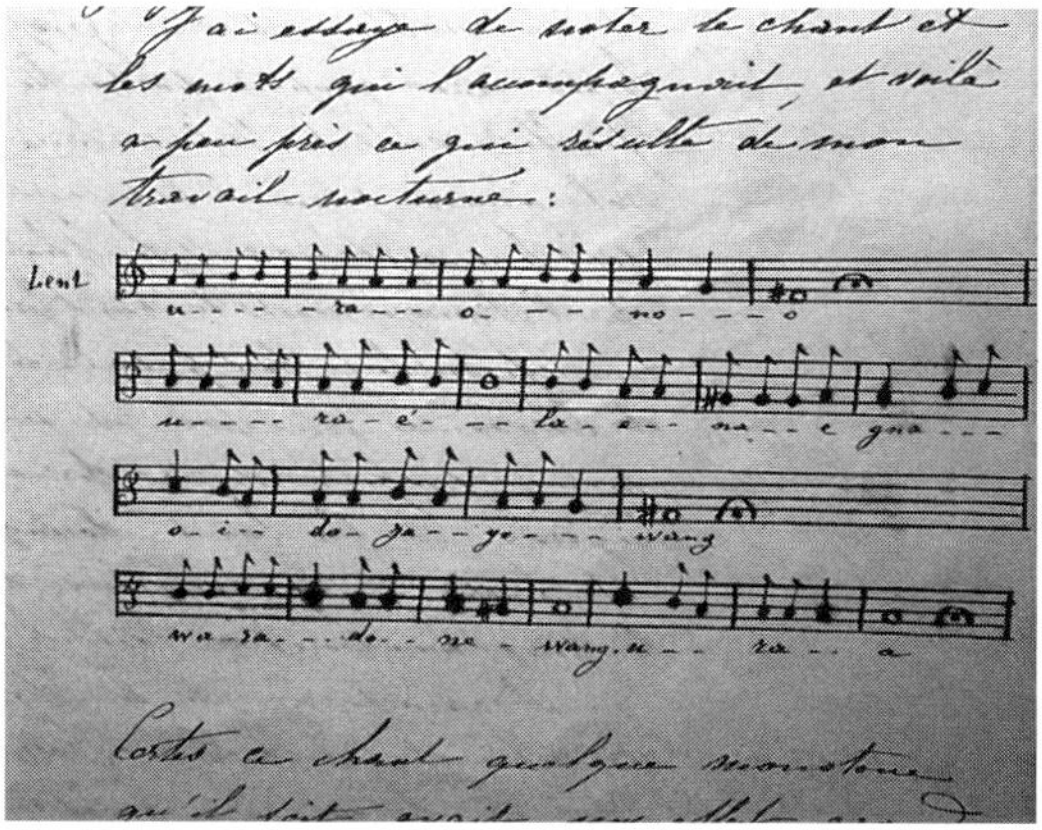

図 13　マティルドの楽譜（僧侶の読経）

我々はオーニャ〔大宮〕の付近に居て、細長い木板を使って川を渡らなければなりませんでした。ガルヴァーニャの出番になると、ちょうど板の真ん中に着いたら、馬が急に止まり、進まなくなりました。馬から降りるための場所がなかったから、ベト〔別当〕を呼ぶために、彼は慌てて、ヴェネツィアの方言で「ダミ・ラ・マン、マ・ダミ・ラ・マン！」（「手を貸してくれぇ、手を！」）と叫びだしました。別当は全く返事をしませんでしたが、おそらく、みんなの爆笑は馬を進めさせ、苦境を脱するように促すという効果があったでしょう。

マティルドの旅行記は、日本の内地でイタリア人の大男である書記官ガルヴァーニャが本能に駆られて別当にヴェネツィア弁で大声で話しかけるという滑稽な場面を描くことで、外交官による公式な視察団の人間味あふれるユーモラスな側面を暴くという興味深い特徴を持つのである。このようなエピソードがちりばめられた旅行記は読者を退屈させずに楽しませる効果があるとみられる。また、サヴィオなどの他の報告書においては、一行の他のイタリア人メンバーに関する記述がほとんど現れないので、この意味でも、マティルドの旅行記は貴重な史料であると言える。

四　維新直後の日本を観察する西洋人女性のまなざし

第一に考えるべきことは、マティルドがこの旅行記とアルバムを遺した理由である。まず、旅行記に関して、なぜサリエ・ド・ラ・トゥール家の書庫でその複写とともに原本も保管されているかという点も疑問に思われるだろう。前述のとおり、この旅行記は一八七〇年七月に清書され、マティルドの親友ヴィルジニー・デラ・ローヴェレという人物に宛てられていたが、原本にも複写にも短い空白部分がたびたび現れることから、ヴィルジニーのもとへ送られたことはない可能性が高い。マティルドが時間をかけてすべての空白を埋めていくための情報を探し、少しずつ完成していく予定だったが、その途中で、一八七一年に、ヴィルジニーが突然この世を去ることになった。こうして、旅行記は空白の空いたままマティルドのもとに遺り、現在に至った。とにかく、マティルドは旅行記という私文書を出版物などにしようという意欲を持っていた可能性は否めない。逆に、スケッチアルバムはマティルド自身、身内や親友以外の目を意識しているようなものではないと言える。ただし、最も完成度の高いスケッチは旅行記に現れるマティルドの印象に残った景色、場面やエピソードにまつわるものなので、スケッチも合わせてヴィルジニーに贈るつもりだったのではないかと十分に考えられる。写真が簡単に撮影できない当時の日本を旅するマティルドにとって、一八六九年六月の内地旅行は彼女のデッサン能力と才能を披露させる刺激的な経験となったのは確実である。

旅行記ではマティルドの好奇心旺盛な姿勢が目立つ。とにかく、彼女はどんなことにも興味を示し、あらゆる経験

図14　スケッチ37　座位の男性・子を担ぐ母

に対して積極的に取り組もうとする意欲がある。内陸の日本や日本人が彼女に与える無数の刺激に身を任せながら、カルチャーショックに困惑せず、母国と比較しながらバランスよく物事を理解しようとする。ただし、旅行中は言葉で簡単に表せない、彼女を驚愕させ、思わず感嘆の声を出させる見たことのない物事に出会うことが多かったため、その空白を埋めるにはスケッチアルバムが最良の手段だったと言える。つまり、スケッチアルバムは旅行記の本文が至らないところを補完する重要な役割があるものであると考えられる。

第二に、マティルドのまなざしは何に惹かれていたかについて考える必要がある。一八六九年に出版されたド・ラ・トゥール伯爵の報告書、そして一八七〇年にサヴィオが出版した書物は、当時にして、この視察旅行の最大の成果であるに相違ない。一方で、公式な記録を書かなければならないこの二人のまなざしはやはり蚕種商人や養蚕家が求める絹生産にまつわる物事にとどまることが非常に多い。大自然と景色の美しさよりも、桑の木などの栽培について言及したり、内地の日本人女性や子供よりも、旅先に出会った養蚕家に関する詳しい情報をのせたり、一行による内地に住む日本人の生活様式との出会いよりも、養蚕技術の詳細な説明が重視される。他方で、マティルドの旅行記に初めから最後まで漂うのは「感情」と「驚愕」である。この旅行記を読んで、マティルドのまなざしは日本内地の景色と自然美にとどまることが最も多く、これらに関する感嘆の表現も少なからず現れる。スケッチを見ても、景色、植物、森などを対象としたものが最も多い。二番目に記述・スケッチが多いのは日本内地の住民の様子である。ただし、マティルドのまなざしは養蚕家、役人、一行のメンバーだけでなく、旅行中に一行を恐れながら好奇心に駆られて近づく一般庶民、特に女性や子供に向けられることも頻繁にある（図14）。この傾向はスケッチアルバムにもあらわれる。さらに、マティルドのまなざしはこれらの日本人による生活様式、風習と意匠にも向けられる。旅行記に衣食住（着物や服装、本格的な日本料理、日本の家屋や庭園）の様子を描写する段落が多くあらわれ、日本料理を除けば、これらの多くはマティルドのスケッチの対象にもなった。

おわりに

イタリア公使の視察旅行にまつわる公式な記録や刊行物、マティルドの旅行記とスケッチ、錦絵、写真などは大変重要なメッセージを我々に伝えようとする。視察旅行から数年前まで遡れば、外国人は大名の行列を目の当たりにすると、生麦事件をはじめとする尊攘派による外国人虐殺事件を思い出し、息をつめて、冷や汗をかいて、怯えながら行列が去っていくのを引き込んで待つしかなかった。ただし、明治維新以降の一八六〇年代末期に、日本のすべてが一変しようとするさまざまな兆しが現れはじめる。

特に、欧米化と近代化の道を歩み始める日本における外国人の立場と役割が劇的に変わろうとする兆しが多い。外国人による、公式な形で初めて日本の内地を視察する目的でイタリア公使とその一行の旅行が実現した、そのこと自体が、前年に起こった神戸事件、および堺事件における明治政府の対応ぶりと並び、日本の新たな外交姿勢を予感させるものである。すなわち、それは数年後に本格的に始まろうとする欧米化、そして近代化をほのめかす兆しである。

この旅行に際して、外国人であるイタリア公使は初めて大名の代わりに行列を率いることになるのである。数年前なら考えられない事態がついに、一八六九年六月になって、実現されたのである。この理由で、視察旅行に関するサヴィオやサリエ・ド・ラ・トゥール伯爵の記録はもちろん重要な史料だが、その二点の史料の内容を補完するマティルドの旅行記とスケッチアルバムは特に在日外国人の立場の変化を鮮明に浮き彫りにするものとしてとりあげられるべきである。

最後に、著者が行った調査の結果によれば、イタリア公使夫人マティルドが遺した旅行記とアルバムは外国人が足を踏み入れたことのない日本の内地を描いた西洋人女性による初めての記録であると考えられる。ちなみに、マティルドの旅行記とスケッチは最古の西洋人女性による日本内地における旅日記とされていたイザベラ・バード（Isabella Bird, 1831-1904）の名作『日本奥地紀行』（Unbeaten Tracks in Japan）よりおよそ一〇年前に書かれたことが注目に値する。マティルドは、封建制が近代化・欧米化の烈風に吹き飛ばされる前の日本を目の当たりにし、それに心を揺さぶられ、この非常に刺激的な経験から生まれた思いや感情に誘導され、西洋の影響をほとんど受けていない日本の一部を鮮明に描く機会をつかんだのである。

右の理由に基づいて、マティルドの冒険からちょうど一五〇年が経とうとしている今、彼女が遺した旅行記、スケッチ、およびその他の日本関係史料を一括に刊行物などという形で公開されることは大変有意義であると考えられる。

註

（1）本章に記述している年月日はすべて太陽暦に基づく。

（2）条約の本文（イタリア語・フランス語・日本語）は外務省記録局『締盟各国条約彙纂』第一編、一八八四年、四七七―五〇四頁に収録されている。

（3）「さんしゅ」とも。イタリア語では「seme-bachi」という。

（4）ペブリンは現在も不治の病である。フランス人科学者ルイ・パスツール（Louis Pasteur, 1822-1895）が顕微鏡検査による隔離に基づく予防法を発見したため、問題が解決された。

（5）Zanier（2006）、一二頁。

（6）イタリア語では「semaio」という。

（7）スエズ運河が開通された一八六九年以降は一ヶ月半となった。

（8）一八六二年（文久二）に幕府によって発令されたものである。

（9）産卵台紙は蚕蛾が蚕種を生んだ厚紙のことである。一枚ごとに蚕種がおよそ一オンス（二五グラム）乗っている。

（10）日本人の商人らは極力高い価格で輸出用の蚕種を販売するために、少しずつ横浜の市場に流していたのである。

（11）毎年の六～七月から十～十一月までにわたる期間である。

（12）現在の埼玉県と群馬県である。

（13）マティルドの旅行記でこの写真についての記述があるところから、筆者がこの情報を得ることができた。

（14）Sallier de La Tour（1869）、一一六―一二三頁を参照。

（15）Savio（1870）を参照。この一冊の和訳もある。サヴィオ著、岩倉訳（二〇〇六）、六九―一二一頁を参照。この翻訳は二〇一八年に刊行された『製糸の都市前橋を築いた人々』という刊行物（三四六―三七二頁）にも収録された。

（16）書簡などの私文書である。これらの史料も旅行記と同じ場所（別のファイル）に保管されている。

（17）夫のヴィットリオのことである。マティルドが遺した史料においてフランス風に「Victor」と呼んでいる。

（18）末裔が所蔵する義理の母への書簡（手稿）より。フランス語からの和訳は本稿の筆者によるものである。

（19）一八六八年十二月にイタリア公使が長く求めたイタリア軍艦「Principessa Clotilde」号が横浜で錨を降ろした。以降は、主に蚕種買い占めの季節に、様々なイタリア軍艦が日本に停泊するようになる。

（20）初代イタリア公使サリエ・ド・ラ・トゥールの活動に関してはベルテッリ（二〇一五）二六一―二八五頁、ベルテッリ（二〇一一）九三―一一二頁、を参照。

(21) ジャンナ・フランチェスカは十九歳という若い年齢でこの世を去った。
(22) Savio（2013）。
(23) Savio（2013）一二六―一二七頁より。イタリア語からの和訳は本章の筆者によるものである。
(24) この表現（Ronin）で、幕末・明治初期に日本在住の外国人たちが「外国人を嫌悪し、単独で行動する危険で暴力的な侍」を指していた。
(25) Savio（2013）一二七頁より。イタリア語からの和訳は本章の筆者によるものである。
(26) ベルテッリ（二〇一六）を参照。
(27) ところどころに短いイタリア語表記もみられる。
(28) 原本に書かれた最後のページ番号は一二一となっているが、三冊目が七一、七二頁で終わり、四冊目は本来七三、七四頁から始まらなければならないところ、七一、七二から始まっていて重複しているため、二頁のずれが生じている。したがって、実際の頁の総数は一二一ではなく、一二三である。
(29) ヴィルジニー・デラ・ローヴェレの兄弟フェデリコは、ヴィットリオ・サリエ・ド・ラ・トゥールの姉妹マリアと結婚していた。マティルドとは血は繋がっていなかったが、親戚のような親友だったとみられる。
(30) これは一八六八年に行われた新潟開港をめぐる明治政府との交渉のことである。詳細はベルテッリ（二〇一五）、二六一―二八五頁。
(31) 原文は「Tonengawa arimass」となっている。
(32) 錦絵に関する詳細な情報は速水（二〇一八）、三一三―三四五頁を参照。
(33) 本文は「Daïmiat」（大名の国）とある。つまり、藩のことである。
(34) 本文は「hhèè」とある。
(35) 本文は「le Breme du Royaume」とある。
(36) 「ブレーメンの音楽隊」というタイトル。
(37) この人物に関しても、速水（二〇一八）、三一三―三四五頁を参照。
(38) おそらくは読経のことであろう。

参考文献

（日本語）

サヴィオ・ピエトロ著、岩倉翔子訳「一八六九年六月ドゥ・ラ・トゥール伯爵閣下により実施された、日本の内陸部と養蚕地帯におけるイタリア人最初の調査旅行―詳細な旅行記と養蚕・農業・農作物の特殊情報に関する詳記」（『就実大学史学論集』二一、二〇〇六年）、六九―一二一頁

澤護『横浜居留地のフランス社会』（敬愛大学経済文化研究所、一九八八年）

富田仁『海を越えた日本人名辞典』（日外アソシエーツ、二〇〇五年）

速水美智子「明治二（一八六九）年のイタリア公使一行視察旅行　前橋のおもてなしとその後」（前橋商工会議所編『製糸の都市前橋を築いた人々』上毛新聞社、二〇一八年）三一三―三四五頁

藤本實也『開港と生絲貿易』上中下（刀江書院、一九三九年）

ベルテッリ・ジュリオ・アントニオ「イタリア商人ジャーコモ・ファルファラの未刊日誌―戊辰戦争（一八六八―六九年）の北日本の旅より」（『イタリア学会誌』六六、二〇一六年）二一一―五二頁

ベルテッリ・ジュリオ・アントニオ「外交史研究の新視点―一八六八年の新潟開港問題と駐日イタリア外交官」（荒武賢一朗他『日本史学のフロンティア①』法政大学出版局、二〇一五年）二六一―二八五頁

ベルテッリ・ジュリオ・アントニオ「明治政府の樹立と駐日イタリア公使・領事の外交活動について―イタリア側公文書を中心に―」（ＩＣＩＳ次世代国際学術フォーラムシリーズ第三輯『文化交渉における画期と創造』二〇一一年）九三―一一二頁

（外国語）

Arminjon, Vittorio, *Il Giappone e il viaggio della corvetta Magenta*, Genova: Sordomuti 1869.

Bird, Isabella L., *Unbeaten tracks in Japan*, London: John Murray 1881.

Ciapparoni La Rocca, Teresa, *I diari giapponesi di M.me Sallier de La Tour, in Atti del XXV Convegno di studi sul Giappone*（*Venezia 4-6 ottobre 2001*）, a cura di Adriana Boscaro, Venezia: Aistugia, pp. 191-202（2002）.

Ciapparoni La Rocca, Teresa, *Cav. Pietro Savio di Alessandria: Giappone e altri viaggi*, Roma: SGI 2013.

Grassi, Fabio, *La formazione della diplomazia nazionale*, Roma: Istituto poligrafico e zecca dello Stato 1987.
Makimura, Yasuhiro, *Yokohama and the silk trade*, New York: Lexington 2017.
Medzini, Meron, *French policy in Japan during the closing years of the Tokugawa regime*, Cambridge: Harvard University Press 1971.
Morelli Emilia et al. *Lo Stato liberale italiano e l'età Meiji*, Roma: Edizioni Ateneo 1985.
Polak, C. et al. *Soie et lumieres: l'age d'or des échanges franco-japonais*（*des origines aux années 1950*）, Tokyo: Hachette Fujin Gahōsha 2001.
Sallier de La Tour, Vittorio, *Sopra una spedizione bacologica nell'interno del Giappone*, in Bollettino Consolare, vol. 5, parte II, 1869, p.116-
Savio, Pietro, *La prima spedizione italiana nell'interno del Giappone*, Milano: Treves 1870.
Zanier, Claudio, *SEMAI – Setaioli italiani in Giappone*, Padova: CLEUP 2006.

（謝辞）

本研究はJSPS科研費16K03011（二〇一七―二〇一九年度、基盤研究B）の助成を受けたものである。また、ご親切に多くの史料や写真を提供してくださったサリエ・ド・ラ・トゥール家の方たち、そして本研究を可能にし、何年も前から筆者の研究活動をサポートしてくれている元ローマ大学講師のテレーザ・チャッパローニ・ラ・ロッカ氏に心から感謝申し上げます。

Ⅲ　条約をめぐる軋轢と異文化の受容

第一章　明治初年のフランス領事裁判

――佃島漁者由次郎砲殺一件を事例として――

森田朋子

はじめに

十九世紀半ば、日本は欧米諸国といわゆる不平等条約を結んだ。当時の欧米諸国がキリスト教国以外の国と条約を結ぶ際には、領事裁判権条項を入れて治外法権を確保することが通例だった。日本においても、外国人加害者はその国の領事がその国の法律に基づいて裁判することが定められた(1)。ただし、この国際慣習は大枠に過ぎず、治外法権の範囲はどの程度まで適用されるのかという解釈は、国家あるいは個人によってさまざまであった(2)。さらに、実際の領事裁判を行うにあたっての国の制度や領事個人の能力もさまざまであった。

たとえばイギリスの場合、領事には立法権が認められていて、日本の法律は、領事の布告などを経てイギリス法になってから初めてイギリス人に適応されるのであって、イギリス人は日本の法には服さないという立場だった。逆に、領事は立法権をもっているので、領事にはかなり強い裁量権があり、イギリス人に日本の法を従わせる権利があるともいえる。イギリス本国では、このようなアジアの領事の潜在権力を心配する声もあった(3)。また、本来外交官である領事に、裁判官としての役割も期待されたため、誰もがその職務を遂行できるような仕組みも整える必要があった。法律や習慣も違う外国において、イギリス人を守るため、また統制するための治外法権であった。

一方、明治政府は「万国対峙」を目標として、成立当初から条約改正を目指していた(4)。具体的な改正については、外務省は外国人を日本の制度・法律に従わせることを目標として、行政権を獲得しようとしたが、国民の声に押されて治外法権の全面撤廃を求めざるを得なくなった。

外国人による日本人殺害事件として、もっとも世間の注目を集めたのは明治十九（一八八六）年に起きたノルマントン号事件であろう(5)。ノルマントン号事件とは、イギリスの貨物船が嵐で遭難した際に、欧米人船員らが救命ボートで避難して助かった一方、日本人乗客全員が死亡した事件である。新聞報道も過熱して、人種差別との関連が指摘され、イギリスの海難審判において無罪とされると、兵庫県知事は船長を殺人罪として訴えた。また、領事裁判は弊害であると認識されて、大同団結運動などが高まりをみせ、外務省の進めた条約改正を頓挫させるほどになった。

ノルマントン号事件が与えたインパクトは、当時の日本人にとって大きなものであったと思われるが、現代の日本人にとっても、領事裁判のイメージを想起する上で大きな要因であろう。本来はまず海難事故であるノルマントン号事件の本質について論ずるべきであるかもしれないが、ここでは想起する領事裁判の事例が少ないことを問題としてみたい(6)。そこで本章では、明治四年に行われた日本人殺人事件に対するフランスの領事裁判の事例を取り上げたいと考える。漁船の上で外国人青年が日本人の若者一人を鉄砲で殺害し、同乗していたもう一人の日本人は海に飛び込んで逃げ帰ってきた事件である。死体は発見されなかった。日本側ではどのように犯人を逮捕するのか。防犯カメラもない時代においてどのような証拠が成り立つのか。そして、領事裁判ではどのような裁判が行われ、どんな法律が適用されるのか。領事裁判では、日本人は不平等に扱われるのかどうかを検討していきたい。

一　ドイツ人ジマーマンの逮捕と取り調べ

明治四年七月二十九日（一八七一年九月十三日）、佃島（現、東京都中央区）在住の漁師である細川平六と高橋清太郎は、それぞれの息子二人が事件に巻き込まれたことを東京府に訴え出た。(7) 平六の息子・由次郎（一七歳）と清太郎の息子・安次郎（一六歳）は、二十九日正午頃に、ある外国人から沖合の外国船まで送るよう強要されて漁船を出したところ、浜御庭（現、浜離宮恩賜庭園）の沖合で、由次郎がその外国人から突然鉄砲で撃たれた。驚いた安次郎は海に飛び込んで逃げ帰ったが、船の行方などについては不明であると届け出た。

その外国人の氏名は不明であるが、背が高く、鼻が高く、顎の髭は剃っているが両頬に髭がある人物で、衣服は白いパンツ（裾の方に一五センチほど縦に裂けている箇所がある）、海老色のマント、藍と白の弁慶縞、つまりチェックのシャツだったという。(8)

東京府では、安次郎を船に乗せて探索に向かったが、成果はなかった。しかし、強い南風が吹いていたことから、小舟で南方向の品川沖へ逃走することは不可能であると推測された。北方の下総方面へ官員を出張させて探索したところ、葛飾県猫実（現、千葉県浦安市）に遭難した外国人がいたことを突き止めた。(9) 官員から「外国人取押次第東京え召連」れるつもりだと連絡を受けた東京府は、太政官と外務省に上記の件を報告した。(10)

この事件の特徴は、殺人事件の目撃証人（当事者の一人）が当局へ通報してきたことであり、当局は最初から殺人事件と認定して犯人を追っていた。官員がその外国人犯罪者の逮捕・連行を企図しているのは、現行犯逮捕のイメージに近いだろう。しかし、条約によって保護されている外国人を逮捕・拘束することは、別の問題を引き起こす可能性もあった。[11]そのため、捕えた外国人への丁重な取り扱いは徹底されていて、彼が頭痛を訴えたため、その晩は猫実に一泊させることとし、築地運上所への連行は翌朝となった。なお、運上所とは、開港場に設置された運上事務や外交事務を行う役所であり、明治五年十一月に税関へと呼称が変更された。

さて、下総は遊歩規定外であることはもちろん、条約で外国人に開放されている場所でもない。[12]しかし、条約違反地域にいる外国人を発見しても、官憲が実力行使をして退去させることはできなかった。当局ができる措置としては、外国人を説得すること、問題を起こさないように彼に随行して監視すること、名前などを調べて領事に善処を申し入れることなどであろう。[13]

たとえば、明治二年三月二十四日（一八六九年五月五日）に、天皇が再び東京入りする際の巡察の御用を請負った外国官附属上野景範が、遊歩規定外地である宮ノ下（現、神奈川県足柄下郡箱根町）まで馬車で向かおうとしているイギリス商人二名を、藤沢（現、神奈川県藤沢市）で見かけたときの対処をみてみよう。[14]まず上野は、宮ノ下は条約規程外の場所なので、許可証をもっていなければ赴くことができないことをイギリス人に「種々懇切ニ説諭」したが、聞き入れなかったので大磯（現、神奈川県中郡大磯町）まで「騎馬ニテ追駆」け、さらに県兵一小隊を酒匂川（現、神奈川県小田原市）へ派遣して彼らの進行を阻止しようとした。県兵は「路傍ニ隊伍ヲ成」して隊長ら三名で説得を試みたが、彼らは今までに何度も問題なく通行していると主張して、懐中の短銃を取り出して威嚇する様子を示した。そのため隊長は、「若、暴ニ通行イタシ候ハヽ、無是非取押、コンシユル（領事―筆者注）へ引渡スノ外無之、応接ノ術、相尽」して途方にくれていたところ、外国人らは急に詫びをいれて馬車を引き返した。実は、馬車を使用人に託して横浜へ返し、彼らは徒歩で宮ノ下へ向かい、横浜へ帰ってきたのは約一か月後だった。その後、日本側の訴えにより、領事裁判が行われ、上野や隊長ら三名が証人として出廷した。裁判の結果、短銃に手をかけたとしても上着の袋からは出さなかったので、この件に関しては厳重注意とした。また、遊歩規定という条約違反については今後横浜から十里外への旅行を禁じるという判決とはいえない判決が下された。

佃島の事件に話を戻すと、翌七月三十日の昼に、当の外国人は築地運上所に連行され、尋問が始められた(15)。この尋問書の表題は「辛未七月廿九日夜中、下総猫実おゐ（ママ）て困難いたし候外国人、扶助之上連来り、相尋候聞書」となっている。日本側には逮捕・拘留の権利はないため、この尋問もあくまで遭難者の身元調査であるが、実際にはこの後、約九時間ほど拘束することとなった。

供述によれば、この外国人はドイツ人ジマーマン Zimerman(16) といい、二十二、三日前に上海から横浜へ到着したという。横浜で十日ほど過ごした後、写真家として起業しようと考え東京へ赴き、ホテルや女性の家で過ごして十日ほど経ったと述べた。当時、東京への通交は領事が発行する往来切手が必要であったが、ジマーマンは切手を所持しておらず、関所の役割を果たす六郷番所を、人力車で問題なく通過したと供述した。

さて、江戸開市は、兵庫などと共に慶応三年十二月七日（一八六八年一月一日）に行われる予定で、幕府は十月二十一日に諸外国との間に「外国人江戸ニ居留スル取極」を結び、築地鉄砲洲明石町の一帯を外国人居留地と定めて準備を進めていたが、幕府の崩壊によって棚上げされていた。その後、五月には明治新政府と諸外国との協議により、大阪は開港場に格上げされたが、江戸は開市場のままとすることが確認され(17)、八月に東京(18)の開市場が正式に開かれた。「外国人江戸ニ居留スル取極」も明治政府になって二カ条の追加事項が定められたが、その内の一つが往来切手（鑑札）と関所の取り決めである(19)。

第八条　東京へ出る外国人、官服を着用したる士官の外は、神奈川判事一覧附ある鑑札を横浜在留其国のコンシユルより受取、海路出府のものは柴田町或は築地にて上陸いたし日本役人の求めに応じ是を可差出、陸路出府のものは是を六郷渡し場にて差出すべし、尤、鑑札なく東京へ出る者あらは、召捕、其国の岡士へ引渡すへし、其故は、外国人に東京開市の趣意を条約面通り遵奉せしめんか為也

ジマーマンが通行したという六郷番所とは、東海道の六郷川（現、多摩川）のことであるが、切手を持たない者の通行が見逃されるというようなことはあり得なかった。(20) ジマーマンの供述が嘘であることはすぐに判明した。八月四日（九月十八日）には、停泊船へ酒肴菓子水菓子売込渡世をしている深川の鈴木国松という者が、七月二十九日の朝にジマーマンを船に乗せ、船松町裏通り海岸桟橋から佃島へ渡したことを申し出ている。(21)

また、ジマーマンは下総へ赴いた理由については、品川停泊の船で仕事を探すため、佃島から若い水夫二人と出船したが、台場付近で強風のため一人が海に落下し、もう一人も救助のため海中に飛び込んで行方不明となり、乗っていた船も帆が破れて転覆してしまい、下総まで漂流してしまったと説明した。当局は、日本人が海中に誤って落下したことに間違いないかと尋ね、二人の安否を最初に尋ねなかったのは不審であるとしたが、ジマーマンは、昨夜は言葉が通じなかったし、自分から尋ねなかったことを不親切と思われても仕方がないが、現在、ありのままを答えていると応じた。

当局は所持品についても、ジマーマンが申告した、流失した帽子や靴、洋銀などのほかにも何か持っていたのではないかと執拗に追及した。何度もほかの所持品はないと答えていたが、ようやくジマーマンも自分が容疑者として尋問されていることを理解してきたようで、ピストルをポケットに所持していたが紛失したと供述した。ジマーマンが船に乗り込むときにピストルを使ったのではとの質問には、そばの人に見せただけだと答えた。ジマーマンは台場付近で鳥を打とうと発射したことを供述したので、当局は、鳥ではなく人間に当たったのではないか、溺死したと思っ

ている人物はすでにここに出頭してきたので、証拠も明らかであると詰め寄った。ジマーマンは、当初、水夫は帆影にいた、鳥とは別方向にいたなどと供述したが、やがてそんなことはないと思うが鳥を打った時に誤って当たったかもしれないと供述を変更したので、いったん尋問は休憩に入った。

その後、当局は、昨日は風波が激しかったので海上に鳥はいなかったはずなのに、なぜ数発も打ったのかと尋問し、ジマーマンも鳥を打つためであり、なぜ恨みもない日本人を打つ必要があるのかと応酬した。しかし、当局はピストルの所持を隠していたこと、水夫二人の安否を最初に尋ねなかったことは事件を隠ぺいしようとしていたのではとさらに追及した。最後に、悪意の有無は別として、ジマーマンが発射した後に水夫が声をあげ、さらに二発撃った後に水夫が海中へ落ちたことについて尋ねられ、ジマーマンは弾が当たったかどうかは見なかったが、自分の弾丸のために死んだと思うと認めた。そして最終的には、以下の供述書を自筆で書いて提出することとなった。

I have schut the Japonees with a pistol not with intention but only by accident, but y say that I have no see any blood and any marques of the shooting.

Y. Zimerman（筆者注―スペルミスは原文のまま）

拙者儀、無何心短筒を以て日本人を砲射いたし候、乍去、全ク過失より生し候儀ニ而、出血且中りたる所ハ見請不申候、

ジメルマン

この詳細な尋問書は、のちに証拠書類として裁判で利用された。

これより先に運上所で尋問された安次郎の証言では、ピストルで脅されて船を出し、船中でもジマーマンはピストルを手にしていたという。突然、砲声が聞こえると由次郎がワッと声を上げ出血している様子が見え、さらにジマー

マンは由次郎に向けて発砲し、その後、自分に筒先が向けられたので、安次郎は恐怖で海中に飛び込んだという。一二、三間先の波間に由次郎が浮いたり沈んだり苦しそうにしている姿が見えたが、高波の中を一生懸命泳いでいると、たまたま通りかかった船に救助されたということだった。ジマーマンの供述とはかなり齟齬しているが、東京府はこの安次郎の証言をもとに、ジマーマンを追い詰めていくことに成功したようである。なお、この後に、ジマーマンが安次郎の胸元に短筒を向けて、出港させたことの目撃者も見つかった(22)。

その後、夜九時半にプロイセン（ドイツ）代弁副領事ヘールおよび公使館附書記官ケンプルマン（P. E, Kempermann）が運上所に駆け付けた(23)。日本当局によるジマーマンの拘束は、結果的に約九時間にも及ぶこととなった。横浜だったら、すぐさま外国側への引き渡しが徹底されたかもしれない。その後、ヘールらはジマーマンを二時間ほど尋問し、ジマーマンからは水鳥を撃とうとして誤って日本人を撃ってしまったという供述を得た。そしてヘールは、今晩、ジマーマンを受け取っても収容する施設がないので、運上所附属の仮牢に入れることを依頼してきた。

また、翌日になると、ヘールは東京府に対して、由次郎の死骸を捜索し、築地まで搬送してくれるようにと要請してきた(24)。検死の必要性があると考えたためであろう。東京府は、「仮令、腐爛いたし候とも、可成丈不損様、其所江繋留置」くようにと、金五両以上の報奨金をつけて、海岸線および海中の探索を命じた(25)。捜索範囲は神奈川・品川・小菅・葛飾・佐倉・曽我野・生実・菊間・桜井・飯野県にまで及んでいる。ただし、遺体は発見できなかった。現在では、死体なしで殺人事件として立件することは難しいであろうが、この事件はそのまま殺人事件として処理された。

他にも海中に落としたとされるピストルなどの探索も提案されたが、これらを発見することは難しかった(26)。物証として東京府が押収したのは、血痕の残った船だけだった(27)。もっとも船は覆ったとされているので、どの程度、血痕が確認できたかは定かではない。

ドイツ側では、裁判に関しては横浜の領事が担当であるため、すぐさまジマーマンを横浜へ移送することを要求した。東京府としては、殺人という重大事件の犯人を安易に移送することに難色を示したものの、八月十四日（九月二十八日）にドイツの横浜領事館から迎えが来たため、別手組四名を添えて横浜へ護送した。(28)

二　フランス人ディブリーに対する三つの裁判

日本人殺害犯として横浜に護送されてきたジマーマンのことは、横浜居留地でも瞬く間に話題となった。(29)彼の身柄は、八月十四日（九月二十八日）の午後一〇時頃に当時外国人用の収監施設として利用されていたイギリス領事館付属の牢屋に入れられた。(30)ただし、すでにこの時に、看守はドイツの領事館の巡査から囚人の国籍に疑いがあることを聞かされていた。すると、彼はなんと、ストラスブール生まれのドイツ人ジマーマンではなく、フランス軍艦リノワ（Linois）号を脱走したフランスのオワーズ県エルモンヴィル出身、二十一歳のロスラン・ディブリー（Roslin d'Ivry）であるということが明らかになった。八月十六日（九月三十日）に彼の身柄はフランス当局が引き取り、また書類や事件そのものも北ドイツ領事ザッペ（Zappe）からフランス領事コロー（Colleau）へ引き渡された。(31)フランス領事側では、すでにディブリーが七月二十一日（九月五日）にリノワ号から姿を消したという報告を受け取っていて、居留地警察や日本当局にその探索を依頼していたところだった。(32)

水夫の脱走や職務怠慢などは、当時の領事裁判においてよくある犯罪であったが、ディブリーが軍艦の水夫であったために、この事件はやや複雑なケースとなった。現代でも、治外法権として在日アメリカ軍の待遇などが想起されるが、軍が軍人に対する裁判権（管轄権）を持っているからであり、この当時においてもディブリーの裁判権（管轄

表　1871年フランス軍艦横浜出入港一覧（『Japan Weekly Mail』より作成）

船名	(上)種類／(下)艦長	1月	2月	3月	4月	5月	6月	7月	8月	9月	10月	11月	12月
Venus ヴニュ	フリゲート	1/6 巡航へ				(5/6-13) に出港							
Linois リノワ	ガンボート Leixert	1/6 巡航へ			4/28 巡航より		(5/20-6/17) に入港				10/1 巡航へ		
Dupleix デュプレクス	コルベット Sébastien Lespès	1/25-26 巡航	2/11-20 巡航		4/13 巡航へ	4/30 横須賀より (5/6-13) に出港							
Alma アルマ	甲鉄艦 Leopold de Pritsbuer	1/26 巡航	2/11-20 巡航		4/2-7 神戸 4/26 長崎へ	4/27 横須賀より 5/13 長崎へ		(7/22-29) に入港			10/21 横須賀へ		
Coëtlogon コエトロゴン	ガンボート Gottier				4/8 神戸より	(5/16-13) に出港							
Segond スゴン	ガンボート Cünte					5/8 長崎より							
Cosmao コズマオ	コルベット Lefevre					5/29 サイゴンより	6/7 サイゴンへ						

＊　『Japan Weekly Mail』はCoetloger・Segondaと表記しているが，Coëtlogon・Segondに改めた（http://dossiersmarine.org/p1.htm）.

＊　「セイゴン」号（Segond）は，10月7日（11月19日）に横須賀造船所で修理することを許可されている（『外務省日誌』19号）.

権）は海軍が管轄していた。ただし、この事件において、領事と海軍はきちんと協力して、事件に対処していたことがみてとれる。

フランス領事コローに事件が引き渡された同日には、フランス海軍から脱走兵の引き渡しを打診されて、脱走したリノワ号ではなくアルマ（Alma）号へと移監された。

横浜には、幕末の攘夷運動への対抗を理由に、一八六三年から一八七五年までフランス軍がイギリス軍とともに駐屯し、当時はフランス海軍の海兵隊（Infanterie de la Marine）が担当していた[33]。これに伴って、フランス海軍の中国および日本海域分艦隊（Division navale des mers de Chine et Japon）の本部も日本に移ってきていた[34]。この艦隊の司令長官ジゾーム准将（le contre amiral Georges Gizolme）の旗艦が、甲鉄艦アルマ号である[35]。表は一八七一年に横浜港に寄港していたフランス軍艦を示している。八月二十一日（十月五日）にアルマ軍艦上においてまずは脱走罪についての裁判が開かれ、ディブリーへ懲役三年が言い渡された。

八月二十九日（十月十三日）フランス公使からの公式な事件調査要請の書簡を得て、領事側でも独自にこの日本人殺害事件の調査を始めた。まず、ディブリーとジマーマンが同一人物なのかどうかを確認するために、九月三日（十月十六日）に領事や横浜領事官附の外務書記「シャンフリエ」（Chancelier）、通訳などが東京へ派遣された(36)。証人らも築地運上所に呼ばれて、フランス側は事件について詳細な知識を得ることに努めた。

その上で、九月十三日（十月二十六日）に、領事コロー、裁判補助ジュバン(37)、フォルカード(38)の三名によってフランス領事裁判が開かれた(39)。フランス刑法によれば、重罪事件については、それを刑事事件として裁判するかどうかを決める予審裁判を行うことが必要であると定められており、この日の裁判はそれにあたるだろう。なお、日本でも旧刑法ではフランス法の影響を受けて、予審制が取り入れられていた。この裁判については、判決書の和訳文しか見当らないので詳細な裁判の手続きは不明であるが、この判決書に「被告人を相糺したる口書幷三人の證人と被告人を突合吟味致せし節の聞書及ひ證人共の口書等に拠り領事より審問を遂し時の諸書類をも悉皆読上け候事」とある。これを見る限りでは、①被告の尋問書、②証人三名と被告人との突合吟味の際の調書、③証人の尋問書をもとに領事から質問した際の書類が読み上げられたことがわかる。東京における調査でも尋問が行われたが、前日の九月十二日に、二人の証人が突合吟味のために裁判所に来ているので、複数日にわたって審問が行われ、この十三日が最終日に当たり判決が決定されたと考えられる。証人三名は不明であるが、次の海軍裁判の証人の中の誰かであろう。

この裁判では、由次郎はディブリーに撃たれた傷によって死んだのか、あるいは溺死したのかがはっきりしないことも論点の一つだった。しかし、ディブリーは「悞殺」であり故意ではないと殺害を否定しているけれども、火器を使用した経緯については十分な説明ができず、証人から弁駁されていることから、刑事裁判にすることが妥当であると認定された。そしてディブリーは海軍水夫なので、アルマ号のジゾーム准将に引き渡されることが命じられた。この予審では、ディブリーの殺人は過失致死として認めるのは難しいと思われていたのではないだろうか。

さて、ジゾーム准将の命令を受けて、今度は海軍による裁判が、九月二十一日（十一月三日）午前十時にアルマ船上で開かれた。[40]「フルガット船長」[41]を裁判議長として、アルマ号指揮官三名、スゴン（Segond）号副指揮官二名、アルマ船機関士長、アルマ船指揮官政府代官および政府副代官吟味役マルタン[42]の八名により、審議・評決が行われた。被告のディブリー、代言人、日本側の証人として佃島漁夫安次郎・正次郎・安次郎父清太郎・国松・下総長嶋村（現、東京都江戸川区。浦安の隣接区域）漁夫銀蔵・鉄太郎・東京府小笠原少属が出廷した。さらに、外務少丞楠本正隆・司法中判事中野健明のほか、外務司法関係四名も出席した。コローは、日本の外務省や司法省関係者が大勢裁判に参加したのは、この事件が明治政府にとって最初の日本人殺害事件にあたるためであろうと、在京のフランス公使に伝えている。[43]また、フランス海軍の士官や水夫など数十人も傍聴していた。

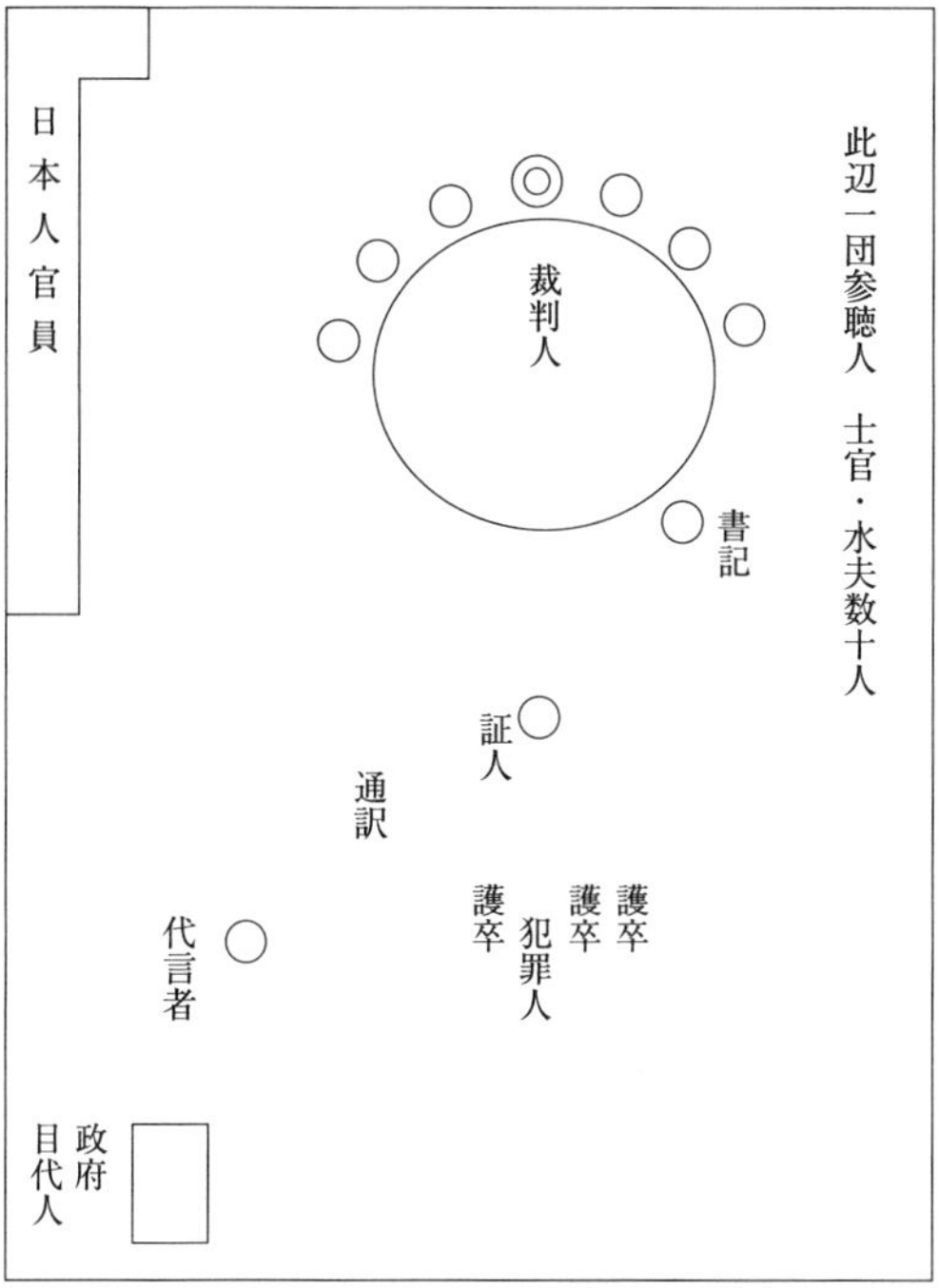

図　軍艦アルマ号内における裁判の座順

裁判の冒頭、開廷理由として、フランス海軍刑法書五八・六〇・二一一章に準じ、二二〜二四章の趣意のもと、海軍法三一九章に対する誤殺容疑に関する審判であることが宣言された。

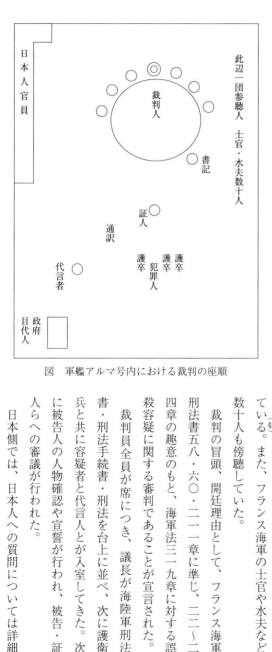

裁判員全員が席につき、議長が海陸軍刑法書・刑法手続書・刑法を台上に並べ、次に護衛兵と共に容疑者と代言人とが入室してきた。次に被告人の人物確認や宣誓が行われ、被告・証人らへの審議が行われた。

日本側では、日本人への質問については詳細な記録を作成している。(44)最初の証人は安次郎であり、まず出身、年齢、職業などが尋ねられ、宣誓も行われた。そして、安次郎に事件を詳細に聞かせるよう求めた。また裁判員からの質問は多岐にわたった。鳥はいたのかと聞かれ、鳥はいなかったと答えた。また、由次郎が海へ落ちたのは傷が原因か、それとも驚いて落ちたのかと尋ねられたが、自分は海中に潜っていたのでわからないと答えた。また船中で争論などなかったか、あるいは帰宅しようとしなかったかと尋ねられたが、言葉が通じないので争論もなく、帰宅することもなかったと答えた。裁判員はディブリーが由次郎を殺した理由を探していたようにみえるが、結局、安次郎の証言では何もわからなかった。

次の証人正次郎は、ディブリーが佃島で最初に背中を叩いて声をかけた漁師である。安次郎らがピストルで脅されて出船したのを目撃した証人として呼ばれたと思われるが、裁判では、すぐに家に帰ったため、出船したところはみていないとの証言をした。また、ディブリーが酔っぱらってはいなかったことも証言した。

次の証人国松はディブリーを佃島まで送ってきた人物である。国松もディブリーは酔っぱらっていなかったことを証言した。

次の証人清太郎は、安次郎の父親である。安次郎から事件を聞いてすぐに訴えたことを証言した。

次の証人銀蔵は、下総でディブリーを救助した人物である。胸まで水に使っていた外国人を救助し、自宅に戻って小菅県役所に届け出たという。携帯しているものは何もなかったと証言した。次の証人鉄太郎も同様のことを証言し、転覆した船に近づいたところ外国人を救助できたようである。二艘の船で一艘の船を引いて銀蔵の自宅に連れ帰ったという。

次の証人は東京府の役人、小笠原少属であり、当初からディブリーを探索し、その後下総に漂流した外国人がいると聞いて現地に行き、翌朝、ディブリーを船で東京へ連れていき、さらに駕籠で運上所へ送り届けた人物である。

すべての証人に対して、死体の有無を尋ねたが、全員から見つからなかったとの返事を得た。すでに予審が行われているのであるが、日本側が作成した資料では、ディブリーに由次郎を殺害する意図があるとは思われないことを補強する内容の裁判となった。なお、それぞれの質問は英語で行い、ディブリーらのやり取りはフランス語だったようである。

審問が終わると、証人や傍聴人は別室へ移動して、裁判員のみで順々に意見を述べ、有罪かどうかを話し合った。結果は、有罪が五名、無罪が二名であったが、最終的にディブリーに二年間の入牢と六〇〇フランの罰金、そして裁判入費の支払いを命じることに決定した。刑罰の下になった法律は以下のとおりである。(45)

第三百十九章ノ條目

法則ヲ気付ケサルニ依リ、不慮ニ依リ、怠リニ依リ、不心付ニ依リ、仕損シニ依ルト雖モ、不慮ヲ以害殺ノ科ヲ犯シ、或ハ不慮ヲ以テ其科ニ陥ル者ハ、三ヶ月乃至二ヶ年間入牢ノウエ五十フランク乃至六百フランクノ罰金タルベキ事

第百六十九章ノ條目

罪科ニヨッテ裁判所於テ人ヲ罰スルトキハ、其裁決諸入費ヲ払ワシメ、且、其所持ノ品々ヲ取上ケ、是ヲ以テ、其裁決ノ為メ、其国其地ヨリ費ヤス処ノ入用ニ当ツヘキ者也

その後、再び全員がこの部屋に戻り、武装した護衛兵に囲まれながら、政府代官「シュゾールー」(46)によってディブリーに処罰が読み聞かされた。二四時間の控訴期限が告げられた後、裁判員たちは判決文に調印した。ディブリーからの控訴はなく、政府代官と吟味役マルタンの調印によって裁判は終結した。被害者の父親である平六は、賠償金についての決定がないので不服だったようだが、民事訴訟は領事に任せるというジゾーム准将の承認を得て、再び吟味

役マルタン、そして領事館付法官見習いのデグロン（Deglon）[47]の手を経て、コロー領事がこの裁判を承認した。日本人出席者に対しては通訳によって「誤殺ト決定、此誤殺中ニ軽重三等有り、此三等中二等ニ決定す、其刑弐ヶ年牢舎、六百フランク過料取立ト決定す、尤由次郎家族江扶助金等之義は仏国領事職掌ニ付、同方江申談候様談話有之」と告げられた。[48]日本人らは三時半過ぎに帰宅したという。

裁判は結局、ディブリーの供述に基づいて、故意ではなく「誤殺」として処理された。もっとも二年、六〇〇フランという最高刑が言い渡されたことは、日本側証人の信ぴょう性が認められたともとれるだろう。

損害補償に関する民事訴訟は、改めてフランス領事裁判所で行うことになり、十日後の十月一日（十一月十三日）に、領事コロー、裁判補助ジュバン、コニールの三名によって、[49]三番目の裁判が開廷された。平六の代言人はフランス語新聞 “L'echo du Japon” の社主の一人であるルグラン（Legrand）[50]が務めた。ルグランは、ディブリーは二〇〇〇両の賠償金を支払い、また日本の慣習に合わせて皆済まで一割二分の利金を支払うこと、さらに裁判費用も支払うべきであると主張した。一方、ディブリーは自分自身で弁護を行い、金額が法外であり、そもそも自分は賠償金を支払う必要はないと申し立てた。判決では平六の主張が全面的に認められ、二〇〇〇両すなわち六五〇〇フランの補償金と利息、そして九八・五フランの訴訟費用の支払いがディブリーに命じられた。横浜居留地のフランス人を代表するような人物が、平六の代言人に立っていること自体が、この裁判の行方を決定づけているようにみえる。この領事裁判では、日本側の完全勝訴となった。

日本の前近代社会では、高額な賠償金を支払う慣行はなかった。九月四日の段階では、東京府からフランス領事に対して、運上所で平六の家族構成と平六、息子源次郎そして死亡した養子由次郎の三人で漁業稼ぎをしていたことを知らせているのみである。[51]扶助金二〇〇〇両の要求は、平六に誰かがアドバイスしたものかもしれない。幕末以来の外国人殺害状況のなかで、日本側は少しずつ賠償金・補償金・扶助金などを支払う慣行を取り入れてきていた(52)。また、事前に領事と東京府との間で償金などについての意見交換がなされたことも、判決に影響を与えたのではないかと思われる。

フランス領事コローは、十一月九日に公使に報告を行い、ディブリーの実家は裕福なので、賠償金を支払うだろうと期待する一方、もし、ディブリーの実家が支払いを拒否した場合は、日本との関係が悪くなると心配していた(53)。コローは同月二十三日にも公使に追加報告を行った(54)。目新しい報告ではなく、年一二％の利息というものが公式のものであることや、日本政府もこの裁判を注視しているので関係悪化を招かないようにすべきことなどが述べられていた。また、外国人加害者に対する裁判としての先鞭の自負もうかがえるものであった。その後、コローは公使に対して、三度目となる報告を行っていて、やはりこの利息が問題となっていたようである。

実際、フランスのディブリーの実家では高額な賠償金の支払いが難しく、この支払はなかなか進まなかった。結局、アパートを売却して費用を捻出したようである。また、平六からも催促する書状が東京府へ寄せられた。ようやくフランスから支払いの通知が届き、結局、翌五年七月十一日（一八七二年八月十四日）に平六は一二〇〇ドル八四セントを受け取り、その中からルグランに代言人代として五〇ドルを支払った(55)。一二〇〇ドルの内訳は、補償金六五〇〇フランに九月二十六日から七月四日までの利金五八九フラン五サンチームを足した計七〇八九フラン五サンチーム、これをドル換算して一二〇〇ドル八四セントと報告された(56)。フランス領事コローは公使へ対して、この問題の解決は日本との将来の関係にとって素晴らしい結果となったことを報告した(57)。

おわりに

　以上、明治四年の日本人殺害事件に関するフランスの領事裁判を検討した。まず、日本官憲によって最初に尋問を行うことができ、きちんと調書をとれたことには一定の意味があっただろう。死体のない中で、安次郎とディブリーの証言、およびディブリーの尋問書から判決が導かれた。フランスの領事裁判は、本国の法律に則って行われていて、とくに海軍による裁判は法律の型どおりにシステマティックな裁判が行われた。また、損害賠償請求に関する領事裁判において、居留民が代言人として日本人の請求を勝ち取り、犯人の家族が高額な賠償を支払った。これらのことが、この事件の特徴としてあげられよう。フランス人青年は日本人の殺害を認めたが、鳥を打とうとした際の事故であると主張し、裁判でもその主張が認められた。しかし、この主張が全面的には受け入れられなかったことは、法律の範囲内での最も重い刑罰を科したことからも明らかであろう。損害賠償請求については、日仏関係を良好にするための政治的配慮からか、日本側の主張が認められ多額の賠償金が支払われた。

　裁判の中では、一度も話題にあがってはいないが、ディブリーがそもそもフランス海軍を脱走しようとしていたこと、当初は国籍も名前も虚偽のものを使用していたことは、刑を確定する上で大きな要素となったことだろう。また領事裁判においては、ディブリーが領事が守るべき横浜在住の商人ではなく、海軍の水夫であったことも、判決に影響した可能性はあるかもしれない。

　領事裁判制度は、日本が、諸外国の法律・慣習に触れる場面であった。旧刑法はフランス法の影響を受けているといわれ、殺人罪は「謀殺」（計画性のある殺人）と「故殺」（喧嘩などによる殺人など計画性のない殺人）の区別がなされている。今回の事件は、まさしく「故殺」として取り扱われた。また、日本当局への説明としても、罪刑法定主義として、理路整然とした説明がなされている。英米法の場合は、コモン・ローを使って日本の刑罰に対応してくれるかもしれないが、フランス法のほうが日本人にとってはわかりやすいだろう。それでも、日本の当局は当初から処罰内容を知りたがっていて、フランス側は裁判によってはじめて量刑されることを説得しなければならなかった。

一方で、諸外国もまた日本の法律・慣習を配慮することもあった。この裁判では、コローが賠償金だけでなく利息という日本の慣習を認めたことなどがあげられるだろう。ただし、このような恣意的な判決が、かえって領事裁判制度を複雑にし、領事個人の裁量権にかかることを許してしまっていることには留意しなければならない。

註

(1) 加藤英明「領事裁判の研究―日本における―(一・二)」(名古屋大学『法制論集』八四・八六、一九八〇年)。

(2) 筆者は幕末のモス事件などを素材として、イギリスの領事裁判の運用実態を検討した(森田朋子『開国と治外法権』吉川弘文館、二〇〇〇年)。

(3) 森田朋子「日本におけるイギリス領事裁判制度」(名古屋歴史科学研究会『歴史の理論と教育』一二六・一二七、二〇〇七年)。

(4) 条約改正については、大石一男・小風秀雅「条約改正交渉をめぐる国際関係」(明治維新史学会編『講座明治維新六　明治維新と外交』有志舎、二〇一七年、二四九―二八三頁)、五百旗頭薫『条約改正史』有斐閣、二〇一〇年など、総括的な研究が行われており、領事裁判権についてもさまざまに検討されている。

(5) 古典的な研究だけでなく、たとえば戸田清子「明治前期における条約改正と新聞報道―ノルマントン号事件報道を中心に―」(『奈良県立大学研究季報』一四(二・三)、一一一―一一八頁、二〇〇三年)など、新たな視点で研究がすすめられている。

(6) たとえば、明治の外国人関係刑事事件として、中山勝「明治七年・函館におけるドイツ領事殺害事件に関する一考察」(手塚豊編著『近代日本史の新研究2』北樹出版、一九八三年)などがある。

(7) 被害者父平六等より東京府への訴状、明治四年七月二十九日、『日本外交文書』四巻三二四号附属書。以下、『日本外交文書』

4-324-附と表記する。なお、同一史料の出典は、『日本外交文書』を優先し、適宜、東京都公文書「仏国人ヲーランジウレー・佃島漁者由次郎砲殺一件」（請求番号604.D3.06、[MF]別置-038、[D]D499、東京都公文書館蔵）および外務省記録「東京佃島ニ於テ仏蘭西国軍艦「アルマ」号脱艦水夫「ジメルマン」独逸国人ト偽称漁夫細川由次郎ヲ銃殺一件」（四門二類五項二三号）（外務省外交史料館蔵）で補うこととする。以下、それぞれを『公文書』（604.D3.06-件名番号）、『外務省記録』（4-2-4-23-件名番号）と表記する。

（8）「ジメルマン砲殺の儀外務省へ告知　但佃島町用掛外2人届書添」、『公文書』604.D3.06-003。

（9）なお、八月三日に猫実は葛飾県ではなく小菅県管轄であることを報告している。（『公文書』604.D3.06-002）。

（10）『日本外交文書』4-324及び『公文書』604.D3.06-001。

（11）外国人をめぐる警察行動については、（鈴木康夫）「横浜外国人居留地における近代警察の創設—治安の維持と不平等条約—」（『警察政策学会資料』八六、警察政策学会・警察史研究部会、二〇一六年）に詳しくまとめられている。

（12）条約では、外国人は開港場の周辺地域を自由に通行することが認められている（遊歩区域）。神奈川（横浜）では、北方面は六郷川（現、多摩川）まで、その他は十里（約四〇キロ）四方としている。上西勝也「明治初期の神奈川県における外国人遊歩規程測量」（『地理学評論』八八—八、二〇〇八年）は幕末の外交交渉を捨象しているが、明治時代の具体的な測量が明らかにされた。

（13）条約規定地域外の外国人通行問題については、生糸をめぐって広瀬靖子「明治初年の対欧米関係と外国人内地旅行問題1・2」（史学雑誌八三—一一・一二、一九七四年）、ベルテッリ・ジュリオ・アントニオ「駐日イタリア公使アレッサンドロ・フェ・ドスティアーニ伯爵と外国人内地旅行問題について—明治初期の日伊外交貿易関係を軸に—」（『日本語・日本文化』三三、大阪大学、二〇〇七年）などがある。伊藤久子「明治時代の外国人内地旅行問題—内地旅行違反をめぐって—」（『横浜開港資料館紀要』一九、二〇〇一年）は明治七年の内地旅行制度の成立とその後の違反などの実態を取り上げている。制度の成立は外国人にとって厳しい旅行規制だったというが、本章の事例も天皇の通行によって取締ったものなので、温泉地への無免許通行は横行していたとみられる。

（14）『神奈川県史料』第七巻、神奈川県立図書館、一九七一年、四四八頁。

（15）『公文書』604.D3.06-004。

（16）史料上では「ジメルマン」と表記されている。

（17）東久世中将より英ほか五ヶ国公使宛、五月二十八日。（『外國事務日誌　阪府　第一号』早稲田大学古典籍総合データベースより）

（18）慶応四年七月十七日（一八六八年九月三日）に東京に改称。

（19）慶応三年十月二十一日、『法令全書』明治元年附録、第四。なお、八・九条は明治元年十月四日に追加。

（20）新橋―横浜間の汽車通行は多摩川に橋を架けたため、外国人にとっては新橋から人力車を使って築地へ行くことが便利であると考えられた。なお六郷の渡しは、明治七年一月に鈴木左内が私費で橋（左内橋）を架けて、通行料を徴収したことにともなって廃止された。

（21）『公文書』604.D3.06-010。

（22）No. 21. Oscar Colleau to Paul Louis de Turenne, le 9 Nov. 1871, "Correspondence Consulaire et Commerciale, Yokohama 1870-1901", vol. 1, f106-112.（フランス外務省文書、横浜開港資料館蔵）。

（23）『公文書』604.D3.06-006。

（24）『公文書』604.D3.06-008。

（25）『公文書』604.D3.06-009。

（26）『公文書』604.D3.06-014。

（27）押収後、八月十二日には、帆や碇などの付属品が返され（『公文書』604.D3.06-016）、最終的には、十二月十六日に、船の所有者である高橋清太郎に対して押収されている間の補償として金三両三分が支払われた（『公文書』604.D3.06-番外）。

（28）『外務省記録』4-2-4-23-10。

（29）『Japan Weekly Mail』Vol. 2. No. 39、一八七一年九月三十日（『ジャパン・ウィークリー・メール』四巻、エディション・シナプス、二〇〇六年、五四七頁）。

（30）N0. 54, Russel Robertosn to Harry Parkes, Oct.10, 1871. FO262/218, f261-274. イギリス領事館の牢獄では、ドイツ人収監人をフランス当局に書類なく引き渡したことが問題とされた。この報告書と一連の関係書類から、牢獄を使う際には、正式な逮捕状必要であるなどの一定の規則があったこともうかがえる。イギリス領事は、今回のケースを一時的な拘置所としての使用であったと結論したが、いろいろな問題があったことがうかがえる。

(31)『公文書』604.D3.06–020。

(32) 前註(22)。

(33) 図録『史料でたどる明治維新期の横浜英仏駐屯軍』（横浜開港資料館、一九九三年）。

(34) 保谷徹「フランスの文書館と日本関係史料―幕末維新期の軍事関係史料調査報告」（『東京大学史料編纂所研究紀要』八、一九九八年）、一一六頁。

(35) 前註(22)。

(36)『ジャパン・ディレクトリー』一八七二年版では、外務書記 chancelier として、Léquet, T. J. が確認できる。外務書記とは、秘書・事務員・公証人・執行官など領事の補佐を務める職掌である。

(37) 史料上では「イー　ヂュバン」又は「イー。チュバン」と記載されている。『ジャパン・ディレクトリー』一八七一年版に、横浜七一番に Jubin & Co. という商会の商人 Emile Jubin が確認できる（『ジャパン・ディレクトリー　幕末明治在日外国人・機関名鑑』一巻、ゆまに書房、一九九六年。以下、『ジャパン・ディレクトリー』は本書より引用）。

(38) 史料上では「ゼゼ　フォルカード」と記載されている。『ジャパン・ディレクトリー』一八七一年版では、横浜一〇番に J. J. Fourcade という storekeeper 小売商が確認できる。

(39) 領事裁判記録、一八七一年九月十三日（『日本外交文書』4-334-附）。一八三六年五月二十八日の法、三七～四四章。

(40) 仏国海軍法廷に於ける右判決記録、九月二十一日、『日本外交文書』4-335-附1。

(41) 史料上では、「フルガツト船長」の「ジュシャクセルマリイアドムフェリクス」または「シュルハクセル」とあるが、人物を特定できていない。フリゲート船のことか。

(42) マルタンは唯一、公使館の一員である。『日本外交文書』一には「巡査」という表記がある。

(43) 前註(22)。なお、明治二年の神戸のアメリカ領事裁判では、アメリカ商船の水夫ポールマスコーが、日本兵青木孟を故意ではなく負傷させて致死させた事件で、一年の禁獄と日本追放の処罰となったことが報告されている（米公使より外国館知事伊達宗城他宛、一八六九年四月八日、『神奈川県史』第七巻、神奈川県立図書館、一九七一年、四四一頁）。

(44)『公文書』604.D3.06–027。

(45) 前註(40)。

(46) アルマ号に付属されている文官であろう。「ジュザンドルー」「シュカンルー」「シュゾールー」などと記載されている。
(47) 『公文書』604.D3.06-019。
(48) 同前。
(49) 史料上では「ヌー。コニイル」と記載されている。『ジャパン・ディレクトリー』一八七〇年版では、横浜一〇番にFourcade & Co. のほか五軒の商店と居住者など一二名が記載され、Services Maritimes des Messageries Imperiales の代理人にConil A. が確認できる。
(50) 一八七〇年の『ジャパン・ディレクトリー』では横浜一八三番に“L'echo du Japon”の所有者としてLegrand H. とLévy C が併記されていて他に五名の名前がある。“L'echo du Japon”は日本初のフランス語新聞であり、一八七〇年から発刊されている（澤護「横浜居留地のフランス社会（3）幕末・明治初年を中心として」『敬愛大学研究論集』四八、一九九五年に詳しい）。この裁判がどのように書かれていたのか興味があるが、もっとも古い現存史料は一八七五年である。
(51) 家族尋書、『公文書』604.D3.06-014。
(52) 前掲森田、第三部第一章「幕末期における償金問題と国際法」を参照。
(53) 前註(22)。
(54) No. 21. Oscar Colleau to Paul Louis de Turenne, le 23 Nov. 1871, “Correspondence Consulaire et Commerciale, Yokohama 1870–1901”, vol. 1, f112–114.（フランス外務省文書、横浜開港資料館蔵）。
(55) 『公文書』604.D3.06–番外。
(56) 『公文書』604.D3.06–番外。
(57) No. 7. Oscar Colleau to le Conte du Remusal, le 14 Avril 1872, “Correspondence Consulaire et Commerciale, Yokohama 1870–1901”, vol. 1, f172–174.（フランス外務省文書）

第二章　明治新政府の外交体験と条約理解
——明治二年不開港場規則・難船救助をめぐって——

上白石　実

はじめに

戊辰戦争から百五十年がたった現在、戊辰戦争から始まる明治維新を時代の画期とみなす風潮がしばしばみられる。こうした風潮に対して本章は、ロシア使節ラクスマンが来日した十八世紀末以降に蓄積された幕府の外交経験と、幕府が締結した通商条約にもとづく外交体制が、明治新政府にも継承されていったことを、新政府による実際の外交問題の解決と国内法の整備の視点から検証することを目的としている。つまり、幕府から明治政府への政権交代を、時代の断絶ではなく継承という視点で見ようとするものである。

そのために二つの検討課題を設定した。第一の課題は、通商条約で開港場とされなかった港、すなわち不開港場において戊辰戦争中頻発した外国船による密貿易への対応を通じて、外交経験の浅い新政府が国際法や国際条約について学んでいく様子を検討することである。戊辰戦争中の密貿易について筆者は、明治二年（一八六九）七月宮古（岩手県宮古市）で発生したフランス商人ファーブルに雇われたイギリス船オーサカ号による蚕種紙の密輸事件をかつて紹介したが、(1)この他にも外務省外交史料館所蔵の外務省記録に多くの事例を見ることができる。そのなかから本章では、明治二年四月イギリス人クラークが密貿易の疑いで石巻（宮城県石巻市）において捕縛された事件（以後、クラーク事件）への対応を取り上げる。

この事件については、すでに列強監視下に戦われた戊辰戦争における叛徒側に荷担した外国商船の事件としてイギリス側の動向が紹介されている。(2)それによると、この事件を裁いた上海の英国上級審では、この事件は局外中立を撤廃した後に発生した事件であるため箱館の榎本軍は交戦団体ではなく叛徒となる。それゆえクラークが箱館に武器・兵員を運送することに関しては違法行為ではなく、不開港場である石巻で密商を行ったことだけを違法行為と判断したという。それに対して本章では、新政府軍の動向に注目してみたい。

第二の課題は、クラーク事件の経験から国内法の不備を学んだ新政府が、明治三年二月二十九日に布告した不開港場規則難船救助心得方条目について、規則が必要とされた理由や発令までの経緯を明らかにするとともに、外国船の救助方法について近世からの連続性に注目しつつ検討することである。

日本の近世史においては、海難救助に関する金指正三(3)や漂流民の送還に関する荒野泰典、(4)春名徹(5)など豊富な研究史が蓄積されている。これらの研究から外国の難破船が海岸に漂着したときの対応を整理してみよう。異国船がまだ浮いている場合は、小船で包囲する垣船によって隔離し、必要な物資を無償で給与して船を修理して出航させる。破船した場合は、船員を積荷・船具とともに周囲を竹矢来で囲う虎落《もがり》をして隔離した小屋に収容し、船員を積荷・船具とともに陸路または海路長崎に護送する。長崎では、船員が中国人の場合は唐人屋敷、朝鮮人は対馬藩、琉球人は薩摩藩、ヨーロッパ人の場合はオランダ商館へ引き渡す。その間の救助と送還に関する費用は漂着地の領主が負担し、漂流民や漂流民の属する国に請求することはなかった。(6) このように、近世においては接近する異国船を海難事故による漂着船であるとの前提のもとに、保護・隔離・送還していたのである。この難船救助の方法が、近代にどのように引き継がれていくのか、またはまったく違う方法になるのかを見ていきたい。

一　海難救助と密貿易に関する法令

1　日本船を救助した場合

本論に入る前に、近世における難船救助に関する法令を、金指の仕事を手掛かりに整理しておきたい。まずは日本船の場合である。

①元和七年令(7)

元和七年（一六二一）幕府から西国諸大名に宛てた三ヶ条からなる法令で、第一条は難船の積荷である穀物を略奪することの禁止とその罰則規定である。第二条は救助を義務とするもので、第三条は略奪を防ぐため関係ないものはその場へ立ち会わないことを規定した。これらの条文から、この法令が全国の幕領からの廻米を担う廻船の海難事故を想定していたことがわかる。またこの法令は、中世まで広く行われていた人を含めた漂流物を発見者の所有とする遭難物占取の原則を否定するものであり、人と漂流物を保護して送還するという近世的海難救助への転換を表明するものであった。

②寛永十三年令(8)

寛永十三年（一六三六）幕府が浦高札として全国の港に掲示させた三ヶ条の法令である。第一条で難船が現れたら救助することを義務とし、第二条では救助報酬の基準を示し、第三条は漂流中積荷を放棄する刎ね荷をしたときには救助された港の支配に届けることとした。このうち、第二条の救助報酬とは、海船の浮荷は二〇分の一、沈荷は一〇分の一、川船の浮荷は三〇分の一、沈荷は二〇分の一と規定された。

③寛文七年令(9)

寛文七年（一六六七）に発令された七ヶ条の法令で、最初の三ヶ条は寛永十三年令と同じ内容で、新たに加えられたのは以下の四ヶ条である。第四条は日和待を理由に長期滞在することの禁止、第五条は城米輸送中好天時の破船は船頭の過失とすること、第六条は無人の漂着船と寄荷物は半年の保管後発見者の所有とすること、第七条は博打禁止である。この法令で注目すべきことは、第六条の漂着船と漂着物に対する所有者の所有権に有効期限を設定したことである。

④正徳元年令(10)

正徳元年（一七一一）に発令された「諸国浦高札」と表題がついた法令だが、字句の異同は若干あるが寛文七年令と同じ内容である。

⑤正徳二年令(11)

正徳二年（一七一二）に発令された三ヶ条の法令で、「浦々添高札」と表題にあるように正徳元年令に添えて発令されたものである。第一条は難船救助を義務とすることと、破船を装い刎ねた積荷を横領することを禁止し、第二条は幕府の城米を輸送する廻船には喫水線に極印を打ち、喫水線がずれている場合は抜荷などの不正があると判断すること、第三条は救助の際に積荷や船具を盗まれた場合は船頭が訴えることができるとした。この正徳二年令が近世の難船救助の原則となって幕末まで続くことになる。またこの法令は幕領の年貢米を廻送する廻船を対象としているが、この原則が他の廻船にも適用されていた。

日本船の難船救助の原則について整理しておこう。難船が出現した場合は浜辺の者が救助することが義務であり、そのかわり救助報酬として浮荷は二〇分の一、沈荷は一〇分の一を取ることが許された。漂着船と漂着物に対する所有者の所有権の有効期限は半年間とされ、半年を経過すれば所有権は発見者に移された。

2　外国船を救助した場合

次に外国船救助に関する法令を見ていくが、開港以前については前に検討しているので省略し[12]、ここでは日米和親条約調印以後について見ていきたい。

近世における外国船救助の原則は、前述したように保護・隔離・護送である。それと同時に、救助報酬だけではなく積荷の引揚に関する報酬もなかったことと、積荷のすべてを漂流民とともに長崎に送還するということは積荷に対する荷主の所有権を永久に保障していたことも加えておきたい。

この原則は、文政八年（一八二五）異国船打払令が発令されても変わることはなかった。異国船打払令では、異国船を発見した場合には「無二念」、すなわち迷うことなく砲撃を加えることになっていた。しかし、発令後の各地からの問い合わせと幕府内部の議論の結果、異国船が出現した場合まずは筆談によって接触し、中国・朝鮮・琉球・オランダの船ではないこと、さらに海難事故による難船ではないことが確認されなければ砲撃は実行されないことになっていた[13]。

開港以後に外国船に限って出された海難救助に関する法令は管見の限り存在しない。そのかわり、嘉永七年（安政

元、一八五四）に調印された日米和親条約では第三条で、

合衆国の船、日本海浜漂着の時扶助致し、其漂民を下田又は箱館に護送致し、本国の者受取可申、所持の品物も同様に可致候、尤漂民諸雑費は両国互に同様の事故不及償候事、[14]

と、漂流民の救助を義務とし、所持品とともに開港場に護送すること、救助費用は救助した国が負担し、漂流民本人および漂流民の本国に請求しないことと定められた。このように、送還先が長崎から開港場に変更になったことを除き、救助の義務、すべての船員と積荷の送還、無償の救助という開港以前の法令をそのまま踏襲していることがわかる。

外国船の救助に関する法令を改正、もしくは新たに発令しなかったのは、和親条約調印直後の嘉永七年四月九日に発令した触で、「彼方志願之内漂民撫恤幷航海来往之砌、薪水・食料・石炭等船中欠乏之品々被下度との義御聞届ニ相成候所、場所御取極無之候へは、何国之浦方江も勝手ニ渡来不取締ニ付、豆州下田湊松前之箱館ニおゐて被下候積りニ候」[15]と、開港場を決めれば補給を求める異国船は開港場に寄港するようになり、不開港場への寄港がなくなると予想したからであろう。

しかし現実には、下田と箱館が開港されたことで日本を目指す外国船が増加し、それにともなって日本近海で遭難する外国船の数も増加し、その救助が浜辺の住民にとって負担になっていった[16]。また、国内の混乱が深まると遭難を装った外国船が不開港場に出現し、密貿易を行う事例も見られるようになった。特に戊辰戦争の勃発はこうした状況に拍車をかけることになった。

3　密貿易の取締り

次に、近世において抜荷と呼ばれていた密貿易の取締りに関する、開港以後の法令について整理しておこう。

嘉永七年の日米和親条約の第二条では、「伊豆下田・松前箱館の両港は、日本政府に於て亜墨利加船薪水食糧石炭欠乏の品を日本人にて調候丈は給し候為渡来の儀差免し候」(17)と、下田と松前をアメリカ船へ補給のため開くと規定された。ところが、和親条約締結以前に適用されていた外国船救助に関する国内法は天保十三年（一八四二）に発令されたいわゆる薪水給与令であるが、それには、「異国船と見請候ハヽ得と様子相糺、食料・薪水等欠しく帰帆難成趣ニ候ハヽ、望之品相応ニ与へ帰帆可致旨申諭」(18)とあり、外国船は日本のどこに漂着しても補給を受けられることになっていた。つまり、日米和親条約は、補給という点については、外国船にとっては制限が厳しく不利で、日本側にとっては外国船の管理が容易になる有利な内容だったのである。さらに、外国船への補給地を開港場に限定したことによって、不開港場に来航する外国船は難船の場合だけを想定すればよいことになり、外国船の対応方法も従前どおりの隔離、保護、送還のまま変更する必要はなかったのである。

日米和親条約が漂流民保護と補給を規定した条約であったのに対して、貿易に関して調印した安政五年の日米修好通商条約(19)では、密貿易についての罰則規定も決める必要があった。

密貿易に関する規定は条約の第六条と貿易章程第二則にある。条約第六条では、「都て条約中の規定並に別冊に記せる所の法則を犯すに於てはコンシュルへ申達し取上、品並に過料は日本役人へ渡すへし」と、外国船が条約で許されていない品物を日本に密輸入、または日本から密輸出したことが発覚したばあい、日本政府から密輸の事実を当該国の公使に通告し、公使が外国船から密輸品と罰金を徴収して日本側に引き渡すことになっていた。また、一般的に貿易章程と呼ばれる「貿易に関する規則と税額および禁止事項と罰金と決めた付随文書」の第二則では、「日本の開かさる港にて密売買をなすは勿論、其仕組有之亜米利加船は其品を日本役所に取上の上、犯せる毎に千ドルラルの過料を納むへし」と、不開港場での密貿易が発覚した場合は、密輸品を没収して日本側に渡し、罰金として一千ドルを納めることとなっていた。問題は、外国船から積荷と罰金を徴収する権限を持つのはどこかである。条約の日本語版ではこの点について明確にはされていないし、英文版も「the ship shall pay a fine of one thousand dollars for each offense」と同様に不明である。この貿易章程が日米修好通商条約の付随文書であるのだから、条約第六条にあるとおり外国公使と解釈すべきであろう。

このように不開港場で密貿易が発覚した場合、日本側の役人が密輸品を押収することはできたが、罰金については外国人犯人から直接徴収することはできず、当該国の公使が徴収することになっていた。さらに、密輸に関わる外国人を捕縛することも領事裁判権の規定があるため不可能であり、外国船による密貿易を日本側が取り締まることは実質的には不可能だったのである。

このような条約上の不備を抱えたまま戊辰戦争による混乱期に突入したため、別稿で検討したフランス商人ファーブルやイタリア人ファルハラのほか[20]、ドイツ人スネル兄弟やイギリス人グラバーなどの投機的商人たちの密貿易が頻発し、次節で取り上げるクラーク事件が発生することになった。

二　クラーク事件

本節では、イギリス人クラークが石巻において捕縛された事件について扱うが、その前に事件の背景となった箱館における食料問題において確認しておきたい。

1　戊辰戦争と箱館の食料危機

食料の自給が不可能で本州からの輸送に依存していた箱館では、戊辰戦争の勃発は深刻な食料危機と物価高騰を引き起こした。南部・津軽地方からの廻米が断絶したのである。そのため、旧幕府の箱館奉行から施政権を引き継いだばかりの新政府の箱館府は、民心を安定させるために加賀藩からの廻米を図ったが、十分な量を確保することができなかった。またようやく入手し箱館に廻送した米も榎本軍に押収され、兵粮とされてしまった(21)。さらに、戦線の北上にともない、新政府軍に参加している諸藩にとって兵粮米と輸送船の確保が喫緊の課題となっていた。こうした諸藩が目を付けたのが外国船による輸送であった。

外国船により廻米を行うとなると、外国船が不開港場に寄港して積み降ろしを行うことが必要になる。こうした事案を新政府は例外として認めていた。戊辰戦争最後の戦闘である五稜郭の戦いの最中の事例(22)であるが、明治二年五月十五日下総国佐倉藩堀田家から羽前国村山郡柏倉（山形県東根市）で収納した年貢米を石巻から外国船で横浜に廻送することの願いが神奈川県に出された。それに対して、神奈川県判事は、堀田家に許可を出すとともに、六月八日外国官に対して、「右様之願是迄五六度程も有之、いつれも奥羽筋出兵擾乱等ニ而藩屏費弊救助方ニ付而之所置……終ニは外国人又は我奸商と馴合口実を求め願出、各所として開港ならさるハ無之様……爾来後弊ヲ防キ候御規則其御官ニ而被立置前以諸藩へ御布告有之度」と、同様の願いが多くあり戦時中ゆえ特例として認めているが、いずれ外国船が不開港場に寄港することを禁止、もしくは制限する規則を制定すべきであると提案した。

2　捕縛まで

本節の主人公ジョージ・クラーク（George Clarke）が乗ったイギリス船ヘレンブラック（Helen Black）号は、明治二年四月一日の横浜出港以前から密輸の疑いで監視されていたようで、出航前の三月二十日運上所の役人が立ち入り捜査を行っていた(23)。船長は姿を見せなかったため取調べができなかったが、船内で兵庫（兵庫県神戸市）で雇われた大浦（長崎県長崎市）出身の住吉が乗船しているのを見つけ、彼の取り調べを行っている。その調書によるとヘレンブラック号は、兵庫から横浜へ牛十五頭と赤レンガを運び、その後横浜で米と鉄砲・火薬を積んで箱館に向かうつもりだということであった。

ところが、三月二十一日提出された出港願いには目的地は兵庫で積荷はないとなっていたことから疑惑を抱き、ヘレンブラック号が箱館の榎本軍に武器の密輸を企んでいると判断した運上所の役人たちは、二十四日青森に避難していた箱館府に急報を発し、武器の陸揚げを阻止するよう通達した(24)。

一方ヘレンブラック号は、四月一日横浜を出港し四月九日石巻に着いたが、ここで問題の事件が発生した。事件の概略は以下のとおりである。横浜を出港したヘレンブラック号は箱館に送る米を入手するつもりで仙台領に接近したところ、四隻の日本船が接近してきた。それらの日本船から米を積み替えている途中官軍の軍艦に発見されたヘレンブラック号は、急遽日本船との引綱を切り脱出に成功した。四月十一日、ヘレンブラック号との引綱を切られ渡波《わたのは》

（宮城県石巻市）沖を漂流していた日本船を新政府軍が拿捕したところ、その船にクラークが乗っているのが発見された。捕縛されたクラークは、石巻、仙台で新政府軍による尋問を受け、横浜に護送されたのちは軍務官の尋問を受け、しばらく拘禁されたのちイギリス側に身柄が引き渡された。

3　逮捕の様子

クラークが逮捕された時の様子を、逮捕されたクラークと逮捕した新政府軍双方の供述から見ていこう。

まず、クラークの供述を見てみよう。クラークは、石巻での新政府軍によるものと横浜での軍務官によるものの二回の取り調べを受けており、違う内容の供述を行っている。逮捕直後の石巻でクラークを尋問した守永修理介という人物からの報告によると、石巻への来航目的については、

此度商用ニ付函館エマイリ候トコロ、同所滞在ノ仏蘭西人ヨリ頼候ハ、当節函館兵糧不足ニ付仙台エマイリ候エバ兵糧且人数モ此地エ来ル都合ニ付ナニトゾ仙台エマイリ前条相運ヒ呉候様頼レ候ニ付、商人ノコトユエ利ヲ計リ速ニ請合来リ申候、(25)

と、石巻沖で日本船に乗っていた理由は兵粮と榎本軍へ参加する兵員を乗せるためであると述べ、クラーク自らが主犯であると供述している。ところが送還された横浜では、

ヘルレンブレツキ船長マツコロン同所ニ而米ヲ積入候積之処、米無之候ニ付小浜と申港江相廻り同所ニ米ヲ積入、然ルに何方ゟか米弁人数を積候日本船四艘其港ニ下り参りヘルレンブレツキ船ニ積移候処、二艘丈ハ積移、二艘は残り、右残二艘をヘルレンブレツキ船ニ而引き発船之処、右船乗込之日本士官之申ニは、海岸ニは官船掛り居候哉ニ付沖を乗呉候様頼ニ付、私義は右日本船之内ニ乗移出帆致し候処、風波強く弐艘ノ日本船を引連行き難く、

一艘は綱を解き放申候間本浜ニ引戻シ候処、同所ニ而被召捕申候[26]、と、官軍の軍艦に発見されたヘレンブレック号が沖合に脱走しようとしたため、箱館に急ぐクラークは日本船に移ったところ逮捕されたと供述し、クラーク自身はヘレンブレック号に便乗しただけであり密輸の主犯は船長マッコロンだと主張した。

次に、逮捕した新政府軍の主張を見てみよう。外国官が軍務官から得た情報を神奈川県に通達している文書のなかに、「右英人クラク儀はヘレンブラック船ニ乗込箱館賊徒と共ニ同所へ可相廻米を未開之石巻港ニて取扱候節、官軍々艦を見て右親船逃遁之節官軍々艦ニ追詰ラレ船脚遅延せるを恐れ曳綱切放し候ニ付、右親船ニ引レ居し和船漂ひ居候内被乗捕、人数百六十人余生捕ニ相成候内ニ右クラクも被擒候而、其賊魁を斬首し賊首ノ前ニ据及糺問候処、大いニ驚縮、かゝる罪人なるハ不存助力せし段後悔之外無他候旨申之[27]」と、クラークは箱館に向かう軍勢と共謀して石巻で米を積み込もうとしたが、官軍の軍艦に発見され一六〇名の日本人とともに逮捕された。日本人のリーダーを斬首し、その首をクラークの面前に据えて尋問したところ共謀を自白したのでクラークは密輸の首謀者であると報告している。

4　護送について

四月十一日石巻で逮捕されたクラークは、十五日仙台に送られ取り調べを受け、十七日身柄を鎮守府に移され東京に向かった。横浜に着いた日は不明だが、しばらく軍務官に拘束されたのち、五月十四日外国官の指示により、同日若しくは翌十五日にイギリス領事館に引き渡された。先ほどの逮捕の是非と同様にこの間のクラークへの扱いについても、当事者の証言が異なり日英間の外交問題に発展することになる。

五月十六日横浜のイギリス領事館は、クラークから聞き取った護送の様子を神奈川県に次のように伝え抗議を行った。「東京着後モ軍務官圏中ニ十五日苦メラレ候ヨシ右様の扱ニ相成候は何故ナル哉(28)」「軍務官ニて糺問之時ニ腰縄付ニ而調有之候趣公使聞及ひ、右は如何之次第ニ而右様之御取計相成たる哉(29)」。つまり、東京到着後一五日間も拘束された理由は何か、取り調べの際に腰縄で縛った理由は何かという抗議である。

この抗議の内容について説明を求める外国官から軍務官あての書類に、軍務官が下札を付けて答えている書類が残っている(30)。それによると、まず尋問の時に腰縄を付けた理由について軍務官は、「入牢之者取調候節ハいつれも腰縄付致来候間クラク儀牢より出し調中ハ腰縄付致候事」と、取調べを行うときに腰縄をつけるのは当然のことであり、クラークだけに行ったわけではないと答えた。次に、「然ルを廿日も牢中ニ御留置相成候段条約ニ背き甚以如何敷被存候」と、石巻で逮捕し取調べを行ったことは当然としても、東京に到着したならば直ちに条約に従って身柄をイギリス領事館に引き渡すべきなのに、二〇日間も牢屋に拘束したことの抗議に対して軍務官は、「東京江着数日留置条約面ニ違候儀ハ都度〻〻其条約之次第承知不致候故前段之次第ニ立至申候」と、条約の内容を理解していなかったと正直に白状している。

また、石巻から東京までの護送については、「途中之儀は小荷駄馬乗セ酒食抔十分ニ相与へ置候、前段之行懸りニ就勿論縛置可申之処、異人之事故逃去候掛念無之ニ付始終縛し不申候(31)」と、馬に乗せ、酒食を十分与え、縄はかけずに丁寧に護送したと弁解した。

5　日英の和解

このようにクラーク事件に関する日英間の交渉と検証作業では、クラークを密輸の首謀者とする根拠を見つけることはできず、かえって最前線にいる新政府軍の条約に対する理解不足を明らかにすることになった。また、石巻の新政府軍の指揮官が日本人を斬首したさいクラークが怯えたから首謀者と判断したというのも、とても納得できる説明とは言えない。この事件においては、東京や横浜にいる外交担当者に比べて最前線の新政府軍指揮官の国際法や国際条約に対する無知ばかりが目に付いてしまう。

五月十八日外務官知事だった伊達宗城は、イギリス公使に対して事件の説明をするとともに、密貿易の首謀者ヘレンブラック号船長の処分を依頼し(32)、六月二十二日にはクラークが無罪であることを通知し(33)、八月二十三日日本政府がクラークに東京での拘束の慰藉料三五〇ドルを支払うことで決着がついた。

その後舞台は上海の英国上級審に移り、ヘレンブラック号船長の取調べが行われた。その結果、船長は不開港場で行った密貿易に対して罰金一千ドルが課せられることになり、この一千ドルは日本政府に支払われることに決定した。これを伝える八月二十五日付のパークスから沢外務卿宛ての書簡には、「条約諸ケ条共実意ニ相守行候儀は此般之処置ニて御諒察有之候様所希望候(34)」と、イギリス側も条約を遵守することを伝えてきた。

このように簡単に解決した理由は、クラークの石巻での逮捕と護送は条約違反ではあるものの、これ以上は追及しないというイギリス側の意志が働いたためであろう。その理由は、新政府によって国際法と条約が遵守されるか、イギリスを始めとする列強の監視下に戊辰戦争が戦われたのであるから、イギリス側も条約を遵守する必要が生じたためと考えられる。

三　密貿易をめぐる外交交渉

1　不開港場での密貿易問題

クラーク事件は、外国官や神奈川県など外交担当者は別として、新政府軍を率いる最前線の指揮官や兵士たちの国際法や条約に対する認識不足を露呈させた。そのため新政府は、最前線の部隊や組織の末端にまで国際法や条約に対する理解を深めるとともに、不開港場に関する国内法を整備する必要性に迫られることになった。

発足当初新政府は、不開港場での密貿易の取締りは各国公使に依頼すればよいと考えていたようである。江戸を占領した直後の慶応四年（一八六八）閏四月二十二日、新政府は鍋島直正と東久世通禧の名でアメリカ臨時公使ファルケンボルグに対して、次の書簡を送っている(35)。

以書状致啓上候、然は海岸幷掘割川より銃類其外夜中竊ニ揚卸致し候者有之哉ニ相聞候間、右様之処業致し候ものは無用捨取押、其国岡士江掛合および候積、然ル処密商等致し候ものは品ニ寄銃器等所持いたし居取押候もの江手向可致も難計ニ付、取締向猶又厳重申渡置候ニ付、万一右様之儀有之候而は双方怪我等出来不容易儀ニ付、心得違之者無之様岡士江御申達、貴国商民江布告有之候様致度存候、右之趣可得御意如是御座候、以上、

銃器などをひそかに陸揚げしようとした外国人がいた場合、直ちに逮捕して領事に報告するが、彼らは武装し抵抗することも考えられるので逮捕にあたり怪我をさせてしまうこともある。そこで、領事から各国民へ心得違いがないように通達してほしいという内容である。

また、上越戦争においてスネル兄弟ら外国人商人が暗躍している情報をつかんだ新政府は、七月十七日再び東久世通禧の名で各国公使に対して次の書簡を送った(36)。

以手紙致啓達候、然レハ、三条右大将ヨリ別紙ノ通申来候間写差進申候、委細ノ事情ハ書面ニテ御承知、其臣民へ御布告有之度、且新潟表ノ儀ハ専戦争中ニ付鎮定迄ノ間開港難相成旨先頃中云々申進置候処、竊ニ彼地へ罷越候外国船モ有之候趣ニ付、以後右体之儀決シテ無之様差留方急度御布告相成候様致度存候、右之段得御意候、以上、

東久世は、三条実美からの報告にあるような事態を禁止すること、戦争中のため開港が延期されている新潟はまだ不開港場であるから寄港は認められないことを自国民に布告するよう各国公使に依頼している。三条からの報告とは、「陸奥出羽越後国海岸へ外国船竊ニ罷越内々貿易イタシ候趣彼地ヨリ追々申越」と、東北・北陸の不開港場で密貿易が行われているというものであった。

これらの書状から分かることは、新政府は不開港場で密貿易が発生する原因が、外国船が不開港場に出現するからだと認識していること、それゆえ外国公使に取締りを依頼すれば解決すると考えていたのである。

こうした新政府の要求に対して、各国公使は直ちに賛意を表明している。この反応は新政府に対して好意的なものではあるが、根本的な解決にはつながらないものであった。なぜならば、イギリス公使パークスの返事によると、「右禁制ノコトニ尽力シ、又此布告ヲナスハ日本政府ノ任ニシテ、貴国中海岸防禦ノ事ハ日本政府ヨリ他国ノ臣民ニ公然或ハ堪忍ヲ以テ免許相成候」と、イギリス人に通告することには同意するが、この規則を厳密に施行するために尽力し、かつ不開港場への寄港禁止を布告するのは日本政府の仕事である。また海岸での防禦は他国の人民にたいしても日本政府が責任をもって布告すべきで、不開港場での密貿易の取締りは外国公使ではなく日本政府の仕事だとい

うのである。つまり、局外中立が宣言されているのだから、一方の交戦団体に軍事的援助を行う外国船は非中立的な立場にある敵国船として扱うことができると告げてきたのである。

日本政府の中にも、不開港場での密貿易を国内問題ととらえ、自国で解決すべきと考えていたものがいた。最大の開港場横浜を抱える神奈川県である。十一月二十日軍務官に宛てて神奈川県は、東北地方での密貿易取締りを依頼する書状を発給している。(37)それによると、

近来外国船奥羽辺不開之港江参り密商いたし、税済之印無之蚕糸等を当港江密輸いたし候、然る処、右は政府之税を減ずる而已ならす、総而不取締ニ相成、且条約之典ニ背き他之外国人ニ綱紀弛解を笑われ候事ニ至り、交際上ニ於て大ニ関係いたし候間、仙台其外産蚕之地ニ近き港江へ平日探索之もの被差遣候か、又は鎮撫之ため差越居候もの江兼務被仰付候か、是迄不開之港江公用ニ而外国船差遣候節は必壱人乗付印鑑為持遣し候、若其印無之候ハヽ、免許なくして密商之ためニ参りたるニ相違無之候間、直ニ取押江積入たる丈ケ之荷物皆取上ケ候様御申付可被成候、其場ニ而取上ケ候手数は彼之方之役人江引合之上ニ而取計ニ不及、若彼暴を為し候ハヽ、兵力を以取押江候而相構不申候、其後国名御申越相成候ハヽ、其岡士江引合船主ゟ千ドル過料為差出可申候（以下省略）、

と、不開港場で蚕糸などを密貿易されると、国家の税収を減らすだけではなく外国人に国内統治の弛緩を笑われる原因にもなる。そこで、蚕糸・蚕種紙の産地へ特別に探索の者を派遣するか、戦後の鎮撫のために派遣する者に密貿易の探索の任務も命じるべきである。従来不開港場へ公用のため外国船を派遣する時には、印鑑という証書を持たせた役人を一人同乗させている。そこで、印鑑を持たない外国船は密貿易船と判断し、直ちに荷物を差し押さえてその国の外交官に引き渡すべきである。もし外国船の船員が暴れた場合は兵力を以て捕縛しても構わない。外交官へ交渉して罰金一千ドルを船主からしっかりと徴収すべきであると伝えている。

こうして明治二年五月十八日五稜郭の戦いを最後に戊辰戦争が終結すると、直ちに不開港場に関する規則制定への動きが始まるのである。

2　発　令

外国船の不開港場への寄港を禁止する国内法制定のきっかけになったのは、明治二年五月の堀田家からの願書であり、この願書について神奈川県が、六月八日外国官に対してこのまま放置していては「各所として開港ならさるハ無之」と書き送ったことは前に述べた。新政府はこの手紙の直後から規則の制定に着手した模様で、早くも六月三十日に次の布告となって発令された(38)。

列藩支配所ヨリ是迄諸品運輸又ハ兵士往反之タメ外国船雇入開港場之外諸所へ差廻シ方願立候節ハ御許容相成候エ共、右ハ兵馬騒乱中時勢不得已之儀ニテ、斯ク海内御平定ノ上ハ已来開港場ノ外諸方ノ地へ外国船ヲ以テ運輸等相願候トモ一切御許容不相成候、就而ハ華族之向ハ勿論農商ニ至迄開港場ヨリ開港場へ運輸之趣願立置、密ニ他港へ差廻シ候儀相聞ニ於テハ吟味ノ上夫々相当ノ御処置被　仰付、且積荷有之候ハ、其品取上ケ過料トシテ千両御取立可相成候条、此旨屹度可相心得事、

但本文之通御定有之候エ共地方救助之タメ等ニテ無拠事情有之候ハ、其子細委曲相認メ、前以雇入候其開港場へ願出候ニ於テハ篤ト評議ノ上時宜ニヨリ御許容相成候儀モ可有之事、

内容は、外国船を雇い不開港場へ荷物や兵員を運ぶことについては戦争中ゆえやむを得ず許可してきたが、国内が平定されたからには一切禁止とする。発覚した場合は積荷を没収したうえで罰金一千ドルを徴収する。ただし、救助のために不開港場に行くときは開港場に願い出れば許される、というものであった。

この布告は冒頭に「列藩支配所」となっているように諸藩を対象にしたものであり、彼らが雇用した外国船を使って自領の港へ人員や物資を輸送することを禁止したが、新政府自身は雇用することができるようになっていた。(39)

次に新政府は、十月七日各国公使に不開港場への寄港禁止の布告と違反者の処分を依頼したところ、オランダ公使のみは直ちに同意を表明したが、(40)イギリス・フランス・アメリカ・ドイツの公使は、十月二十七日ほぼ同じ文章からなる返事を送ってきた。イギリス公使の返事を和文したものによると、(41)「いつれの国又誰人の為ニ而も此禁を犯させ候様之事無之、右箇条を実ニ行ハせ候ハ貴政府之関係する処ニ有之候、左様ニ無之候而は右犯禁之沙汰に及候節以前許容之廉を頼とし可申立候、岡士裁判決定之上ニさし響キ候事有之候も難計候、閣下御申越候体の密買日本之士官又ハ人民之内ニ而承知之上ならてハいたし兼候事ニ候間、日本人不開港場ニ於而交易の為め外国人を招き候事を制禁之処置如何ニ候や相伺申度候」と、イギリス国民に不開港場への寄港禁止を布告することは、条約にも決められていることだから同意する。しかし、日本人が交易のため不開港場に外国人を招くことを禁止する法がなければ実効性はない。そこで、日本人を取り締まる法を知りたいという要求だった。

この要求にこたえるために政府内部で評議が行われ、明治三年一月二十九日に「不開港場規則難船救助心得方条目」が布告されることになる。

四　不開港場規則と難船救助之事

1　不開港場規則

では不開港場規則難船救助心得方条目について見てみよう。この法令は前文、不開港場規則、難船救助之事の三つの部分からなっている(42)。

二ケ条からなる前文では、第一条では不開港場へ外国人を引き入れて密貿易を行うことが厳禁であることを、第二条では外務省から許可を受ければ諸学科、国地開発、西洋形船の運用について外国人を雇用できることが書かれている。

続いて不開港場規則は一六ヶ条からなっている（表1）。

一一条までが不開港場に外国船が出現したときの対応方法について規定した部分で、一二条以後が密貿易を発見したときの対応方法を述べている。

前半部分の外国船への対応方法については次のようになっている。外国船が出現したら直ちに来航目的を尋ね（第一条）、その場で薪水食料の補給はせず、最低限必要な物資を補給して開港場へ向かわせる（第二条）。国籍・船名・船長の名前、国旗・船旗・船種・船形を写し取り（第三・四・七条）、早急に出港させる（第五条）。測量船には便宜を図り（第六条）、軍艦には礼儀を尽くす（第八条）。その場での商取引は禁止する（第九・一〇・一一条）。

その場での薪水食料の補給を禁止することと、外国船の不開港場への寄港を原則禁止することを除けば、近世の対

表1　明治三年不開港場規則

1	何レ之浜辺又ハ港浦ニ於テ西洋形之船入津候ハヽ、時刻ヲ移サス直様湊役人〈役人不居合場所ハ村長之内ヨリ可罷出事〉其船へ乗組入津之趣意可相尋事、但言語不通ニテ十分難相分儀モ可有之候得共初テ来ル外国船ハ故ナク入津イタシ候儀甚少ク候間其大意丈ケ和語手真似ニテ相分可申事、
2	尋問之上薪水食料ニ尽キ其品々ヲ求候タメ入津之儀ニ候ハヽ、其土地ヨリ横浜・兵庫・長崎・新潟・箱館迄之里数ヲ勘弁イタシ、格別遠路ニモ無之候ハヽ、右品々タリトモ前文開港場之内へ参リ可受取旨申サトシ渡方ヲ断リ可申、或ハ右開港場へ七八十里又ハ百里モ遠キ場所ニ候ハヽ、無余儀事ニ付其土地支配ニテ承届候上、右里数ヲ計リ船中人数相当之分丈渡遣シ代金可受取事、但金高品数ハ勿論船之碇泊日数刻限等委細相認届出可申事、
3	其船之国名船名船主之名書付ニテ承リ糺スベキ事、但船名ハ多ク船之艫ニ横文字之楷書ニテ認有之モノニ付右字様写取置ベキ事、
4	船ニ引上ケ有之国旗幷船主之旗等総テ目印ニ可相成モノハ其雛形写取可差出事、
5	欠乏之品相渡候上出帆遅々致シ候様子ニ候ハヽ、早々出帆候様催促可致事、
6	御免許之上海岸測量之タメ船ヲヨセ候節ハ相当ニ世話イタシ岩石隠レ洲有之場所等差示可遣、尤御免許之船ハ其印状必ス所持イタシ居候事、
7	軍艦ニ候哉、商船ニ候哉、蒸気船、風帆船共総テ船形大小トモ取糺相届可申事、
8	軍艦ニ候ハヽ、大砲之備有之商船トハ船形相違ニ付仮令見ナレザルモノニテモ相知レ可申、軍艦ハ別テ何事モ礼義ヲ正シ不敬之取扱イタサヾル様可心掛候事、
9	薪水食料等船中必用之品之外余分ハ勿論其外土地産物類相求度旨申立候トモ一切売渡候事不相成、万一利慾ニ迷売渡候者有之後日相顕ルヽニ於テハ吟味之上屹度御咎可有之事、
10	船中ニ積載有之品々彼方ヨリ売渡度段申立候トモ買求候儀是又一切不相成、万一窃ニ取引イタシ候節ハ前同様御咎可有之事
11	浜辺ニ近キ村里之モノ共浜辺之モノ共内々外国人ト荷物之取引致シ候様子ニ候ハヽ、其支配カ又ハ開港場へ可申立、時宜ニヨリ御賞可有之事、

12	難船ニ無之食料欠乏等ニ托シ密商仕向候節ハ定テ其土地ニモ右ヲ呼迎候者可有之、速ニ探索之上弥密商イタシ候ニ相違無之候ハヽ、双方トモサシ押、外国人ハ引留置、御国人ハ入牢手鎖等其土地相当之仕置ニイタシ早々申立指図可受、尤横文字之書付類後日之証拠ニ可相成品ハ始末致シ可置事、但各国御条約書ニ何レモ外国人共日本不開港場等へ参リ密商シ或ハ密商ヲ企テントイタシ候者ハ、其犯セル度毎ニ其品取上ケ、為過料メキシコドルラルニテ千枚ニ当候程御取立相成候間、御国人ニ於テモ右同様之企致シ候モノ於有之ハ兼テ御布告之通其品取上、過料トシテ金千両御取上之事、
13	御国人買求候西洋形商船ニ外国人乗組居万一商買取引等致シ度段申立候カ、或ハ其乗組御国人手引ニテ商売致シ候様ニ相見候ハヽ、篤ト様子ヲ探索致シ厳敷拒絶可致、万一仕遂候跡ニ候ハヽ、其事実穿鑿之上早々其筋へ可申立事、但本文西洋形商船ニ不限御国通例之地乗船ニテ西洋人乗組居候節モ同様之事、
14	外国船ヲ御国人トモ借リ受開港場ヨリ開港場へ荷物運輸之儀ハ願之上御聞届可相成筋ニ候得共、不開港場へハ決テ御聞届無之儀ニ付、万一不良之徒村民ヲ欺キ御免許受候ニ付売買致シ度抔申唱候トモ一切差許申間敷事、但地方飢饉等ニテ不得止事外国船相雇不開港場へ相廻リ候事御免許無之筋ニモ無之、其節ハ府藩県之知事ヨリ御沙汰可有之、且乗組人之内開港場之役人為取締立会居候筈ニ付事実突留候上其取扱ニ可及事、
15	湊江碇泊イタサス沖繋リ又ハ其近海ニ於テ双方之船出会致密商候様子ニ候ハヽ、是又早々穿鑿可致事、
16	不開港場へ外国船碇泊致シ薪水食料而已売渡候儀ニテ聊心障リ之事無之トモ其都度相届可申事、

応方法を踏襲していることがわかる。

後半部分の密貿易の取締り方法は以下のとおりである。密貿易を見つけたら外国人はその場に留め置き、日本人は入牢・手鎖のうえ罰金千両を徴収する（第一二条）。日本人が購入した西洋船の乗員や乗客から密貿易を持ちかけてきても拒否すること（第一三条）。日本人が外国船を雇用して開港場から開港場へ荷物を運ぶことは許されるが、不開港場に寄ることは飢饉の場合を除き許されない（第一四条）。沖合で日本船と外国船が落ち合い密貿易を行う企みがあれば直ちに探索する（第一五条）。不開港場に外国船が碇泊したら怪しいことがなくても直ちに届け出ること（第一六条）。

日米修好通商条約では、密貿易の犯人のうち外国人側についてはその国の公使館が罰金を徴収する規定はあるものの日本人側についての罰則内容は規定されていなかった。この不開港場規則によって、日本人犯人も捕縛され罰金一千両が課せられることが決まったのである。

以上が不開港場規則の内容である。全体的に戦争の混乱から秩序を回復させるという政府の意図を読み取ることができる。

2　難船救助之事

不開港場に外国船が寄港する原因の多くは、密貿易ではなく海難事故であった。そのため、密貿易を取り締まるための不開港場規則と同時に難船救助についての規則も布告する必要があった。それが難船救助之事である。次に、一四ヶ条の難船救助之事の内容を見てみよう（表2）。

救助された人は最寄りの開港場に付添人をつけて送り届ける（第四条・第六条）。積荷は、所有権を放棄する場合は

表2　明治三年難船救助之事

1	難船ニテ困苦之体ニ相違無之節ハ其困苦之軽重ニ随ヒ相当ニ扶助致シ可遣事、但船ニ乗組居リカタキ程ニ候ハ、其海岸最寄寺院也民家也可然場所へ止宿為致食料衣服等迄仕賄可遣事、
2	船之修復ニ取掛リ候ハ、鍛冶大工職其他人夫ハ勿論器材迄用意致シ可遣事、
3	乗組人之内溺死之戸有之か或ハ滞留中病死之者埋葬之儀申立候ハ、墓所之内都合ヨキ場所へ埋葬可為致事、

4	洋中ニ於テ大船破摧シ乗組外国人之内猶船具等ニ取付生残リ居候体見当候ハヽ早々我船へ助ケ載開港場へ送届候か、又ハ其土地支配之者へ引渡其支配之者受取海陸便宜ヲ見計開港場へ可差送事、
5	難船漂著候ハヽ早々外務省か又ハ開港場之内可成里数近キ所へ昼夜ニ不限注進ニ及、其掛官員之出張ヲ申立差図可受事、
6	難破イタシ船難用立陸路ヨリ開港場へ罷越度段外国人ヨリ願出候ハヽ、承届、付添之者可成余計ニサシ出最寄之開港場へ可送届事、
7	困難之船隠レ洲等ニ乗懸ケ難引出其侭船主引払候節ハ右船滓又ハ鉄具碇鎖等迄沈没之マヽ、追々流失候トモ、又ハ村方ニテ取捨候トモ、向後異存ナキ旨外国人ヨリ横文字之書面取置ベキ事、
8	難破之船滓其マヽ、差置外国人ハ一旦引払追々右船引出シ方トシテ再可差越候ニ付、其間船其外之モノトモ預リ置クレ候様外国人ヨリ相頼候トモ容易ニ引受申間敷、彼方ヨリ遮テ申立候ハヽ、其筋へ伺之上可引受、勿論入費可相掛儀ニ付右賃銀受取候儀ハ不及申跡々ニテ異論不差起様何事ニモ書面可取置事、
9	困難救助ニ付候入費之立方ハ御国民難船イタシ度々外国人ニ被救候事モ有之双方相互之事ニテ、天災之儀ニ付土地之入費ニ相立候事相当ニ有之、乍去船修復又ハ滞留日数長引候節ハ土地難渋ニ及候儀ニ付、最初ヨリ之諸勘定巨細ニ相認、外国人ヨリ其都度見留印ヲ受、一ト句切リ毎ニ受取可申、尤当人持合セ無之候ハヽ、証書取置開港場へ送届候節其裁判所へ差出可申、尤時誼ニ寄総テ土地入用ニ相立外国人ヨリ不取立筋ニ相決候ハヽ、其府藩県之入費ニ可相立、勿論イサイ之事ハ類例モ有之儀ニ付外務省又ハ開港場掛官員ニ相届仕訳ケヲ可受事、
10	難破之船具又ハ汐濡之荷物或ハ船滓等売払度旨外国人ヨリ申立候ハヽ、右ハ相当之価ヲ以買求候儀不苦、尤其段可相届事、
11	難船ニテ永々滞留可相成様子ニ候ハヽ、府藩県トモ其筋ヨリ警衛之モノ可差出事、
12	乗組人無之西洋之難破船海岸へ漂著候ハヽ、其様子委細ニ可相届事、
13	総テ外国人ニ取引イタシ候勘定書或ハ証書之類ニ至迄和文ニテハ難用立候ニ付、彼国之文字ニテ為相認書キ判又ハ調印為致置ベシ、和文ニテハ後日之証ト難相成候、此方ヨリ可差出証文等有之候ハヽ、和文ニ相認右へ調印致シ可差出、彼方ヨリ望候トモ意味不相知西洋文へ調印ハ勿論名面認載候儀不相成、被欺候儀有之候トモ後ニ其詮無之事ト可相心得候事、
14	右条目ニ有之伺出候儀又ハ届書トモ其場所ヨリ最近キ開港場カ又ハ東京外務省へ差出候事ト可相心得、勿論事柄永引キ手軽ニ不相済儀ハ開港場へ相届候上猶又外務省へ可申立事、

証拠となる書付を取り（第七条）、放棄しない場合で保管を頼まれた場合も書付を取ったうえで預かる（第八条）。積荷の売却を希望した時は相当の値段で買い取ることができる（第一〇条）。救助費用は現地が負担し、修繕費用は船主が負担するが、場合によって府藩県の負担とすることもある（第九条）。

このように、海難事故において人の救助費用については本人に請求しないという従来の慣例が守られているが、積荷に対する所有権の放棄について言及していることに注目すべきである。積荷を放棄して売却するかは本人の意志とされたのである。近世においては、所有者の所有権は認めているが、所有権の放棄については想定せずすべての積荷を人とともに長崎、のちには開港場に護送していたが、この国内法で放棄することも可能になったのである。財産権には、財産の保護とともに売却する権利もあるという考え方が反映しているのである。

3　日本船救助の浦高札との比較

こうして難船救助心得が決まったが、これは不開港場規則と違い不十分な点が多く含まれていた。そこで、明治二年九月十八日に布告された日本船救助の浦高札[43]と比較することで問題点を検出してみたい。

日本船救助の浦高札とは次の八ヶ条からなっている（表3）。

日本船救助の浦高札にあって、外国船の難船救助心得にない項目が二つある。第一が、積荷の引揚費用の項目で、日本船の浮荷物は二〇分の一、沈荷物は一〇分の一に相当する金額となっていた。これは寛永十三年令にもある歩一と呼ばれた慣例で、それがそのまま踏襲されていた（第二条）。第二が、積荷に対する所有権の有効期間の項目で、日本船については六ヶ月と設定され、六ヶ月を過ぎれば発見者の所有とするとなっていた（第五条）。それに対して外国船の難船救助心得では、積荷の引揚費用と積荷の所有権の有効期間については規定されていなかった。この二点

表3　明治二年日本船救助の浦高札

1	御用船ハ申ニ及バズ諸廻船トモニ遭難風時ハ見付次第速カニ助船ヲ出シ、破損ゼザル様精々力ヲ尽スベキ事、
2	船破損ノ節其所近キ浦方ノモノ手伝イタシ可成丈荷物船具等取揚ベシ、其海上ヨリ取揚ル所ノ荷物ノ内浮荷物ハ弐拾歩一、沈荷物ハ拾歩一取揚候モノへ可遣之事、但川船ハ浮荷物ハ三拾歩一、沈荷物ハ弐拾歩一可遣之、総テ歩一ハ其品相当ノ代金ヲ以テ可相渡事、
3	同断ノ節深海ノ沈船又ハ沈船ニモ至ルベキ程ノ水船、或ハ浅キ場所ノ沈船ヨリ荷物陸揚イタシ候モノ共へ前々ヨリ歩一渡候処、自今相当ノ賃銭可遣之、其余諸働人足幷諸入費等所役々仕来候分是又相当ノ賃銭入費トモ可渡遣事、付所役人取締イタシ無益ノ人足差出候儀ハ勿論可成丈入費カ、ラサル様可心付、総テ過当ノ賃銭等貪取アルヒハネダリ箇間敷儀有之ニオキテハ可為曲事事、
4	難風ニ逢沖ニテ荷物ハネステ候時ハ着船ノ湊ニオヰテ其所ノ府藩県役人庄屋等出会遂穿鑿、船中残リノ荷物船具等取調証文可差出事、付船頭浦々ノモノト申流寄ノ船幷荷物等ハ浦方ノモノ見付次第可揚置、六ケ月ヲ過持主不相知時ハ揚置モノ可取之、タトヒ持主相知ル、トイフトモ六ケ月ヲ過ル後ハ差返スニ及バズ、但シ其所府藩県役所ノ可請差図事、合荷物ヲ盗ミ取ハネタリト偽リ後日ニ顕ハル、ニ於テハ、船頭ハイフニ及バズ申合セシ輩ニ至ルマデ厳重咎可申付事、
5	流寄ノ船幷荷物等ハ浦方ノモノ見付次第可揚置、六ケ月ヲ過持主不相知時ハ揚置モノ可取之、タトヒ持主相知ル、トイフトモ六ケ月ヲ過ル後ハ差返スニ及バズ、但シ其所府藩県役所ノ可請差図事、
6	湊ニ長ク船ヲ懸ケ置モノアラバ其子細且何方ノ船ト相尋、日和次第早々出船イタサスベシ、若出船イタシガタキ次第有之ニオキテハ其趣篤ト聞糺シ其所府藩県役所へ可申出事、
7	貢米ハ船具水主不足ノ悪船ニ積ベカラズ、且日和能キ節破船セシムル時ハ船主船頭可為曲事、総テ船中ニ於テ理不尽成儀申募リ又ハ私曲ヲ巧ムモノ有之ニ於テハ申出ベシ、同類タリトモ其科ヲユルシ褒美可遣事、
8	貢米積船ハ船足定ノ所ニ極印ヲ打船頭水主ノ人数ヲ減少セザル様申ツケ運漕セシムル筈ニ候間、湊へ懸リ候ハヾ船足ハ極印ノ通ニテ船頭水主人数モ送状ノ通無相違哉所役人ニテ相改、若極印ヨリ船足深入ノ船ハ積入ノ俵数取調送状ニ無之荷物積入候カ又ハ水主人数令減少候ハ、私ニ積入候荷物ハ取揚置、水主人数不足ノ分ハ其所ニテ慥成水主ヲ雇ハセ出船致サスベシ、其上ニテ右ノ趣其所ノ府藩県役所へ可申出事、

が外国船の難船救助心得の問題点である。

人の救助費用を現地の負担とする慣例は、海難事故については互恵という意識から発生している。しかし、開港によって日本近海での外国船の海難事故が増えていく一方で、日本船が海外で救助される事例はまだ多くないため、互恵という関係は成立しなくなっていた。また、長崎県など外国船の海難事故が頻発する特定の土地に住む住民や県の負担が大きくなっていった。さらに、積荷に対する所有権の有効期限が設定されていないということは、所有者が所有権を放棄しないかぎり船の残骸や積み荷を撤収することができず、そのまま現地に放置される事態を生み出した。難船救助心得にこの二つの規定がなかったことにより、この後外国船救助をめぐるトラブルが頻発することになってしまったのである。

この二つの問題が解決に至るのは、まだだいぶ先のことである。外国船救助の費用負担については、明治十一年（一八七八）に調印した日英難船救助費用償還約条で人の救助と送還費用は救助された人物が所属する国の政府が、物の引き上げに掛かる費用は荷主が、救助のために動員される役人や警察官の費用は救助する側の政府が負担することにきまった。[44] 積荷の所有権の有効期間の設定については、明治二十七年調印の日英通商航海条約により国内法で設定できることになった。[45]

こうして不開港場規則と難船救助の制度は、不開港場規則難船救助心得方の発令後に、国内法の整備と条約改正によって最終的に決着することになったが、この点について思い出すのが、クラーク事件の直前にあたる明治二年二月二十八日に岩倉具視が三条実美に提出した外交、財政、蝦夷地開拓に関する意見書である。[46] この意見書は、早い段階で条約の不平等性に注目し条約改正を主張したという評価[47]や不平等条約という言説を定着させ万国対峙という国家目標が具体化したものという評価[48]がある。

条約改正を必要とする理由と改正までの行程について岩倉は次のように述べている。まず、外国人に対しては「夷狄」のように軽蔑するのではなく「朋友」として交際すべきである。そして「条理」を以て条約を締結したからには「信義」を以て条約を守り交際する必要がある。その一方で日本が外国と交際するにあたっては「皇威」と「国権」を損なわないことが大切である。ところが現在は、外国軍の横浜駐留と領事裁判権を認めているため恥辱も甚だしい。そこで、「外国交際上ニ関スル法律」を制定し条約改正をめざす。

岩倉の意見書に見られる、外国との交際は信義を尽くすこと、国権の維持を外交の主眼とすること、条約改正を実現するため国内法を整備することの三点が、本章で検討したクラーク事件の解決と不開港場規則の制定の過程において実際に行われたのである。

おわりに

本章で設定した二つの検討課題の検証作業を通じて、戊辰戦争終結後にもイギリスを中心とする外交団の条約を遵守する態度が見て取れた。このような態度が外交経験の浅い新政府を助けたといっても過言ではないだろう。

新政府にとってクラーク事件の経験は、征討軍などの新政府の末端まで国際法や条約の理解が進んでいないことを自覚させることになった。発足当初から新政府は、慶応四年正月十五日布告の「外交ニ関スル布告書」や二月十七日布告の「外国トノ和親ニ関スル諭告」(49)、さらに五箇条の御誓文の「智識ヲ世界ニ求メ大ニ皇基ヲ振起スベシ」と、自身の外交方針を開国和親と国威・皇威の光輝だと繰り返し喧伝してきた。ところが、開国和親を貫くためには国際法や国際条約を遵守することが必要なはずであるが、新政府の末端ではそれらを知り理解することすらできていないことが露見したのである。

海難救助における近世から近代への転換については、人の救助と送還について連続性と積荷の所有権についての非連続性の両面が見られた。近世においては漂流民の救助と送還に加え船具や積荷の引き上げと送還も救助した側の負担であり、そこには互恵の意味が含まれていた。それに対して近代になると、漂流民の救助と送還は救助した側の負担のままだったのに対し、積荷の引き揚げは船主や荷主の負担となった。そのため、所有者が所有権を放棄しない場合にはいつまでも放置されるという問題が残ってしまった。

このように、日本における海難救助の近代化は、日本に古くから伝わる慣例と新たに直面した国際慣習が融合して実現したのである。本章で検討したクラーク事件と不開港場規則の制定とは、外交経験が浅い新政府にとって国際法や国際条約についての学習の場となった。これがのちの条約改正を可能とする遠因となったと考えてよいだろう。

註

（1）拙稿「明治新政府による三陸地方の秩序回復と復興策―明治二年宮古・鍬ケ崎における蚕種紙密輸事件から」（『比較文化研究』二七、二〇一七年）。
（2）保谷徹「国際法のなかの戊辰戦争」（『戊辰戦争の新視点上』吉川弘文館、二〇一八年）。
（3）金指正三『近世海難救助制度の研究』（吉川弘文館、一九六八年）。
（4）荒野泰典『近世日本と東アジア』（東京大学出版会、一九八八年）。
（5）春名徹「東アジアにおける漂流民送還制度の展開」（『調布日本文化』五、一九九五年）。
（6）拙著『幕末の海防戦略―異国船を隔離せよ』（吉川弘文館、二〇一一年）、『幕末期対外関係の研究』（吉川弘文館、二〇一一年）。
（7）『徳川禁令考』三五四二。
（8）『御当家令条』二三四。
（9）『御触書寛保集成』三二一。

(10) 同右四八。
(11) 同右四九。
(12) 註(6)。
(13) 拙稿「異国船打払令の布告問題と漂流民救助―江川家文書『異国評議書』より」(『日本歴史』七九二、二〇一四年五月)。
(14) 『日本外交年表並主要文書』。
(15) 『通航一覧続輯』付録巻之四。
(16) 『通信全覧』続輯、船艦門、難船。
(17) 註(14)。
(18) 『通航一覧続輯』付録巻之三。
(19) 『旧条約彙纂』第一巻第一部(外務省条約局、一九三〇年)。
(20) 註(2)。
(21) 『函館市史』通説編第二巻(函館市、一九九〇年)。
(22) 外務省外交史料館所蔵「外務省記録三、一、五、一不開港場ニ於テ外国船密商取締一件」。
(23) 『大日本外交文書』第二巻一三二号。
(24) 同右一四〇号。
(25) 同右二三七号。
(26) 同右二〇八号。
(27) 同右二二七号。
(28) 同右二二四号。
(29) 同右二五四号。
(30) 同右。
(31) 同右二四四号。
(32) 同右二三三号。

(33) 同右二九〇号。
(34) 同右四〇八号。
(35) 外務省外交史料館所蔵「外務省記録三、一、五、一密商関係雑件」。
(36) 『太政類典』一編五四巻二六件「奥羽及越後海岸ニテ外国人密商差止ヲ各国公使へ照会ス」。
(37) 註(35)。
(38) 『官途必携』二巻港津。
(39) 『大日本外交文書』第二巻五一四号。
(40) 同右五四二号。
(41) 同右五七〇号。
(42) 註(38)。
(42) 同右。
(44) 拙稿「漂流民救助と送還の近代化」(荒野泰典編『近世日本の国際関係と言説』吉川弘文館、二〇一七年)。
(45) 拙稿「外国船救助の近代化―明治六年アメリカ蒸気船エリエール号塩屋埼沖沈没事件―」(『いわき明星大学人文学部研究紀要』二七、二〇一四年三月)。
(46) 「外交・会計・蝦夷地開拓意見書」(『日本近代思想大系一二　対外観』岩波書店、一九八八年)。
(47) 註(46)解題。
(48) 荒野泰典「現在日本の国境問題を近世国際関係論から考える」(荒野泰典編『近世日本の国際関係と言説』)。
(49) 『日本外交文書』一巻一冊。

あとがき

この書物は私にとって二冊目の編著になる。前回同様、数年前までこのような本を編むことになろうとは夢想だにしていなかった。それほどまでに本書のテーマは私の研究領域とかけ離れていた。にもかかわらず、今回、論文集刊行に踏み切ったのには訳がある。

きっかけは、二〇一七年二月十一・十二の両日に開かれた、東北大学東北アジア研究センター上廣歴史資料学研究部門開設五周年を記念してのシンポジウム「歴史資料学と地域史研究」にある。当時、助教として同部門に所属していた私は、このシンポジウムにおいて、一セッションを受け持つことになった。シンポジウムは「国際シンポジウム」と銘打たれ、各セッションには国内外から外国人研究者を迎えることが条件として織り込まれていた。セッションの趣旨もまた、当然右を踏まえてのものでなくてはならない。

そのとき分外にも思いついたテーマが「幕末維新と世界」である。一国史観の克服は歴史学においてとみに叫ばれているところだが、幕末維新史も例外ではない。本文中で述べたように、明治維新は、西欧列強に促されての「開国」を直接的な契機として引き起こされた変革である。してみれば、グローバルな視角が重視されるのはいわば当然であろう。そして、これもまた本文に述べたように、明治維新は、昨今の海外史料の積極的活用ともあいまって、世界史的文脈のなかで捉え直されようとしている。こういったなか企画されたセッションは、日本と西欧列強が、国交を結び、恒常的な接触を開始するその当初において、半ば未知の相手をいかに認識しようとしたのかという疑問に応えることにより、この潮流の末端に連なろうとするものであった。

セッション開催にあたっては、帝京大学外国語学部のル・ルー ブレンダン、大阪大学言語文化研究科のベルテッリ・ジュリオ・アントニオ、防衛省防衛研究所の山添博史の三氏を報告者として、中部大学人文部学部の森田朋子氏をコメンテーターとして、盛岡大学文学部の上白石実氏を司会としてお迎えした。我々のセッションは初日の午前中、ごく早い時間からの開始であったが、多くの方に足をお運びいただき、一同、限られた時間のなかで大きな手応えを得ることができた。あの日、分かち合った充足感は今もなお忘れ難い。

そして、その熱の冷めやらぬうちにと、企画されたのが今回の論文集というわけである。論文集を編むにあたっては、私を含む当日の報告者のほか、コメンテーターの森田氏、司会の上白石氏にも御論考をお寄せいただくこととし、また、新たに専修大学の西澤美穂子氏にも執筆陣に加わっていただいた。シンポだけならまだしも、論文集もというのだから向こう見ずという外ない。そんな企画に快くお乗りくださり、短い執筆期間であったにもかかわらず、力作をお寄せくださった執筆陣諸氏には、編者として改めて御礼申し上げたい。

また、本書は東北大学東北アジア研究センターから研究助成をうけ、東北アジア研究専書として刊行したものである。本書出版に御理解をお示しくださった東北アジア研究センター、日々の校務に御多忙ななか、本書の原稿を査読してくださった同センターの先生方、そして、編集の労を執ってくださった吉川弘文館の若山嘉秀氏にもやはりこの場を借りて御礼を申し上げる次第である。

本書が幕末維新期研究になにがしか益するところがあれば執筆者一同にとってこれ以上の喜びはない。

二〇一八年十二月二十一日

友田昌宏

執筆者紹介（生年／現職）―執筆順

友田昌宏（ともだ　まさひろ）→別掲

西澤美穂子（にしざわ　みほこ）一九七二年／専修大学文学部兼任講師

山添博史（やまぞえ　ひろし）一九七五年／防衛省防衛研究所主任研究官

ル・ルー　ブレンダン　LE ROUX Brendan　一九八〇年／帝京大学外国語学部准教授

ベルテッリ・ジュリオ・アントニオ　BERTELLI Giulio Antonio　一九七六年／大阪大学言語文化研究科准教授

森田朋子（もりた　ともこ）一九六七年／中部大学人文学部教授

上白石実（かみしらいし　みのる）一九六四年／盛岡大学文学部准教授

編者略歴
一九七七年　埼玉県に生まれる
二〇〇八年　中央大学大学院文学研究科日本史専攻博士後期課程修了、博士(史学)
現在　東北大学東北アジア研究センター専門研究員

〔主要編著書〕
『戊辰雪冤―米沢藩士・宮島誠一郎の「明治」―』(講談社現代新書、二〇〇九年)
『未完の国家構想―宮島誠一郎と近代日本―』(岩田書院、二〇一一年)
『東北の近代と自由民権―「白河以北」を越えて―』(編著、日本経済評論社、二〇一七年)
『東北の幕末維新―米沢藩士の情報・交流・思想―』(吉川弘文館、二〇一八年)

幕末維新期の日本と世界
外交経験と相互認識

二〇一九年(平成三十一)三月一日　第一刷発行

編者　友《とも》田《だ》昌《まさ》宏《ひろ》

発行者　吉川道郎

発行所　株式会社　吉川弘文館
郵便番号一一三―〇〇三三
東京都文京区本郷七丁目二番八号
電話〇三―三八一三―九一五一(代)
振替口座〇〇一〇〇―五―二四四番
http://www.yoshikawa-k.co.jp/

印刷＝株式会社 平文社
製本＝株式会社 ブックアート
装幀＝山崎　登

© Masahiro Tomoda 2019. Printed in Japan
ISBN978-4-642-03883-6

JCOPY 〈出版者著作権管理機構 委託出版物〉
本書の無断複写は著作権法上での例外を除き禁じられています．複写される場合は，そのつど事前に，出版者著作権管理機構（電話 03-5244-5088，FAX 03-5244-5089，e-mail: info@jcopy.or.jp）の許諾を得てください．